D1688252

Eigentum der
Oberschule Hörnitz   Nr. 4

Der Schüler ist verpflichtet, das Buch schonend zu behandeln und es vor dem Austritt aus der Klasse an den Klassenlehrer zurückzugeben.
Bei vorsätzlicher oder fahrlässiger Beschädigung oder dem Verlust des Buches muß Ersatz geleistet werden.
Jegliche Eintragungen in das Buch sind nicht erlaubt.
Zur Benutzung überlassen:

Schuljahr	Klasse	Name	Unterschrift der Eltern
91/92	10	V. Eifler	

Deutschstunden
Lesebuch 10

Herausgegeben von
Harald Frommer
Hans Jürgen Heringer
Theo Herold
Ulrich Müller

Bearbeitet von
Joachim Cornelißen
Helmut Flad
Harald Frommer
Theo Herold
Viktor Rintelen
Petra Staubach
Wolfgang Waldmann
Hubert Wolf

Beratung: Peter Spohn

**Deutschstunden
Lesebuch 10**

Illustrationen: Stephan Beck, Augsburg
Umschlaggestaltung: Barbara Gräcmann, Berlin
Herstellung: Friderun Thiel, München

2. Auflage 1991
Alle Drucke dieser Auflage können, weil untereinander unverändert,
im Unterricht nebeneinander verwendet werden.

© 1988 Cornelsen Verlag GmbH & Co., Berlin.
Das Werk und seine Teile sind urheberrechtlich geschützt.
Jede Verwertung in anderen als den gesetzlich zugelassenen Fällen
bedarf deshalb der vorherigen schriftlichen Einwilligung des Verlags.

Druck: Cornelsen Druck, Berlin
ISBN 3-464-05351-2
Vertrieb: Cornelsen Verlagsgesellschaft, Bielefeld

Bestellnummer 53512

Inhalt

1 „Von heut an..."

„Wir werden erwachsen" — 8

Manfred Eichhorn: Zukunft 8
Willi Fährmann:
Irgendwie hat sich der Junge verändert .. 8
Aus einer Diskussion:
Wir werden erwachsen 13
Maxie Wander:
Protokoll Gabi A., 16, Schülerin 16
Günter Kunert: Straßen 19

„Wünsche sind nur gut, solange man sie noch vor sich hat" — 20

Erich Kästner: Das Märchen vom Glück .. 20
Dieter Wellershoff:
Aus: Der Sieger nimmt alles 24
Wolf Wondratscheck: Mittagspause 26
Günter Bruno Fuchs: Ein schönes Leben . 28
Thomas Bernhard: Der junge Mann 28
Wolfgang Bächler: Ausbrechen 29
Ursula Krechel: Umsturz 30

2 Grenzfälle – Deutsche Geschichten, Deutsche Geschichte

Die Grenze – ich habe sie gespürt! — 32

Günter Kunert: Wo Deutschland lag....... 32
„1378 km lang waren die Gitterzäune..." . 32
Annelies Schwarz:
Die Grenze – ich habe sie gespürt! 33
Stefan Heym: Mein Richard 35
Stefan Heym:
„Nach den Jahren von Dumpfheit..." 40
Christa Wolf: Befreite Sprache 40

Der Fall der Mauer — 42

„Im Herbst 1989..." 42
Christa Wolf: „Bleiben Sie bei uns!" 43
Bagger reißen die Mauer ein 44

Ocke H. H. Peters:
„Einmal Schwerin – Hamburg und zurück" 44
Klaus Hartung: Der Fall der Mauer 45

Notwendige Erinnerungen — 46

Uwe Johnson: Reifeprüfung 1953 46
Jurek Becker:
Der Lehrer Simrock wird Brotausfahrer ... 48
Christoph Hein:
Unsere letzte Gemeinsamkeit 52
Katrin Hattenhauer/Grit Hartmann:
Der Leipziger Herbst war „draußen" 56

3 Verwaltete Welt

Von Rollen, Ämtern und Anstalten — 60

Franz Hohler: Was ich alles bin 60
Ralf Dahrendorf:
Herr Schmidt und seine Rollen 61
Robert Walser: Schüler in einer
Dienerschule 63
Kurt Tucholsky: Die Anstalt 66
Ephraim Kishon:
Strafmandat bleibt Strafmandat 68
Christian Morgenstern:
Die Behörde 71

Totale Kontrolle — 72

Reiner Kunze: Nachhall 72
Hans Joachim Schädlich:
Männer, berechtigte 73
Bertolt Brecht: Zwei Bäcker 74
Manfred Bieler: Rede des Aufsehers über
das Wesen des Strafvollzugs 75
Verwaltete Welt – verwaltete Sprache?
Kurt Tucholsky: Neudeutsch 77
Neuestes Deutsch 77
H. W. Franke: Der Traum vom Meer 78
Günter Kunert: Neues vom Amt I 82

4 Schlechte Zeit für Lyrik?

Lebenszeichen 84

Jürgen Becker:
Wiedersehen nach längerer Zeit 84
Hans Magnus Enzensberger: Restlicht ... 85
Ingeborg Bachmann: Freies Geleit 86
Sarah Kirsch: Ende des Jahres 87

O Gottes Engel wehre! 88

Andreas Gryphius:
Tränen des Vaterlandes, anno 1636 88
Matthias Claudius: Kriegslied 89
Gottfried August Bürger: Der Bauer:
An seinen Durchlauchtigen Tyrannen 90
Heinrich Heine: Die schlesischen Weber . 91

Denk ich an Deutschland 92

Bertolt Brecht:
Über die Bezeichnung Emigranten 92
Heinrich Heine: Nachtgedanken 93

Heinrich Hoffmann von Fallersleben:
Lied eines Verbannten 94
Rose Ausländer: Ein Tag im Exil 95
Mascha Kaléko: Im Exil 95
Reiner Kunze: Der Vogel Schmerz 96
Wolf Biermann:
Es senkt das deutsche Dunkel 96
Yaak Karsunke: genauigkeitsübung 96

Freiheit, die ich meine 97

Gottlieb Konrad Pfeffel:
Die Reichsgeschichte der Tiere 97
Unbekannt: Die Gedanken sind frei 98
Adolf Glasbrenner:
Die Sklaven-Emanzipation (1864) 99
Friedrich Schiller:
Die Worte des Glaubens 100
Hilde Domin: Ich will dich 101
Bertolt Brecht: Schlechte Zeit für Lyrik ... 102

5 Eingekleidete Wahrheiten

Bärenstarke Geschichten 104

Christian Fürchtegott Gellert: Der Tanzbär 104
Gotthold Ephraim Lessing: Der Tanzbär .. 105
Gottlieb Konrad Pfeffel:
Rezept wider den Krieg 106
Peter Hacks: Der Bär auf dem Försterball . 107

„Und Herr Keuner erzählte folgende Geschichte" 109

Bertolt Brecht:
Freundschaftsdienste 109
Geschichten vom Autofahren:
Zwei Fahrer 109
Herr K. fährt Auto 110

Geschichten über die Liebe:
Wenn Herr K. einen Menschen liebte 110
Liebe zu wem? 110
Wer kennt wen? 111
Geschichte vom Neinsagen:
Maßnahmen gegen die Gewalt: 112

Lauter Nachbarn 113

Marie von Ebner-Eschenbach:
Die Nachbarn 113
Franz Kafka: Der Nachbar 114
Max Frisch: Der andorranische Jude 116
Bertolt Brecht: Der Nachbar 118

6 Verwirrspiele

Von seltsamen Käuzen 120
Wolfgang Hildesheimer:
Eine größere Anschaffung 120
H. C. Artmann:
Abenteuer eines Weichenstellers 121
Günter Kunert: Mann über Bord 122
Helmut Heißenbüttel: Der Wassermaler .. 123

Woher? Wohin? 125
Franz Kafka: Gibs auf! 125
Schüler erzählen „Gibs auf!" aus der Sicht
des Schutzmanns 125
Franz Kafka: Der Aufbruch 127

Franz Kafka: Heimkehr 127
Lukas 15,11-32: Das Gleichnis vom
verlorenen Sohn 128
Günter Kunert:
Zu einem Holzschnitt von Edvard Munch .. 129

Redensarten. Redensarten? 130
Jürgen Becker:
Früher war das alles ganz anders 130
Helmut Heißenbüttel:
Kalkulation über was alle gewußt haben .. 131
Vagelis Tsakiridis: Protokoll 41 132
Hans Joachim Schädlich: Luft 133

7 Ansichten eines Schriftstellers: Heinrich Böll

Christa Wolf: „Lauterkeit" 136

„Was soll aus dem Jungen bloß werden?" (1917–1945) 137

„Geboren in Köln" 137
Raderberg 137
Krisenjahre 138
Vor Hitler gefeit 139
Beurteilung des Oberprimaners Heinrich
Böll für die Reifeprüfung 140
„Sieben Jahre Zwangsgemeinschaft" 141
Das „zweite Köln" 142
Biographische Übersicht 1917–1945 143

„Ich bin ein Clown ... und sammle Augenblicke" 144

„Marie hat mich verlassen" 144
„Ich kam mir fast verheiratet vor" 145
„Ich fühlte mich als ‚Künstler'" 147

„Das tust du jetzt nur aus Faulheit" 148
Hans Schnier denkt an Züpfners Frau 149
Hans Schnier wird verhaftet 150
„Der geborene Spurer" 152
„Auf der Bahnhofstreppe" 153
Aus Beobachtungen werden Pantomimen 154

„Schreiben als Zeitgenossenschaft" 155

„Ich bin nicht der Clown" 155
Verwandelte Wirklichkeit 156
„Versteck für den Widerhaken" 156

„Einmischung erwünscht" 157

Veränderungen 157
„Worte können töten" 161
„Die geborenen Einmischer" 162
„Gewissen der Nation" 163
Werke von Heinrich Böll 164

Inhalt

8 Verzerrte Gespräche

Wir hören die Schreie ... 166
Bertolt Brecht: „Unruhig sitzen wir so ..." ... 166

Gespräche ohne Worte ... 167
Ein Spielvorschlag ... 167

Ein Interview – oder was sonst? ... 168
Bertolt Brecht: Die Stunde des Arbeiters ... 168

Ein Unterrichtsgespräch? ... 171
Bertolt Brecht: Das Mahnwort ... 171

Seelsorge? ... 173
Bertolt Brecht: Die Bergpredigt ... 173
„Untertexte" zu dieser Szene ... 175

Die Verabredung einer Reise? ... 178
Bertolt Brecht: Die jüdische Frau ... 178

9 In Herzensdingen

„Zu spät!" ... 184
Hedwig Courths-Mahler:
aus „Ich darf Dich nicht lieben" ... 184

Erste Begegnung ... 186
Eric Segal: aus „Love Story" ... 186

Genau wie sie es sich erträumt hatte ... 188
Margaret Mitchell:
aus „Vom Winde verweht" ... 188
Margret Boveri: zu „Vom Winde verweht" . 196

„Ich vermisse Sie schmerzlich ..." ... 199
Thomas Mann:
aus „Buddenbrooks" ... 199

„Ich erzähle euch von Crisanta" ... 205
Anna Seghers:
aus „Crisanta" ... 205

10 Vom Buch zum Film: Die wunderbaren Jahre

„... eines jener Elemente ..." ... 220
Reiner Kunze:
aus „Die wunderbaren Jahre" ... 220

Vom Buch zum Drehbuch ... 223
Und so sieht das Drehbuch aus ... 223

Szenenfotos ... 226

Der Film in der Kritik ... 229
Sebastian Feldmann:
„Reiner Kunzes Buch ..." ... 229
Peter Dittmar:
„Denn darum geht es ..." ... 229

Lexikon der Dichterinnen und Dichter ... 231

Verzeichnis der Texte nach Formen ... 235

Autoren- und Quellenverzeichnis ... 237

Kapitel 1 „Von heut' an"

„Wir werden erwachsen"

Manfred Eichhorn

Zukunft

Morgen werde ich vierzehn, und dann werde ich ein
ganzes Jahr lang sagen: Bald werde ich fünfzehn.
Ich trage die Zeit immer mit mir herum.
In der Zukunft fühle ich mich zuhause.
5 Die Zukunft ist schön.
Wenn ich eine schlechte Note geschrieben habe, sage ich:
Nächstes Jahr wird das anders sein.
Wenn Vater mir verbietet auf eine Party zu gehen, verbünde
ich mich mit der Zukunft gegen meinen Vater.
10 Die Zukunft, das ist meine ganze Hoffnung.
Da kann und wird nichts schiefgehen.
Von Jahr zu Jahr komme ich ihr näher und weiß noch nicht,
wann das ein Ende haben wird.

•

Fügt eine weitere Strophe hinzu, die so beginnt:
„Heute bin ich sechzehn...".

Irgendwie hat sich der Junge verändert

„Kannst mir wenigstens ein einziges geben, Jüll. Hast ja so viele." „Ne. Ich verschenke keins. Ich behalte meine Karnickel", antwortete Jüll kurz angebunden und fuhr fort, den Mist sorgfältig aus der linken unteren Box herauszukratzen.
5 „Ganz gleich, was du mir für eins gibst, Jüll. Das ist mir gleich. Ich bau mit meinem Onkel einen Stall und hol Gras und koch Kartoffeln und kauf Haferflocken, alles genau wie du."
„Hör endlich auf, Berti. Ich geb keins ab. Außerdem hast du keinen Platz für ein Karnickel."
10 Das stimmte. Fast alle in der Siedlung hatten das Ställchen, das in den kleinen Hof hinein an die Wohnhäuser angebaut war, längst umgebaut. Niemand hielt mehr ein Schwein oder eine Ziege. Garagen, Badezimmer, Hobbyräume waren aus den Ställen geworden.

„Auf'm Balkon könnte ich doch ..."
„Du spinnst, Berti. Was meinst du, was deine Tante dazu sagt? Die schmeißt dich hochkant raus aus der Bude. Mitsamt Karnickel." Jüll wischte mit einem feuchten Tuch den Stall aus, rupfte aus dem Strohballen einen Arm voll Streu, verteilte sie gleichmäßig und lockte halblaut: „Franz, komm, komm!"
Ein hellgraues Kaninchen hüpfte quer durch den Schuppen auf den Jungen zu. Jüll strich mit der flachen Hand über sein Fell. Wohlig stemmte sich das Tier mit den Hinterläufen hoch und drückte seinen Rücken gegen die Handfläche.
„Schluß für heute", sagte Jüll und hob das Kaninchen in die Box.
„Aber wenn du mal eins abgibst, Jüll, krieg ich dann eins?"
„Sicher, Berti", antwortete Jüll und schlug dem Jungen aus dem Nachbarhaus leicht auf den Rücken. Jüll zog sich an der Tür zur Küche die Schuhe aus, schaute an sich hinunter, zupfte ein paar Strohhalme von der Hose und winkte Berti zu. Der ging durch die Außentür in den Hof. Jüll trat in die Küche.
„Mama?"
Es blieb still.
Gut, dachte er. Nun konnte er sich in Ruhe waschen und umziehen. Fast jedesmal gab es freitags bei Kräbbes Krach, wenn Jüll die Ställe saubermachte.
„Schaff doch die Viecher ab, Jüll", sagte Mama. „Wir brauchen endlich ein vernünftiges Badezimmer."
„Kein Mensch ißt noch gern Karnickelfleisch, Jüll. Damals, als ich noch ein Junge war, damals in der schlechten Zeit, da hatte ich an die zwanzig Stück. Aber heute? Wer hält denn heute noch Karnickel?" sagte Vater.
„Mein sechzehnjähriger Bruder Julius züchtet Kaninchen. Deshalb müssen wir uns mit einer Sitzbadewanne begnügen", sagte Karla. „Halt die Klappe, blödes Huhn! Für deine Töpfchen und Tuben und Fläschchen wirst du nie Platz genug haben."
Seit zwei Jahren hackten sie alle auf seinen Kaninchen herum. Selbst als er von der letzten Bezirksausstellung für sein Muttertier Margareth die goldene Züchterplakette mitgebracht hatte, warfen sie nur einen flüchtigen Blick darauf und lächelten, wie man eben über einen Spinner lacht.
Jüll stieg die schmale Treppe hinauf in sein Zimmer. Wenn er allein war und sich nicht zusammennahm, hinkte er stark.
Schluckimpfung ist süß ...
Er ließ viel heißes Wasser in die kurze Badewanne laufen, zog sich aus und massierte die Muskeln an seinem dünnen linken Bein. Die Haustür fiel ins Schloß.
„Jüll?"
„Ja, Mama, ich bade mich."
„Mach die Wanne nachher sauber."
„Ja, Mama."
An diesem Abend fiel sie ihm zum ersten Male auf. Auf Gerds Fete saß sie im

Halbdunkel. Ihr langes, hellblondes Haar schimmerte wie im Werbefernsehen.
„Wer ist das, Ludwig?" fragte er.
„Ist neu hier. Margitt heißt sie oder so. Arbeitet bei meiner Schwester bei Textil-Pluto am Band."
Es war für ihn nicht schwer, mit Margitt ins Gespräch zu kommen. Sie war mit ihren Eltern aus dem Sauerland zugezogen. Das Werk dort hatte zugemacht. Ihr Vater und sie und das ganze Dorf hatten im Werk gearbeitet. Hier hatte Vater wieder eine Stelle gefunden. „Du hast einen schönen Namen", sagte Jüll.
„Meinst du?" fragte sie skeptisch.
„Ich habe mein bestes Kaninchen so ähnlich genannt. Margareth heißt es."
Sie lachte amüsiert.
„Ist mein bestes Tier. Weißer Wiener, schneeweißes Fell und blaue Augen", erklärte er eifrig. „Hat schon dreimal Junge geworfen. 'ne Goldmedaille hab ich für Margareth bekommen."
„Hör mal", stoppte sie ihn. „Du machst mir vielleicht drollige Komplimente."
Jüll wurde verlegen. „Ich mein doch nur, schöner Name, nicht?"
In den folgenden Wochen kamen Jülls Kaninchen ein wenig zu kurz. Er fütterte sie zwar regelmäßig und hielt ihre Boxen sauber, rief sie auch gelegentlich beim Namen, aber das alles geschah automatisch, schnell, fast nebenher. Er stand nicht mehr stundenlang im Ställchen herum, beobachtete nicht, wie die Jungen zum ersten Male ihr weißes Wollnest verließen, und redete kaum noch seinen Tieren zu. Er brauchte seine Zeit für Margitt.
Wenn sie um fünf Feierabend hatte, wartete er bereits ungeduldig vor dem Werkstor. Am dritten Tag hatte sie ihn eingeladen, mit ins Haus zu kommen, und er hatte mit der Familie das Abendbrot gegessen.
Gegen zehn, als er gehen wollte, wußte Margitts Mutter alles über ihn. Er lernte Technischer Zeichner. Er besaß die mittlere Reife, Mathe und Bio eine Eins. Er hatte mit sieben Jahren einen leichten Anfall von Kinderlähmung überwunden. Ja, das mit dem Bein würde so bleiben. Aber er spürte es nur, wenn es bald Regen gab.
Margitt ging mit bis an die Haustür. Die Bogenleuchte stand genau gegenüber auf der anderen Straßenseite. Er ließ ihr Haar durch seine Finger gleiten.
„Weich wie bei Margareth?" neckte sie ihn.
„Viel, viel schöner", antwortete er und ging.
Er bereitete mit Margitt die Einstandsfete vor, schleppte seine Stereoanlage zu ihr hinüber und suchte gemeinsam mit ihr die Platten aus. Lange tüftelte er an einer Lichtorgel. Endlich funktionierte sie.
„Du hast geschickte Finger", lobte ihn Margitts Vater.
Sie schien sich darüber zu freuen und sagte: „So'n Schuppen ist prima für 'ne Fete, woll?"
Jüll lachte über dieses Satzanhängsel. Sie ärgerte sich. Immer wieder ent-

schlüpfte ihr dieses *Woll* und verriet jedem, daß sie aus einem Sauerlandkaff in die Großstadt gekommen war.

„Ich habe meine Karnickel in dem Ställchen", sagte er.

Sie druckste herum. „Du, Jüll", sagte sie schließlich. „Weißt du eigentlich, daß man das riechen kann?"

„Was?" fragte er verblüfft. „Was kann man riechen?"

„Na, daß du Kaninchen hast, kann man riechen."

„Hör mal", protestierte er. „Bei uns gibt es fließendes Wasser kalt und heiß. Und die Seife ist auch schon seit einiger Zeit erfunden."

„Mag alles sein. Jüll, sei mir nicht böse, aber du . . ." Sie stockte einen Augenblick und stieß dann leise hervor: „Du stinkst nach Kaninchen."

Er wurde rot. „Bestimmt?" fragte er unsicher.

Sie nickte.

Das war am Donnerstag. Am Freitag verkaufte Jüll das Muttertier mit den Jungen an Jupp, den zweiten Vorsitzenden des Vereins. Gegen Abend baute er mit dem Onkel den Stall hinter dem Schuppen des Nachbarhauses auf und benagelte ihn mit Dachpappe. Als Berti gegen sieben von seinem Freund zurückkam, fand er den Sechsboxenstall mit den fünf Kaninchen fertig vor.

„Das ist ja wie Weihnachten!" jubelte er und rannte auf Jüll zu. Der schleuderte den schmalen Jungen rundum und sagte: „Aber sorg mir gut für die Tiere, für deine Kaninchen, hörst du?" Und dann fügte er noch hinzu: „Und wasch dich gründlich, wenn du bei ihnen warst, sonst sagen sie noch in der Schule, du stinkst."

„Verstehst du das?" fragte Mama Kräbbes ihren Mann. „Irgendwie ist der Junge verändert."

Vater Kräbbes zuckte die Schultern. „Ich hab übrigens schon mit Werner gesprochen. Der hilft ab Montag beim Umbau. Die Wanne und die Platten kann er im Großhandel besorgen."

„Ich kann's nicht glauben", brummelte Mama Kräbbes. „Jahrelang haben wir alles versucht, ihm den Karnickelvogel auszureden. Und da kommt so'n hellblonder Handfeger, sagt ein einziges Wort, und schon ist alles klar."

„Es hat eben gefunkt bei unserm Jüll", lachte Karla. „Macht der Liebe."

Am Samstag war Jüll den ganzen Tag über bei Margitt. Sie schmückten den kleinen Schuppen mit Luftschlangen und Kreppapier, bockten ein Fäßchen Bier auf und stellten den Grill auf dem kleinen Hof zurecht. Ludwig half auch. Gegen sieben knatterten die Mopeds. Rolf rollte mit seiner Ente heran. Fünf Mädchen hatte er in das kleine Auto geladen. Die Stereoanlage jaulte auf. Die Party lief.

Margitt hatte keine Zeit für Jüll. Sie begrüßte die Gäste, reichte Gläser an, holte die Grillwürstchen aus dem Kühlschrank, tanzte mit Ludwig, hatte ihre Hand um seinen Nacken gelegt.

Gegen zehn hockte sich Jüll zu ihr auf die Gartenbank.

„Tolle Party, Jüll, was?"
145 „Ja", antwortete er einsilbig.
„Was ist?" fragte sie.
„Ich hab keine Karnickel mehr. Gestern habe ich alle weggegeben."
„Na, prima", sagte sie kurz. „Iß doch noch ein Würstchen."
„Komm, Gitta", rief Ludwig, „wir tanzen noch eins!"
150 Jüll sah, wie sie sich anschauten, dicht beieinandersaßen, lachten, sich eng umschlungen hielten.
„Hat sich schnell zurechtgefunden, die Gitta, was meinst du, Jüll?" sagte Rolf.
„Ja, hat sie", antwortete Jüll und ging nach Hause.
Acht Tage war Jüll für niemand ansprechbar. Er hockte in seinem Zimmer
155 herum, half mürrisch beim Umbau des Schuppens und stand manchmal vor dem Kaninchenstall nebenan.
„Der alte Schrank muß in den Sperrmüll", sagte Mutter.
Jüll kramte in den Schubladen. Ein hauchdünnes Seidentuch, tiefschwarz, fiel ihm in die Hände.
160 „Ist noch von Oma", sagte Karla.
Jüll befestigte es mit einer Heftzwecke an Bertis Kaninchenstall.
„Ist das Muttertier bei Jupp eingegangen?" fragte Berti.
„Nein, nein", murmelte Jüll.
„Sie hören schon ein bißchen auf mich, Jüll", erzählte Berti stolz und rief:
165 „Franz, komm, komm!"
Das silbergraue Tier hüpfte an das Drahtgitter und schnupperte neugierig an Bertis Hand.
Willi Fährmann

1. „Irgendwie ist der Junge verändert." Wie denkt ihr über die Veränderungen in Jülls Leben?
2. Nehmen wir einmal an, Jüll führte ein Tagebuch. Entwerft verschiedene Einträge zum Ablauf der Erzählung.
   Ob er es bereut, Margitt kennengelernt zu haben?

Wir werden erwachsen

PIA, 17 Jahre alt, Gymnasiastin, RENATE, 18 Jahre alt, in einer Buchhändlerlehre, HELEN, 18 Jahre alt, Schülerin einer Diplommittelschule, HANSRUEDI, 21 Jahre alt, Elektromonteur, zur Zeit Weiterstudium am Technikum, RETO, 18 Jahre alt, Lehrling (Elektronik) und CHRISTIAN Radecke (33), Pfarrer, haben miteinander diskutiert.

HELEN: Eltern merken manchmal gar nicht, wie man sich entwickelt, sie wollen es nicht merken, daß man frei sein will, oder daß man mit ihnen gleichwertig diskutieren kann. Sie sehen einen immer noch als Kind. Sie sagen immer noch: Das ist gut, und das nicht, und das solltest du nicht tun, und lassen einen nicht die Verantwortung für sich selber tragen.

RENATE: Ja, für meine Mutter bin ich, Renate, immer noch ein Kind, weil sie mich eben 20 Jahre lang als ihr Kind gehabt hat.

CHRISTIAN: Auch meine Eltern sagen noch: „Unsere Kinder."

PIA: Aber das ist doch nicht negativ.

RENATE: Ja, eigentlich ist das auch schön.

HANSRUEDI: Aber Helen meint, es sei nicht gut, wenn sie uns weiter als Kinder behandeln. Sie meint, die Eltern sähen unsere Entwicklung gar nicht.

CHRISTIAN: Weshalb ist das wohl so?

PIA: Wir haben zu wenig wirklichen Kontakt mit den Eltern.

HELEN: Und sie wollen uns irgendwie festhalten. Meine Schwester und ich sind die letzten, die noch zu Hause sind, und ich glaube, meine Eltern haben Angst davor, daß wir auch noch weggehen. Sie hemmen uns richtig in unserer Entwicklung, und sie sind auf alles eifersüchtig, was von außen auf uns zukommt. Wenn wir noch länger zu Hause bleiben, stagnieren wir beide.

RENATE: Ja, das kenne ich.

HELEN: Wenn ich mich kulturell beschäftige, wenn ich mit Freunden zusammen bin, oder wenn ich einen Spaziergang mache, einfach auf alles sind sie eifersüchtig.

RENATE: Nein, meine Mutter hat eigentlich nie etwas gesagt, wenn wir Dinge unternommen haben, die gut für uns sind. Ich glaube, sie würde erst eingreifen, wenn wirklich etwas Außergewöhnliches geschehen würde. Wenn etwa meine Brüder anfangen würden, sich politisch extrem zu engagieren, und sie müßte befürchten, daß ihnen das in der Schule schaden könnte. Ich glaube, dann würde sie etwas tun.

Meine Mutter ist jetzt fünfzig, aber sie ist nicht stur. Sie hat einfach mehr Lebenserfahrung als wir. Solange Eltern so sind, daß man mit ihnen wirklich reden kann, ist das ein Gewinn. Man kann sich doch einfach auch auf sie verlassen. Sie haben mehr erlebt, mehr durchgemacht. Manchmal haben sie doch wirklich recht. Normale Eltern hindern doch Kinder nicht daran, etwas zu tun, was gut für sie ist.

HELEN: Aber es geht doch nicht einfach darum, daß Eltern nicht wissen, was für die Kinder gut ist. Es ist doch oft auch so, daß eben die Kinder ihr ganzer Lebensinhalt sind, und dann ist es eben schlimm für sie, zu sehen, wie die Kinder weggehen, und sie haben Angst davor, das ist natürlich. Manchmal haben sich Vater und Mutter nicht so gut verstanden, aber weil Kinder da waren, konnten sie dieses Problem überbrücken, und jetzt stehen sie eben da...

RENATE: Meine Mutter hat da noch mehr Schwierigkeiten, weil sie allein ist, die hat dann später wirklich niemanden mehr.

CHRISTIAN: Ja, das kann man bei vielen Eltern beobachten, daß sie die Kinder so lange wie möglich zu Hause halten wollen, und dann gibt es eben Schwierigkeiten. Dann müssen sich die Kinder gewaltsam losreißen. Andere Eltern, solche, die selbst freier sind und tun, was sie wollen, unterstützen vielleicht ihre Kinder darin, daß sie selbständig werden – da ist es dann für beide viel leichter.

CHRISTIAN: Lockt euch denn das, Selbständigkeit, auf euch allein angewiesen zu sein?

HANSRUEDI: Also ich hätte große Lust wegzugehen. Ich glaube, ich würde mich besser entwickeln. Ich fühle mich zu Hause einfach angebunden. Ich muß zu Hause helfen, weil meine Mutter sonst nicht zurechtkäme.

RENATE: Also ich könnte eigentlich auch von einem Tag auf den andern weggehen. Aber ich habe doch Angst vor der Zukunft. Ich würde sofort ausziehen, dabei weiß ich, daß dann für mich sehr harte Zeiten kommen werden ...

HANSRUEDI: Ich müßte ein Ziel haben. Ich gehe nicht einfach so fort, ohne Grund. Ja, eigentlich, Grund wegzugehen habe ich schon, aber noch kein Ziel.

RETO: Also ich finde, du hast es doch schön, eine eigene Wohnung, einfach im selben Haus. Ich könnte mir für mich nichts Schöneres vorstellen.

HANSRUEDI: Ja, natürlich, das ist schon so, aber dennoch ...

RENATE: Ich verstehe dich gut. Ich hatte auch immer ein eigenes Zimmer. Nicht eine eigene Dachwohnung, aber doch so, daß ich für mich sein konnte, und doch, die andern sind da, sie sind immer da, und das ist das Schlimme.

HANSRUEDI: Ja, es beginnt schon am Morgen. Meine Tante steht jeden Tag um sieben Uhr extra meinetwegen auf, um mir das Frühstück zu bereiten ... Daß sie so für einen „sorgen", das paßt mir nicht!

CHRISTIAN: Vielleicht ist da auch noch die Furcht dabei, daß du selbst einmal so wirst, wenn du erwachsen bist.

PIA: Ja, ich habe mich schon gefragt, ob das denn ein Lebensinhalt sei, so wie meine Mutter jeden Tag aufzustehen und für die Kinder Frühstück zu kochen, jeden Tag.

RENATE: Ja, und seltsam, meine Mutter machte das nie besonders gern, und jetzt, jetzt müßte sie es eigentlich nicht mehr tun, und jetzt tut sie es doch noch, immer, jeden Tag ...

[...]

CHRISTIAN: Es gehört sicher zum Menschsein, daß man sich fragt „warum". Warum ist das Leben so und nicht anders. Warum wird man geboren, wächst auf, wird wieder kleiner, stirbt. Warum sind die Menschen so, warum gibt es Krieg, Streit, Not. Glaubt ihr, daß man sich über all das Gedanken machen muß?

RENATE: Über das Leben nicht, aber über den Menschen. Ich finde es uninteressant, übers Leben und über den Sinn des Lebens nachzudenken. Weshalb soll man sich da Gedanken machen?

PIA: Vielleicht macht man sich am Ende des Lebens darüber Gedanken.

RENATE: Wichtig ist doch vor allem, *daß* man lebt. Auf die Frage, *warum* man lebt, gibt es keine Antwort.

HANSRUEDI: Ich frage mich manchmal auch, warum ich lebe.

RENATE: Ein Durchschnittsmensch fragt sich das nicht.

PIA: Aber das sind doch zwei verschiedene Fragen: Die Frage danach, warum man lebt, und die Frage nach dem Sinn. Weshalb wir existieren, das kann niemand wissen. Niemand kann herausfinden, weshalb es überhaupt Menschen gibt. Aber nach dem Sinn des eigenen Lebens, nach dessen Erfüllung kann man schon fragen. Danach, wie man leben soll.

RETO: Ja, das glaube ich auch.

HELEN: Also in meinem Leben gibt es immer wieder Abschnitte. In den letzten vier Jahren etwa habe ich immer wieder neue

Menschen kennengelernt, jemanden, der mir etwas vermitteln konnte, durch den ich etwas Neues kennenlernte. Ich habe mich entwickelt. Ich habe auch über das Leben nachgedacht und über den Menschen. Für mich gehört das einfach zusammen. Und da bin ich auf den Glauben gestoßen. Ich sah plötzlich eine Verbindung zu Gott. Ich meine, man fragt sich doch, was der Mensch auf der Welt überhaupt soll, welche Funktion er hat und überhaupt alles, was lebt auf Erden, und so kam ich eben auf Gott. Das ist meine Erkenntnis. Aber ich weiß, das gilt nur für mich, andere finden etwas anderes. Für mich war das etwas ganz Neues. Auf all die Fragen, auf die es keine Antworten gibt, wenigstens in Worten nicht, in Sätzen nicht, habe ich eine Antwort. Aber die ist nicht so einfach erklärbar, die ist unfaßbar. Immer sucht man heute nach Erklärungen, die man in Worte fassen kann, aber Gott kann man nicht erklären, und ich finde das gut.

RENATE: Nein, das finde ich nicht gut.

CHRISTIAN: Du möchtest alles erfassen und begründen können?

RENATE: Ja. Was „unfaßbar" ist, kann ich nicht glauben.

RETO: Ich auch nicht.

HELEN: Man muß es halt erleben, wirklich.

RENATE: Da erlebe ich lieber andere Dinge.

HELEN: Ich wollte damit nur sagen, daß Leben und Mensch nicht zu trennen sind. Ich glaube, jeder fragt sich doch, ob es nicht noch etwas über ihm gibt, jeder fragt sich, warum er da ist. Deshalb gehen doch viele heute nach Indien und suchen dort bei den Gurus nach einem Sinn, nach einer Lösung. Dafür ist der Mensch doch eigentlich da, daß er sucht.

RETO: Nein, das leuchtet mir nicht ein. Das stimmt einfach nicht, daß jeder nach etwas Höherem sucht. Ich finde, es gibt einfach nichts, nichts Höheres.

RENATE: Ja, das finde ich auch.

HELEN: Aber du fragst dich doch auch, wozu du auf der Welt bist.

RENATE: Aber das weiß ich doch, wozu, das ist doch klar: Ich lebe genau für das, was ich als das Wertvollste im Leben ansehe, jeder lebt für das, und ich lebe, damit ich dafür kämpfen kann, damit ich versuchen kann, es zu erhalten und zu bewahren.

HELEN: Ob man das auch kann? Die wenigsten können das.

RENATE: Ja, da hast du recht. Aber dennoch, ich meine, es ist nicht ein Suchen, ich muß nicht suchen, ich habe es schon gefunden.

HELEN: Aber vielleicht hast du's nur für eine gewisse Zeit gefunden. Irgendeinmal genügt das nicht mehr, dann suchst du wieder etwas anderes.

HANSRUEDI: Ich bin ja etwas älter als ihr, aber ich muß sagen, ich habe noch kein Ziel. Ich sehe keines. Ich lebe jetzt einfach mal so. Ich suche ein Ziel, eins, das nicht leicht erreichbar ist, auf das ich hinleben kann. Aber vielleicht ist das Ziel genau das, daß ich hier und jetzt lebe.

CHRISTIAN: Glaubt ihr, daß man so ein Ziel, ein Lebensziel, haben muß?

HANSRUEDI: Nein, überhaupt nicht. Viele Leute sehen ihr Leben lang kein Ziel.

PIA: Oder sie sehen immer wieder ein anderes. Ich habe auch kein großes Ziel. Ich habe jetzt höchstens vorläufig eins, nämlich, das Abitur zu machen. Vielleicht ist das ganz richtig so, erst kleine Ziele zu haben.

HANSRUEDI: Je älter man wird, desto klarer wird einem, was man nicht tun will im Leben. Aber was man wirklich tun will, das weiß man deswegen immer noch nicht. Doch, jetzt kommt mir ein Ziel in den Sinn: Keinem Zwang mehr folgen müssen, ich glaube, das lohnt sich, das kann man auch erreichen.

PIA: Ich verstehe nicht ganz.

HANSRUEDI: Ich meine, daß man wirklich etwas tun kann, was der eigenen Vorstellung, den eigenen Ideen entspricht.
PIA: Aber ich weiß nicht, ich verstehe trotzdem nicht. Wenn ich einen ganzen Tag lang nur tue, was ich will, dann finde ich das plötzlich langweilig. Da ist immer wieder etwas, wozu ich mich einfach zwingen muß.
HANSRUEDI: Ja, natürlich, in kleinen Dingen schon. Aber ich finde, man sollte sich in großen, in wichtigen Dingen nicht zwingen lassen. Das ist ein Grundsatz für mich: Ich will später etwas tun, das mir wirklich Spaß macht.
PIA: Du möchtest ganz in einer Aufgabe aufgehen, auf dein Ziel hin.
HANSRUEDI: Ja, so ungefähr. Aber das ist doch eigentlich für alle ein Ziel.
PIA: Man könnte auch sagen: glücklich sein.

1. Zu welchen Aussagen in dieser Diskussion möchtet ihr selbst Stellung nehmen?
2. Formuliert ein Ergebnisprotokoll zu der Diskussion über den Sinn des Lebens, in dem ihr die verschiedenen Auffassungen der Gesprächsteilnehmer gegenüberstellt.

Protokoll Gabi A., 16, Schülerin

Rauskommen tun wir nie. Wir sitzen immer zu Hause. Im Sommer gehn wir mal Eis essen, oder wir spielen Karten auf'm Balkon. Daß bei uns einer sagt, heute fahren wir ins Museum, das ist nicht drin. Meistens leg ich mich aufs Bett, dann hab ich Radio an oder Tonbandgerät. Musik hab ich alle gern, je nachdem, wie ich aufgelegt bin, am liebsten zu Hause, ist mir viel lieber, als auf Achse zu sein. Tanzen geh ich nur zu Schulfesten. Lesen tu ich nicht gern. Nur im Urlaub hab ich was gelesen, ein dickes und ein dünnes Buch. Ist ja keiner da, der einen richtig anstößt und sagt: Das ist schlau, das könnste machen.
Wie Großvater noch da war, der hat mir viele Geschichten erzählt. Da hat Mutti sich immer geärgert, weil das nichts Vernünftiges war, was man im Leben brauchen kann. Sie hat immer gesagt, Großvater macht mir die Gabi verrückt. Er hat sich wirklich verrückte Sachen ausgedacht, was wir zusammen erleben werden, wenn wir mal verreisen, Sachen, die gibt's gar nicht. Der Großvater hat viel Zeit für mich gehabt. Und er hat auch immer Überraschungen gehabt. Hat mir einen schönen Apfel hingelegt und ein Kopftuch rumgebunden. Oder Tiere aus Tannenzapfen und Kernen und allem Zeugs. Eine Schallplatte hat er mir gekauft. Aber nicht, weil gerade was los war, Weihnachten oder Ostern. Mein Opa hat einfach so geschenkt, weil's ihm Spaß gemacht hat. Er hat immer so getan, als wäre ich noch ein Kind. Meine Mutti hat das furchtbar gefunden. Wenn ich geheult hab, ich möchte sagen, manchmal läuft einem ja was über die Leber, das wird dann nachts ganz schlimm, das hat Opa gehört. Da ist er ins Zimmer gekommen und hat sich auf mein Bett gesetzt und gesagt: Na, was ist denn, Gabi, wollen wir die Gespenster verscheuchen. War nicht richtig, daß die Mutti ihn rausgeschmissen hat. Es war nicht ihre Schuld, daß er soviel getrunken hat, ich seh's ein, aber er hat ja nichts mehr gehabt außer uns. Ach, heute schmerzt mir das Herz wieder. Ich weiß nicht, ich hab das öfter, aber

der Arzt sagt, ist alles seelisch. Zuerst war's für mich auch eine Erleichterung, wie mein Opa weg war. Er hat richtig verlottert ausgesehen. Wenn sie in der Klasse gesagt haben, deinen Großvater hab ich gestern wieder betrunken gesehn, da hab ich mich so geschämt. [...]

In letzter Zeit hab ich oft geträumt, daß Opa wieder da ist, daß wir zusammen verreisen, wie er's immer gesagt hat. Einmal hab ich im Traum richtig geschluchzt. Ich weiß auch nicht, man ist schon fast drüber hinweg, aber manchmal fehlt er einem.

Möchte sagen, direkt eine Freundin hab ich nicht. Man kommt aber mit allen gut aus. In der Klasse unterhalten wir uns über alles, Fernsehen, Jungs und Mädchen, über die Lehrer regen wir uns auf. Ich geh in die Neustadt zur Schule, da wurden wir aus vielen Schulen zusammengesammelt und in eine Klasse gestopft. Als Lehrerin hatten wir Frau Behrens, die strebte sehr. Sie hat versucht, die Klasse hochzuarbeiten, wobei sie mehr auf ihren eigenen Ruhm aus war. Immer hat sie uns alles vorgekaut. Das läßt man sich aber nicht mehr gefallen, wenn man älter wird. Da hat Frau Behrens Feuerwerk von den Eltern gekriegt, und wir haben Frau Wittig bekommen. Schon am ersten Tag haben wir die ins Herz geschlossen. Die war gleich so aufrichtig zu uns, der haben wir keine Schwierigkeiten gemacht. [...]

Ich mach jeden Quatsch mit, aber ich weiß, wann Halt ist. Das muß man wissen, dann kommt man mit den Erwachsenen klar. Die wollen eben mit ein bißchen Respekt behandelt werden. Vorbilder unter den Lehrern habe ich nicht, nein wirklich. In der Schule fragen sie uns auch immer wegen Vorbilder. Die wollen immer Thälmann* hören. Aber ich kann doch nicht wie Thälmann werden, die Zeiten sind doch ganz anders.

Freund habe ich auch keinen, obwohl ich schon sechzehn bin. Ich würde ganz gern einen haben, aber gerade jetzt, wo man lernen muß? Ich sehe das an Heike, die lenkt sich fürchterlich ab, die Jungs sind ihr das wichtigste. Die kommt mit einem angebraust, muß aber gleich wieder weg, weil der draußen auf dem Motorrad wartet, der will ja beschäftigt sein. Die schluckt schon die Pille seit einem Jahr, und ihre Hausaufgaben macht sie nur nachts. Ich komme mir richtig zurückgeblieben vor, weil ich noch nicht einmal geküßt habe. Im gewissen Sinne, ich weiß auch nicht, hab ich Angst vorm Küssen, daß man vielleicht was falsch macht.

Ich würde mir wünschen, daß meine Mutti mal Zeit für mich hat, daß sie sich mit mir über sexuelle Dinge unterhält.

Sie fängt nicht damit an, und ich frage nicht, als ob es das gar nicht gibt. Ich trau mich nicht zu fragen, weil Liebe von klein auf ein Geheimnis war. [...]

Besonderen Wunsch hab ich sonst keinen. Ich bin eigentlich einverstanden mit allem. So wie jetzt möchte ich weiterleben. Ob ich die Welt verändern will? Nein, das kann ich ja gar nicht. Warum soll ich das wollen, was ich nicht kann? Man paßt sich unwillkürlich an. Man möchte ein bißchen mehr Geld haben, daß man sich was leisten kann. Eine schön eingerichtete Wohnung, mal eine Party geben, die Kinder schön anziehen, dafür sorgen, daß es ein richtiges Milieu wird. Was kann man doch alles für Geld machen? Ich würde mir wünschen, daß ich einen Mann finde, der zu

---

* Thälmann, Ernst (1886–1944), deutscher, kommunistischer Politiker; wurde von den Nazis 1933 verhaftet und später im KZ Buchenwald erschossen.

"Wir werden erwachsen"

Max Beckmann: Schlafende

mir paßt, und daß ich mal nach Italien fahren kann, bevor ich ein Tattergreis bin.
Wenn ich Mutti sehe, die ist noch nicht alt, aber die war noch nie im Ausland, immer nur zu Hause. Nein, ich habe keine Probleme. Soweit ich mich erinnern kann, war ich immer glücklich, nur Opa hat mich bedrückt. – Was Glück ist? Ich weiß ja auch nicht, vielleicht wenn man sich was wünscht, und das erfüllt sich dann. Als ich von meiner Mutti das Tonbandgerät bekommen hab. Unter meinem künftigen Beruf, Wirtschaftskaufmann, stell ich mir nichts vor. Ich weiß ja nicht, wo sie mich hinstecken werden. Meine Mutti sagt immer: Nur nicht den Kopp heißmachen, alles auf sich zukommen lassen.

Maxie Wander

1. Auf welche Fragen antwortet Gabi? Ergänzt den Text so, daß ein Interview entsteht.
2. Gabi A. ist ein junges Mädchen in der DDR. Unterscheiden sich ihre Probleme von den eurigen?

Günter Kunert

Straßen

Straßen: begehbar, gesperrte, verschlammte, zu viele,
ansteigend, abfallend, gerade und krumme zum Ziele,
gepflastert und steinig, nicht endend, so scheint es;
bis man da anlangt, ist man schon Aas und beweint es,
hat einen Platz an der Straße erhalten, doch unter
dem Boden. Drüber und weiter und unaufhaltsam und munter
gehen und laufen, marschieren, die leben, die blicken
nicht rechts, links und rückwärts, spüren die Tücken
der Straßen erst später, selber schon müde vom Laufen
harren des Zieles noch, und ohne Verschnaufen
tappen sie weiter, stürzen wo nieder und fragen vergebens
den leeren Himmel: Ob denn das Leben der Sinn alles Lebens.

Die letzte Zeile des Gedichtes: Frage – Antwort – oder?

> „Wünsche sind nur gut, solange man sie noch vor sich hat"

Das Märchen vom Glück

Siebzig war er gut und gern, der alte Mann, der mir in der verräucherten Kneipe gegenübersaß. Sein Schopf sah aus, als habe es darauf geschneit, und die Augen blitzten wie eine blankgefegte Eisbahn. „O, sind die Menschen dumm", sagte er und schüttelte den Kopf, daß ich dachte, gleich müßten Schneeflocken aus seinem Haar aufwirbeln. „Das Glück ist ja schließlich keine Dauerwurst, von der man sich täglich seine Scheibe herunterschneiden kann!" „Stimmt", meinte ich, „das Glück hat ganz und gar nichts Geräuchertes an sich. Obwohl . . ." „Obwohl?" „Obwohl gerade Sie aussehen, als hinge bei Ihnen zu Hause der Schinken des Glücks im Rauchfang." „Ich bin eine Ausnahme", sagte er und trank einen Schluck. „Ich bin die Ausnahme. Ich bin nämlich der Mann, der einen Wunsch frei hat."

Er blickte mir prüfend ins Gesicht, und dann erzählte er seine Geschichte. „Das ist lange her", begann er und stützte den Kopf in beide Hände, „sehr lange. Vierzig Jahre. Ich war noch jung und litt am Leben wie an einer geschwollenen Backe. Da setzte sich, als ich eines Mittags verbittert auf einer grünen Parkbank hockte, ein alter Mann neben mich und sagte beiläufig: ‚Also gut. Wir haben es uns überlegt. Du hast drei Wünsche frei.' Ich starrte in meine Zeitung und tat, als hätte ich nichts gehört. ‚Wünsch dir, was du willst', fuhr er fort, ‚die schönste Frau oder das meiste Geld oder den größten Schnurrbart – das ist deine Sache. Aber werde endlich glücklich! Deine Unzufriedenheit geht uns auf die Nerven.' Er sah aus wie der Weihnachtsmann in Zivil. Weißer Vollbart, rote Apfelbäckchen, Augenbrauen wie aus Christbaumwatte. Gar nichts Verrücktes. Vielleicht ein bißchen zu gutmütig. Nachdem ich ihn eingehend betrachtet hatte, starrte ich wieder in meine Zeitung. ‚Obwohl es uns nichts angeht, was du mit deinen drei Wünschen machst', sagte er, ‚wäre es natürlich kein Fehler, wenn du dir die Angelegenheit vorher genau überlegtest. Denn drei Wünsche sind nicht vier Wünsche oder fünf, sondern drei. Und wenn du hinterher noch immer neidisch und unglücklich wärst, könnten wir dir und uns nicht mehr helfen.' Ich weiß nicht, ob Sie sich in meine Lage versetzen können. Ich saß auf einer Bank und haderte mit Gott und der Welt. In der Ferne klingelten die Straßenbahnen. Die Wachtparade zog irgendwo mit Pauken und Trompeten zum Schloß. Und neben mir saß nun dieser alte Quatschkopf!"

„Sie wurden wütend?"

„Ich wurde wütend. Mir war zumute wie einem Kessel kurz vorm Zerplatzen. Und als er sein weißwattiertes Großvatermündchen von neuem aufmachen wollte, stieß ich zornzitternd hervor: ‚Damit Sie alter Esel mich nicht länger duzen, nehme ich mir die Freiheit, meinen ersten und innigsten Wunsch auszusprechen – scheren Sie sich zum Teufel!' Das war nicht fein und höflich, aber ich konnte einfach nicht anders. Es hätte mich sonst zerrissen."

„Und?"
„Was ,Und'?"
„War er weg?"
„Ach so! – Natürlich war er weg! Wie fortgeweht. In der gleichen Sekunde. In
nichts aufgelöst. Ich guckte sogar unter die Bank. Aber dort war er auch nicht.
Mir wurde ganz übel vor lauter Schreck. Die Sache mit den Wünschen schien zu
stimmen! Und der erste Wunsch hatte sich bereits erfüllt! Du meine Güte! Und
wenn er sich erfüllt hatte, dann war der gute, liebe, brave Großpapa, wer er
nun auch sein mochte, nicht nur weg, nicht nur von meiner Bank verschwunden, nein, dann war er beim Teufel! Dann war er in der Hölle! ,Sei nicht al-
bern', sagte ich zu mir selber. ,Die Hölle gibt es ja gar nicht, und den Teufel
auch nicht.' Aber die drei Wünsche, gab's denn die? Und trotzdem war der alte
Mann, kaum hatte ich's gewünscht, verschwunden ... Mir wurde heiß und kalt.
Mir schlotterten die Knie. Was sollte ich machen? Der alte Mann mußte wieder
her, ob's nun eine Hölle gab oder nicht. Das war ich ihm schuldig. Ich mußte
meinen zweiten Wunsch dransetzen, den zweiten von dreien, o, ich Ochse!
Oder sollte ich ihn lassen, wo er war? Mit seinen hübschen, roten Apfelbäckchen? Bratapfelbäckchen, dachte ich schaudernd. Mir blieb keine Wahl. Ich
schloß die Augen und flüsterte ängstlich: ,Ich wünsche mir, daß der alte Mann
wieder neben mir sitzt!' Wissen Sie, ich habe mir jahrelang, bis in den Traum
hinein, die bittersten Vorwürfe gemacht, daß ich den zweiten Wunsch auf diese
Weise verschleudert habe, doch ich sah damals keinen Ausweg. Es gab ja auch
keinen ..."
„Und?"
„Was ,Und'?"
„War er wieder da?"
„Ach so! – Natürlich war er wieder da! In der nämlichen Sekunde. Er saß
wieder neben mir, als wäre er nie fortgewünscht gewesen. Das heißt, man sah's
ihm schon an, daß er ..., daß er irgendwo gewesen war, wo es verteufelt, ich
meine, wo es sehr heiß sein mußte. O ja. Die buschigen weißen Augenbrauen
waren ein bißchen verbrannt. Und der schöne Vollbart hatte auch etwas gelitten. Besonders an den Rändern. Außerdem roch's wie nach versengter Gans.
Er blickte mich vorwurfsvoll an. Dann zog er ein Bartbürstchen aus der Brust-
tasche, putzte sich Bart und Brauen und sagte gekränkt: ,Hören Sie, junger
Mann – fein war das nicht von Ihnen!' Ich stotterte eine Entschuldigung. Wie
leid es mir täte. Ich hätte doch nicht an die drei Wünsche geglaubt. Und außerdem hätte ich immerhin versucht, den Schaden wieder gutzumachen. ,Das ist
richtig', meinte er. ,Es wurde aber auch die höchste Zeit.' Dann lächelte er. Er
lächelte so freundlich, daß mir fast die Tränen kamen. ,Nun haben Sie nur noch
einen Wunsch frei', sagte er, ,den dritten. Mit ihm gehen Sie hoffentlich ein
bißchen vorsichtiger um. Versprechen Sie mir das?' Ich nickte und schluckte.
,Ja', antwortete ich dann, ,aber nur, wenn Sie mich wieder duzen.' Da mußte er

21

„Wünsche sind nur gut, solange man sie noch vor sich hat"

lachen. ‚Gut, mein Junge', sagte er und gab mir die Hand. ‚Leb wohl. Sei nicht allzu unglücklich. Und gib auf deinen letzten Wunsch acht.' – ‚Ich verspreche es Ihnen', erwiderte ich feierlich. Doch er war schon weg. Wie fortgeblasen."
„Und?"
„Was ‚Und'?"
„Seitdem sind Sie glücklich?"
„Ach so. – Glücklich?" Mein Nachbar stand auf, nahm Hut und Mantel vom Garderobehaken, sah mich mit seinen blitzblanken Augen an und sagte: „Den letzten Wunsch hab ich vierzig Jahre lang nicht angerührt. Manchmal war ich nahe dran. Aber nein. Wünsche sind nur gut, solange man sie noch vor sich hat. Leben Sie wohl."
Ich sah vom Fenster aus, wie er über die Straße ging. Die Schneeflocken umtanzten ihn. Und er hatte ganz vergessen, mir zu sagen, ob wenigstens er glücklich sei. Oder hatte er mir absichtlich nicht geantwortet? Das ist natürlich auch möglich.

Erich Kästner

1. „Seitdem sind Sie glücklich?" Der alte Mann beantwortet diese Frage nicht ausdrücklich. Legt der Text eine Antwort nahe?
2. Zum Thema „Drei Wünsche" hat der Kabarettist Werner Finck einen Vierzeiler geschrieben:

   Surrealistischer Vierzeiler

   Gestern trat ein Fräulein an mein Bette
   Und behauptete, die Märchenfee zu sein,
   Und sie fragte mich, ob ich drei Wünsche hätte,
   Und ich sagte, um sie reinzulegen: nein!

   Erfindet eure eigene Geschichte zu diesem Thema.

Der Sieger nimmt alles

All das gehörte zu ihr. Sollte sie es glauben? Alles schwankte, obwohl es feststand. All das Unglaubhafte war wirklich. Verstanden hatte sie das nicht.
Mußte man es verstanden haben, um glücklich zu sein? Glücklich sein zu können ohne Angst? Oder gehörte die Angst zum Glück? Denn war das Glück nicht ein Fliegen, ein Vorwärtsstürzen und Getragenwerden, ein Schweben über das Stürzen hinweg?
Ja, so war es, so empfand sie es. Alles war wirklich. Alles zeigte sich, brauchte nicht bewiesen zu werden. War einfach da.
Am Ende des Rückwärtsschwungs, als sie noch aufgerichtet zwischen den Seilen saß, streckte sie die angewinkelten Beine aus und blickte auf ihre Schuhspitzen, die nach einem kurzen, kaum merklichen Stillstand, einem gewichtslosen Schweben, steil, fast senkrecht auf den Rasen zustürzten und von der rascher werdenden Bewegung abgefangen wurden und nach vorne wegglitten und nun, das spürte sie nur noch, denn sie hatte sich weit zurückgelehnt, in einem flachen Bogen über den Rasen schwangen und einen sausenden Moment lang höher waren als ihr in den Nacken gelegter Kopf, denn das Stürzen und Vorwärtsschwingen hatte sich in ein Steigen verwandelt, von dem sie sich, als es langsamer wurde, hochreißen ließ, weil in ihrem Körper noch Schwung war, ein Drang, auf den höchsten Punkt der Bahn zu gelangen, auf dem sie fast aufgerichtet zwischen den Seilen saß und die Beine anwinkelte, um gleich wieder durch die weite Luftmulde zum anderen Höhepunkt der Bahn zurückzufliegen.
Und jetzt sah sie das Haus, den Wintergarten, die Terrasse und die Menschen, die alle zu ihr gehörten, ihre Familie, ihre Freunde, ihren kleinen Sohn, ihren Mann, und nahm das Bild mit bis auf den Höhepunkt ihres Rückwärtsfluges, wo es im Moment ihres Stillstandes eine Gewißheit wurde und sie sich nun beglückt in den Vorwärtsschwung fallen lassen konnte, bei dem sie das Bild sekundenlang verlor. Nichts war da außer dem Gerüst mit den schwingenden Seilen und einem Stück blauen Himmels über ihrem zurückgeworfenen Kopf.
Ihr Kleid blähte sich über ihren Schenkeln, entblößte sie. Aber sie war ja allein, sie flog durch die Mulde, das Tal, ließ sich wieder hochreißen. Und da waren sie alle wie vorhin, nur wenig verändert in ihren Haltungen. Es gab sie alle, sie konnte sie betrachten, jetzt, während sie zurückflog und sich entfernte.
Sie war eine Glocke, und sie läutete mit einem hellen und einem dunklen Ton, die sich zu einem weiträumigen Klang vermischten. Ich bin glücklich. Ich habe Angst. Ich bin glücklich. Fliegend überbrückte sie den Abgrund, sauste durch das Tal, schwang hin und her zwischen den beiden Höhepunkten ihrer Bahn, an denen sie momentweise gerettet war, obwohl sie weder dort noch hier bleiben konnte. Und das wollte sie ja auch nicht. Sie wollte fallen, fliegen, über sich hinaussteigen und wieder fallen, und während die wirbelnde Luft ihr Kleid über

ihren Beinen bauschte, strömte, nicht weniger sanft als dieser leichte Windzug, die Angst durch sie hindurch.

Da waren sie! Ulrich stand bei Lothar. Wahrscheinlich besprachen sie etwas Geschäftliches. Die anderen – ihr Vater, Jutta, Andreas und Lothars Kusine, ein harmloses, freundliches Mädchen – spielten Boccia auf dem Rasen. Rudolf hatte nur einmal geworfen und sich sofort wieder abgesetzt. Sein alter Schulfreund Dicki war gekommen, und sie tranken schon wieder Bier und lästerten, würden bald verschwinden. Auf der Terrasse erschien das Hausmädchen und deckte den Kaffeetisch ab. Und da kam Christoph aus dem Haus, ihr Kind, ihr kleiner Junge, Ulrichs Sohn. Er trug etwas Braunes, das waren die Boxhandschuhe, die Ulrich ihm geschenkt hatte. Er ging zu Ulrich und Lothar, die ihn einen Augenblick verdeckten. Hinten auf dem Rasen hörte sie Juttas Jubelruf. Sie hatte wohl gerade einen guten Wurf gemacht.

Alles war friedlich und heiter und so unwahrscheinlich wie ein erfüllter Traum. Dort waren sie, ihr Mann, ihr Kind, ihre Familie, ihre Freunde, versammelt im Park ihres Elternhauses, in dem sie sich immer noch zu Hause fühlte, obwohl sie nicht mehr hier wohnte.

Schaukeln, durch die Luft fliegen, das hatte sie immer schon gemocht. Im Gegensatz zu Christoph, für den die Schaukel gebaut worden war, der sie aber kaum benutzte. Vielleicht war er noch zu klein gewesen, als Ulrich ihn darauf setzte. Er hatte es nicht verstanden, Schwung zu holen, obwohl Ulrich es ihm oft genug erklärt hatte. Er machte genau die falschen Bewegungen, wußte nichts anzufangen mit seinem kleinen Körper und bremste den Schwung, den Ulrich der Schaukel gab, immer wieder ab.

Vielleicht hatte er Angst und sträubte sich gegen den Schwung. Er war ein ängstliches Kind, das von seinem Vater überfordert wurde. Nun war er neun Jahre alt, und Ulrich wollte ihm das Boxen beibringen, weil er in der Schule von einem kleineren Jungen verprügelt worden war. Er war einfach weggelaufen und schluchzend zu Hause angekommen, und sie hatte den Fehler gemacht, es Ulrich zu erzählen. Sie hätte wissen können, wie er darauf reagieren würde. Ulrich, der niemals verlieren wollte, für den das Leben ein Kampf war, den man gewinnen mußte, und der nur auf seine Kraft, seinen Willen, seine Intelligenz vertraute.

Sie liebte, sie verstand sie beide, diesen zarten, ängstlichen Jungen und ihren Mann, der einmal ähnlich gewesen sein mochte und sich zum Gegenteil gewandelt hatte. Sie liebte den Gegensatz der beiden. Ihr Gefühl schwang hin und her in diesem Widerspruch, wollte sie beide umfassen, versöhnen, in sich bergen. Dir geschieht nichts, wollte sie Christoph sagen, und Ulrich wollte sie bitten, sich bei ihr auszuruhen. Sie hatte sich zurückgezogen und auf die Schaukel gesetzt, um ihr Gefühl ungestört genießen zu können und im Hin- und Herschwingen alle zu sehen, die zu ihr gehörten, ihre Geschwister, ihren Vater, ihre Freunde und vor allem ihren Mann und ihr Kind, die dort beieinanderstanden, zusammen mit Lothar, der ihnen half, die Boxhandschuhe anzuziehen, und jetzt zu ihr herübersah und ihr winkte.

Dieter Wellershoff

1. „Ich bin glücklich", sagt sich die junge Frau immer wieder. Wie denkt ihr darüber?
2. Stellt euch die Frau als junges Mädchen vor. Sie könnte eure Mitschülerin sein. Entwerft ein Porträt von ihr.

Mittagspause

Sie sitzt im Straßencafé. Sie schlägt sofort die Beine übereinander. Sie hat wenig Zeit.

Sie blättert in einem Modejournal. Die Eltern wissen, daß sie schön ist. Sie sehen es nicht gern.

5 Zum Beispiel. Sie hat Freunde. Trotzdem sagt sie nicht, das ist mein bester Freund, wenn sie zu Hause einen Freund vorstellt.

Zum Beispiel. Die Männer lachen und schauen herüber und stellen sich ihr Gesicht ohne Sonnenbrille vor.

Das Straßencafé ist überfüllt. Sie weiß genau, was sie will. Auch am Nebentisch
10 sitzt ein Mädchen mit Beinen.

Sie haßt Lippenstift. Sie bestellt einen Kaffee. Manchmal denkt sie an Filme und denkt an Liebesfilme. Alles muß schnell gehen.

Freitags reicht die Zeit, um einen Cognac zum Kaffee zu bestellen. Aber freitags regnet es oft.

15 Mit einer Sonnenbrille ist es einfacher, nicht rot zu werden. Mit Zigaretten wäre es noch einfacher. Sie bedauert, daß sie keine Lungenzüge kann.

Die Mittagspause ist ein Spielzeug. Wenn sie nicht angesprochen wird, stellt sie sich vor, wie es wäre, wenn sie ein Mann ansprechen würde. Sie würde lachen. Sie würde eine ausweichende Antwort geben. Vielleicht würde sie sagen, daß
20 der Stuhl neben ihr besetzt sei. Gestern wurde sie angesprochen. Gestern war der Stuhl frei. Gestern war sie froh, daß in der Mittagspause alles sehr schnell geht.

Beim Abendessen sprechen die Eltern davon, daß sie auch einmal jung waren. Vater sagt, er meine es nur gut. Mutter sagt sogar, sie habe eigentlich Angst.
25 Sie antwortet, die Mittagspause ist ungefährlich.

Sie hat mittlerweile gelernt, sich nicht zu entscheiden. Sie ist ein Mädchen wie andere Mädchen. Sie beantwortet eine Frage mit einer Frage.

Obwohl sie regelmäßig im Straßencafé sitzt, ist die Mittagspause anstrengender als Briefeschreiben. Sie wird von allen Seiten beobachtet. Sie spürt sofort, daß sie Hände hat.
Der Rock ist nicht zu übersehen. Hauptsache, sie ist pünktlich.
Im Straßencafé gibt es keine Betrunkenen. Sie spielt mit der Handtasche. Sie kauft jetzt keine Zeitung.
Es ist schön, daß in jeder Mittagspause eine Katastrophe passieren könnte. Sie könnte sich sehr verspäten. Sie könnte sich sehr verlieben. Wenn keine Bedienung kommt, geht sie hinein und bezahlt den Kaffee an der Theke.
An der Schreibmaschine hat sie viel Zeit, an Katastrophen zu denken. Katastrophe ist ihr Lieblingswort. Ohne das Lieblingswort wäre die Mittagspause langweilig.

Wolf Wondratschek

1. „Die Mittagspause ist ein Spielzeug." Wie versteht ihr diesen Satz?
2. Schreibt eine Fortsetzung, die so beginnt:
   „Einige Tage später sitzt sie wieder in ihrem Straßencafé …"

Ein schönes Leben

Schön war mein erster Geburtstag. Schön war mein zweiter Geburtstag. Schön waren alle Geburtstage, die dem ersten und zweiten Geburtstag folgten. Was während der Zeit von Geburtstag zu Geburtstag war, soll schön gewesen sein. Meine schönen Eltern haben mir davon schön erzählt.

„Es war immer schön", sagten meine Eltern.
„Ist das nicht schön?" fragte meine Mutter.
„Ach, du hast es immer schön gehabt", sagte mein Onkel.
„Der Onkel", sagte mein Vater, „hat dich immer schön in den Schlaf gesungen. Schöne Lieder. Es ist deshalb nicht schön, daß du dich jetzt so häßlich kleidest."
„Ja", sagte mein Onkel, „das ist unschön. Du bist bald dreiundzwanzig Jahre alt! Überleg mal, wie schön deine Kinderzeit war. Deine unschönen Haare müssen gewaschen werden. Früher hast du immer den Kopf schön hingehalten, heutzutage benimmst du dich unschön und hast deinen eigenen Kopf. Ist das schön? Das kann ja noch schön werden mit dir, zum Donnerwetter!"

Günter Bruno Fuchs

1. Probiert aus, ob sich in diesem Text das Wort „schön" durch andere Wörter ersetzen läßt.
2. Seinen eigenen Kopf haben. „Ist das schön?"

Der junge Mann

Der junge Mann versucht, einem alten Mann zu beweisen, daß er, *der junge Mann,* allein ist. Er sagt ihm, er sei in die Stadt gekommen, um Menschen kennenzulernen, aber es sei ihm bis jetzt noch nicht gelungen, auch nur einen Menschen zu finden. Er habe verschiedene Mittel angewendet, um das Vertrauen der Menschen zu gewinnen. Aber er habe sie abgestoßen. Sie ließen ihn zwar ausreden und hörten ihm auch zu, aber sie wollten ihn nicht *verstehen.* Er habe ihnen Geschenke mitgebracht; denn mit Geschenken könne man Menschen zur Freundschaft und zur Anhänglichkeit verführen. Aber sie nähmen die Geschenke nicht an und setzten ihn vor die Tür. Er habe tagelang darüber nachgedacht, warum sie ihn nicht haben wollten. Aber er sei nicht darauf gekommen. Er habe sich sogar *verwandelt,* um Menschen zu gewinnen; er sei bald der und bald jener gewesen, und es sei ihm gelungen, sich zu verstellen, aber auch auf diese Weise habe er nicht einen Menschen gewonnen. Er redet auf den

alten Mann, der neben seiner Haustüre sitzt, mit einer solchen Gewalttätigkeit
ein, daß er sich plötzlich schämt. Er tritt einen Schritt zurück und stellt fest, daß
in dem alten Mann nichts vorgeht. In dem alten Mann ist nichts, das er wahrnehmen könnte. Jetzt läuft der junge Mann in sein Zimmer und deckt sich zu.

Thomas Bernhard

1. Was stellt der junge Mann alles an, „um das Vertrauen der Menschen zu gewinnen"? Wie denkt ihr darüber?
2. Könnt ihr selbst von Versuchen erzählen, andere Menschen zu gewinnen?

Wolfgang Bächler

Ausbrechen

Ausbrechen
aus den Wortzäunen,
den Satzkellen,
den Punktsystemen,
den Einklammerungen,
den Rahmen der Selbstbespiegelungen,
den Beistrichen, den Gedankenstrichen
– um die ausweichenden, aufweichenden
Gedankenlosigkeiten gesetzt –
Ausbrechen
in die Freiheit des Schweigens.

Spielt mit dem Schlußgedanken des Gedichts, indem ihr Bächlers Form weiterführt:
Ausbrechen
in die Freiheit des Schweigens
in ...
in ...
in ...

Ursula Krechel

Umsturz

Von heut an stell ich meine alten Schuhe
nicht mehr ordentlich neben die Fußnoten
häng den Kopf beim Denken
nicht mehr an den Haken
5 freß keine Kreide. Hier die Fußstapfen
im Schnee von gestern, vergeßt sie
ich hust nicht mehr mit Schalldämpfer
hab keinen Bock
meine Tinte mit Magermilch zu verwässern
10 ich hock nicht mehr im Nest, versteck
die Flatterflügel, damit ihr glauben könnt
ihr habt sie mir gestutzt. Den leeren Käfig
stellt mal ins historische Museum
Abteilung Mensch weiblich.

1. „Umsturz" – Welche Bedeutung verleiht das Gedicht diesem Begriff?
2. Könnte die Schlußzeile auch lauten „Abteilung Mensch männlich" oder einfach „Abteilung Mensch"?

Kapitel 2 Grenzfälle – Deutsche Geschichten
Deutsche Geschichte

Die Grenze – ich habe sie gespürt!

Wo Deutschland lag, liegen zwei Länder.
Zwei Länder liegen dort,
Und es trennt sie mehr als eine Grenze.
Die gleiche Sprache sprechen sie,
Die gleiche,
Aber sie können sich nicht verstehen, weil
Sie eine andere Sprache sprechen,
Eine andere,
Denn sie sind zwei Länder, zwei Länder
sind sie, und liegen, wo Deutschland lag.

Günter Kunert

1378 km lang waren die Gitterzäune, Mauern und Todesstreifen, die zwischen der Lübecker Bucht und dem Fichtelgebirge Deutschland teilten. Die Grenzverhaue unterbrachen 32 Eisenbahnlinien, drei Autobahnen, 31 Fernstraßen und achtzig Landstraßen. Sie zerschnitten 40 Jahre lang unzählige Nachbarschaften, Freundschaften und Familien.
Bereits 1946 sperrte die sowjetische Besatzungsmacht die Demarkationslinien zu den westlichen Zonen. Seit 1956 stand in der DDR schon der Versuch der „Republikflucht" unter Strafe. Trotzdem kamen mehr als zwei Millionen Menschen von der östlichen in die westliche Republik. Am 13. 8. 1961 wurde mit dem Berliner Mauerbau die Abriegelung lückenlos. Trotzdem flüchteten auch noch danach Zehntausende über Stacheldraht und Minenfelder, durch Hundelaufstreifen und Selbstschußanlagen. Über zweihundert Flüchtlinge wurden von den Grenzsoldaten der DDR „auf der Flucht" erschossen.

Die Grenze – ich habe sie gespürt!

Sommer 1949
Züge ... Züge, voll besetzt von West nach Ost,
fast voller noch von Ost nach West,
und dazwischen der Eiserne Vorhang.

Das gleichmäßige Rattern des Zuges macht mich schläfrig. Wolfgang hat auch die Augen geschlossen, er kuschelt sich mir gegenüber in Mutters Arm und schiebt dabei ihre wichtige Stofftasche, die an einem schwarzen Band über ihrer Schulter hängt, einfach zur Seite. Schweißperlen sind auf Wolfgangs Stirn, auch auf Mutters. Es ist heiß im Abteil. Ich darf aber meinen Mantel nicht ausziehen, weil ich ihn beim Aussteigen im Gewühl nicht mehr finden würde, hat Mutter gesagt. Christl sitzt neben mir, hat auch ihren Mantel an. Es ist eng auf dem Sitzplatz. Christl drückt mich ganz weit in die Ecke und zeigt dabei verstohlen auf ihre Nachbarin, eine dicke Frau mit Kopftuch, von der sie zu mir hingedrängt wurde. Und daneben ist noch eine Frau – ich sehe nur ihre Beine, sie hat sie weit nach vorn gestreckt. Ihr gegenüber, neben Mutter, sitzt ein Ehepaar auf der Bank. Der Mann hat ein rotes Gesicht, wischt sich ständig den Schweiß von der Stirn. Seine Frau unterhält sich mit der Dicken. Zwischen unseren Beinen sind Taschen, verschnürte Kartons, über uns Koffer, Rucksäcke.
Im Gang draußen stehen die Menschen eng zusammengedrängt. Vor ein paar Minuten ist der Schaffner im Gang über die Leute und das Gepäck gestiegen und hat sich auch in unserem Abteil die Fahrkarten angesehen. So lange wollte ich wach bleiben, die Augen wenigstens auflassen, nicht schlafen. Ich wollte hellwach sein, sehen, ob der Schaffner Verdacht schöpft, ob er merkt, daß wir die russische Zone verlassen möchten, daß wir nicht in dem Grenzort Öbisfelde* mit unserem vielen Gepäck bleiben wollen. [...]
Am Bahnhof Öbisfelde holt Mutter einen Zettel aus ihrer Dokumententasche, mit Zeichnung und Adresse. Wir gehen durch die Straßen des kleinen Ortes. Nach der Skizze auf dem Zettel sucht Mutter die Leute, bei denen wir uns melden sollen. So braucht sie niemanden nach dem Namen zu fragen, so kann kein Verdacht auf die Leute fallen, die uns über die Grenze helfen werden. Vor einem gelbgestrichenen Haus bleibt sie stehen, klopft. Wir werden hereingelassen, nach oben geschickt, sollen uns in einem Raum für die Nacht niederlegen. Oben sind noch mehr Leute, auch Grenzgänger.
Morgen früh um sechs werden wir über die Grenze gehen. Die Tochter Emmy hat mit dem russischen Grenzposten schon alles besprochen. Mutter gibt ihr Geld, sie gibt uns einen Korb voll Eier und eine Flasche Schnaps dafür.
„Den gebt ihr ihm und sagt, der ist von Emmy", sagt sie und klopft Mutter auf den Arm.
Im halbdunklen Raum sind Decken ausgebreitet, da legen wir uns drauf. Ich kriege Bauchweh, kriege Angst, möchte heulen, kann nicht, kann auch nicht mit Wolfgang oder Christl reden, habe nur Angst und mache mich unter der Decke ganz klein.

---

* Öbisfelde: DDR-Grenzort in der Nähe von Braunschweig.

Die Grenze – ich habe sie gespürt!

Emmy hat sogar einen Handwagen für unser Gepäck. Sie hilft Mutter beim
Ziehen. Zur Grenze gehen wir, dorthin, wo der Eiserne Vorhang zwischen dem
Osten und dem Westen sein soll.
Eine Wiese, ein kleiner Bach, ein Holzhaus, weiter drüben eine Brücke, darauf
führt unsere Straße zu.
Vor dem Holzhaus zwei Soldaten mit Maschinenpistolen.
„Die Russen", sagt Mutter. An ihrer Stimme merke ich, daß sie auch Angst hat.
„So, jetzt müßt ihr allein gehen", sagt Emmy, „ich muß zurück."
Wir laden das Gepäck ab, setzen die Rucksäcke auf, gehen den russischen
Wachtposten entgegen. Die beiden Soldaten stehen und schauen, wie wir auf
sie zukommen.
Weit hinter dem Holzhaus ist ein dunkelgrüner Tannenwald, ob das schon die
andere Seite ist? Ich sehe zum Tannenwald hin, über die Russen hinweg, will
dort drüben sein, im Wald. So sehr ich mich hinüber in den Wald wünsche, es
bleibt dabei, ich stehe hier mit den Füßen auf der sandigen Straße, merke, wie
meine Knie zittern. Einer kommt uns entgegen, bleibt in einiger Entfernung
stehen, sagt was. Ich kann es nicht verstehen, obwohl ich doch Russisch in der
Schule gelernt habe.
„Wir haben zuviel Gepäck", sagt Mutter.
Sie zeigt ihm den Korb mit den Eiern und dem Schnaps.
Er winkt ab.
Er geht zu dem anderen Wachtposten, redet mit ihm, läßt uns stehen. Nach
einer Weile ruft er uns was zu. Mutter stellt den Korb mit Eiern und Schnaps an
den Straßenrand.
„Dawai, dawai!" ruft er, treibt uns an.
Wir gehen los, Richtung Brücke, rennen, stolpern, ziehen Wolfgang nach, rennen außer Atem, schon sind wir auf der Brücke.
Wir rennen immer noch, als uns einer in Uniform zuruft: „Halt, bleiben Sie doch
stehen! Stehenbleiben!"
Die Stimme erschreckt uns, wir bleiben stehen, sehen einen Soldaten. Ist es
noch ein russischer Grenzposten? Wird er uns einsperren, zurückschicken?

Annelies Schwarz

1. Wie erlebt die Erzählerin das Geschehen? Wie alt schätzt ihr sie?
2. Der Textauszug ist einem Jugendbuch entnommen. Woran merkt man, daß die Autorin jugendliche Leser fesseln will?
3. Einer der beiden russischen Grenzposten schreibt einen Brief an seine Mutter.

Eine Mutter erzählt, wie ihr Sohn Richard zusammen mit seinem Freund verhaftet wird, nachdem sie beide wiederholt von Ost-Berlin aus heimlich über die Mauer in den Westen der Stadt gelangten. Einige Wochen später beginnt die Verhandlung vor Gericht...

Mein Richard

[...]
Wo sie nur die elektrischen Birnen in den Korridoren unserer Gerichte herkriegen. Diese Birnen erleuchten wenig mehr als die eigenen Glühfäden, und die Menschen vor den Eingangstüren der Gerichtssäle sehen aus wie die Schatten der Verstorbenen, die auf Einlaß in irgendeine Unterwelt warten. Das Getippte auf dem Zettel rechts neben der Tür war kaum zu lesen. *Strafsache gegen Edelweiß, Richard, und Zunk, Richard*, entzifferte ich, *wegen wiederholter Verletzung des Paßgesetzes*. Frau Edelweiß umklammerte meine Hand, ihre Fingernägel gruben sich mir ins Fleisch. „Verletzung des Paßgesetzes", sagte sie erschüttert, „und wiederholt." Herr Edelweiß war ferngeblieben; er mußte zu einer Leitungssitzung des Bereichs Kosmetik der Vereinigung Volkseigener Chemiebetriebe, und da er nicht mehr gesetzlich verantwortlich für seinen Sohn war, hatte er keinen stichhaltigen Grund zur Nichtteilnahme an seiner Konferenz.
Der Gedanke, daß ich Richard wiedersehen würde, machte mich froh; er würde uns anblicken, und ich würde ihm Mut zulächeln. Doch waren meine Besorgnisse größer als meine Freude: als alte Genossin wußte ich ja, wie Genossen auf so etwas wie wiederholte Verletzungen des Paßgesetzes seitens des Sohnes eines Genossen reagieren: wir haben unsern Arbeiterstaat, und wir verlangen, daß unsre Gesetze und unsre Grenzen respektiert werden, besonders von den Kindern der Genossen; wenn einer mit sechzehn Jahren sich über das Gesetz hinwegsetzt, was – und wo – wird er sein, wenn er fünfundzwanzig ist, und was für ein Beispiel gibt er andern Jugendlichen?
Das bekannte Lachen. „Meine Damen", ließ sich Dr. Kahn vernehmen, „das Warten ist vorbei." Die Schatten im Korridor wandten die Köpfe. Er mäßigte seinen Ton. „Ich kenne die Richterin, sie ist eine vernünftige Person. Wenn die Jungen, wie ich ihnen geraten habe, ein bißchen Reue zeigen –"
Die Tür zum Gerichtssaal öffnete sich. Frau Edelweiß ging voran, ich folgte ihr, dann Dr. Kahn; zwei Weiblein, wie zum Begräbnis gekleidet – Rentnerinnen wohl, die ihre überschüssige Zeit auf den Zuschauerbänken der Gerichte verbrachten –, wurden vom Gerichtsdiener abgewiesen. Der Staatsanwalt, noch jugendlich, angehende Glatze, nickte mit ernsthaft feierlicher Miene zunächst Dr. Kahn zu und darauf zwei Männern, die in der vordersten der vier Bankreihen Platz genommen hatten; ich erkannte den Nacken des einen und die leicht gekrümmten Schultern des anderen. Dr. Kahn begab sich an einen kleinen Tisch zur Linken des richterlichen Podiums und

stellte seine Aktentasche ab; der Staatsanwalt blätterte in irgendwelchen Papieren. In diesem Augenblick trat mein Richard durch die enge Tür hinter dem Tisch des Staatsanwalts. Ich bemerkte, daß er mich gesehen hatte. Er wandte sich Richard Edelweiß zu, der noch schmächtiger aussah als sonst, und nahm ihn bei der Hand. Die kleine Geste beschäftigte mich derart, daß Frau Edelweiß mich anstoßen mußte, damit ich beim Eintritt der Richterin und ihrer zwei Beisitzer nicht aufzustehen vergaß. Die Richterin blickte sich um in ihrem Gerichtssaal; sie hatte etwa meine Figur, trug genau wie ich ihr Haar hinten aufgesteckt, und in ihrem Blick lag ein Ausdruck, den ich auch bei mir schon bemerkt hatte – ein Ausdruck jener Zurückhaltung, die sich einstellt, wenn die großen Hoffnungen allmählich dahinwelken. Sie sah mich kurz an, dann setzte sie sich.

Die einleitenden Formalitäten zogen sich hin. Ich hatte Augen nur für Richard. Er schien seit meinem Besuch noch gewachsen zu sein, oder war es, daß sein Gesicht in den paar Wochen alles Kindliche verloren hatte? Er erinnerte mich an seinen Vater, als der ein junger Mann war. Sein Vater und ich hatten nie genug Zeit füreinander gehabt; sein Vater verausgabte sich für den Aufbau des Sozialismus.

Mit der Vorlesung der Anklageschrift fand ich mich zurück in die Gegenwart. Der Staatsanwalt las von unserer Jugend, die in ihrer überwältigenden Mehrheit den Zielen und Errungenschaften des Sozialismus gegenüber eine positive Haltung einnahm und die nichts sehnlicher wünschte, als noch größere Errungenschaften erreichen zu helfen. Dann las er von dem antifaschistischen Schutzwall als einem Bollwerk im Kampf gegen den Imperialismus und wie unsere Jugend in ihrer überwältigenden Mehrheit durch Wort und Tat bewies, daß sie dessen Wichtigkeit durchaus verstand und zu schätzen wußte – nicht so dagegen die beiden Angeklagten. Er verlas eine Anzahl von Daten, vierzehn insgesamt, an denen die Angeklagten in voller Kenntnis der Strafbarkeit ihrer Handlungen besagten antifaschistischen Schutzwall in beiden Richtungen überquerten, immer an der gleichen Stelle, nämlich hinter der zu dem beiderseitigen elterlichen Wohnhaus gehörigen Garage, wobei sie den Posten, die diesen Abschnitt des Schutzwalls zu bewachen hatten, und den technischen Einrichtungen, durch welche die Posten alarmiert werden sollten, mit List aus dem Wege gingen und derart die Paragraphen soundso und soundso des Strafgesetzbuches der Republik absichtlich verletzten; sie seien sogar so weit gegangen, Vertretern der kapitalistischen Westpresse gegenüber sich ihrer Taten zu rühmen, wodurch sie die Gesetze und Einrichtungen unserer Republik der Lächerlichkeit preisgaben und Wasser auf die Mühlen der imperialistischen Propaganda gossen, wie aus Beweisstück A der Staatsanwaltschaft ersichtlich. Die Jugend der Angeklagten – der eine nicht ganz sechzehn, der andere bald achtzehn Jahre alt – habe sie nicht davon abgehalten, ein ganzes Netz abgefeimter Lügen zu weben, um ihre Eltern, ihre Lehrer, ihre FDJ-Funktionäre hinters Licht zu führen; als erschwerend bei der Beurteilung ihres wiederholten Vergehens müsse ferner die Tatsache gelten, daß keiner der beiden je daran dachte, die zuständigen Behörden von dem Vorhandensein des von ihnen benutzten

Durchlasses zu unterrichten, was die Gefahr vergrößerte, daß andere, die die Grenze illegal zu überschreiten beabsichtigten, den gleichen erprobten Weg beschreiten möchten – und wer weiß, ob es nicht welche auch taten. In Anbetracht all dessen bestehe wohl kein Zweifel, daß das Gesetz in voller Strenge Anwendung finden müsse. „Nur so", schloß der Staatsanwalt, „können diese zwei irregeleiteten Jugendlichen wieder zu nützlichen Mitgliedern unserer sozialistischen Gesellschaft werden." Und trocknete sich den Schweiß von der Nase und setzte sich.

Vierzehnmal, dachte ich, vierzehnmal hinüber in den Westen und zurück, das heißt achtundzwanzigmal über die Mauer. Acht-und-zwanzigmal hätte der Junge erschossen werden können, dachte ich, hätte verbluten können in dem Niemandsland zwischen den zwei Welten – und ich hatte keine Ahnung davon gehabt. Frau Edelweiß, sah ich, zerrte an ihrem Taschentuch. Vielleicht war ihr ein ähnlicher Gedanke durch den Kopf gegangen; aber ich hatte nicht das Herz, sie zu fragen, und sowieso waren ihre Gedanken nie sehr präzise.

Die Richterin rief den ersten Zeugen auf: den jüngeren der beiden Männer, die mich befragt hatten. Der trat vor und stand vor dem Richtertisch, das Gewicht auf dem rechten Fuß, den linken ein wenig vorgeschoben. In dieser Haltung, ganz der Detektiv aus dem Fernseh-Krimi, berichtete er über die technische Seite der wiederholten Verletzung des Paßgesetzes. Seine Aussage klang recht kompliziert, dennoch ging daraus hervor, daß eigentlich jeder, der die Gelenkigkeit eines jungen Menschen und ein festes Seil von der richtigen Länge besaß und der die Abfolge der Postengänge kannte und das Gesichtsfeld des Mannes auf dem nahe gelegenen Wachtturm mied, die Tat hätte begehen können.

Sein Vorgesetzter, der ihm auf dem Zeugenstand folgte, sprach mehr allgemein; nach seinen Erfahrungen ereigneten sich Überschreitungen dieser Art nur selten als Einzelfall; der individuelle Verletzer des Paßgesetzes stehe gewöhnlich in Kontakt mit anderen, die ähnliches im Sinne hatten, und selbst wo anfänglich keine Organisation bestand, bildeten sich sehr bald Gruppen und Banden; bekanntlich werde ja die jugendliche Abenteuerlust häufig von gewissen Elementen ausgebeutet. Hier besonders läge die Gefahr, und darum müsse dieser Fall in viel ernsterem Licht gesehen werden, als bei oberflächlicher Betrachtung notwendig erscheine.

Dr. Kahns Gesicht strahlte Wohlwollen aus. „Bei Ihrer Untersuchung haben Sie diesem Gesichtspunkt doch Ihre spezielle Aufmerksamkeit gewidmet, Genosse, nicht?"

„Sicher."

„Und sind Sie auf irgendwelche Beweise gestoßen, daß die Jungens solche Kontakte hatten oder daß eine solche Organisation bestand?"

Richard hob den Kopf. Ich wollte ihm zulächeln, doch waren meine Lippen wie eingefroren.

Unterdessen entwickelte sich zwischen dem Zeugen und Dr. Kahn ein Wortwechsel, den die Richterin zu mißbilligen schien.

Schließlich richtete Dr. Kahn seinen dicken Zeigefinger auf den Zeugen und sagte mit einem kurzen Lachen: „Ist meine Feststellung korrekt oder nicht, daß Sie der ganzen Sache erst gewahr wurden, als der Westberliner Zeitungsausschnitt, der jetzt als Beweisstück A der Staatsanwaltschaft dem Gericht vorliegt, auf Ihren Schreibtisch kam?"

Die Richterin mahnte: der Zeuge konnte nicht gezwungen werden, die Untersuchungsmethoden der zuständigen Organe preiszugeben.

„Genossin Richterin", sagte Dr. Kahn, „könnten wir Beweisstück A vorgelesen bekommen?"

Die Richterin wandte sich an den Staatsanwalt: „Sie haben keine Einwendung?"

Ich sehe noch, wie der Staatsanwalt das Stückchen bedrucktes Papier einer Zellophanhülle entnahm. Ich höre noch die Stimme, mit der er den Ausschnitt verlas, seinen unterdrückten Ärger, aber auch den höhnischen Ton des Artikels, der hindurchklang. Richard E. und Richard Z., hieß es, beides Söhne von SED-Funktionären, beide wohnhaft in der kleinen Stadt D. nahe der Grenze von West-Berlin, hatten es sich zur Gewohnheit gemacht, über die Mauer hinweg den Westen zu besuchen. Richard Z., 15 Jahre alt, meinte, wo sie über die Mauer gingen, wäre es ein Kinderspiel; Richard E., 17 Jahre, fügte hinzu, zuerst hätten sie ein bißchen Angst gehabt, jetzt aber wäre es „wie über den Zaun in den Nachbargarten klettern". Das Leben in West-Berlin gefiele ihnen, gaben sie an, doch hätten sie nicht vor, im Westen zu bleiben. Ihre Eltern wüßten nichts von ihren Ausflügen über die Grenze; achselzuckend erklärten die Jungen: „Die würden ja doch nicht verstehen..."

Würden ja doch nicht verstehen, dachte ich. Hatte ich nicht stets Richards Fragen geduldig beantwortet? Hatte ich ihm nicht immer alles erklärt – wie er aus meinem Leib geboren wurde und wie er dort hineinkam, über Geschichte, über die Entstehung des menschlichen Zusammenlebens, über Revolution, über Deutschland und über den Stacheldrahtzaun, der hinter unserm Haus verlief? Und er hatte mich angehört. Aber im Lauf der Jahre hatte sich seine Art, mich anzuhören, geändert, und dieser Ausdruck im Blick hatte sich entwickelt und dieses Kräuseln der Lippen, obwohl er immer noch antwortete: Ja, Muttchen, und: Natürlich, Muttchen.

„Nun, Richard?" sagte die Richterin. Beide Jungen standen auf.

Die Richterin präzisierte: „Richard Zunk."

Der junge Edelweiß setzte sich sichtlich erleichtert wieder hin.

„Du hast doch gewußt, Richard, daß es gegen das Gesetz ist, über die Mauer nach West-Berlin zu gehen?"

Richard senkte den Kopf.

„Dann erzähl uns mal mit deinen eigenen Worten, warum ihr es getan habt."

„Wir wollten ins Kino."

„Und seid ihr gegangen?"

„Ja."

„Vierzehnmal?"

„Ja."

„Erzählt weiter, was euch drüben noch passiert ist."

„Wie wir das letzte Mal rübergegangen sind, haben uns ein paar Westpolizisten gesehen und haben wissen wollen, ob wir aus dem Osten kämen. Und wir – wir haben ja gesagt. Sie haben uns gefragt, ob wir im Westen bleiben wollten; da haben wir gesagt, nein, und da haben sie gefragt, was wir denn wollten, und wir haben es ihnen gesagt..."

„Ja? Sprich weiter."

„Da haben sie gelacht. Und dann hat der eine gesagt, er kennt jemand, dem würde die Geschichte sicher gefallen, und wie wir aus dem Kino kamen, da war dieser Mann da und hat uns Fragen gestellt und hat Currywurst und Cola für uns gezahlt, aber wir haben ihm nicht richtig getraut und haben ihm nicht viel gesagt."

Die Richterin spielte mit ihrem Kugelschreiber.

„Richard!" sagte der Staatsanwalt.

Richard zuckte zusammen.

„Ihr seid also vierzehnmal nach drüben gegangen und vierzehnmal, sagst du, wart ihr im Kino. Immer im gleichen Kino?"

„Ja."

„Wie habt ihr die Billetts bezahlt?"

„Wie wir gesagt haben, daß wir nur Ostgeld hätten, hat die Kassiererin den Chef geholt, und der hat unsre Ausweise angesehen und hat gesagt, wir brauchten nicht zu zahlen."

„Und habt ihr Spaß gehabt?"

Richard schwieg mißtrauisch. Er hatte die Falle erkannt, die der Staatsanwalt ihm stellte: wenn er mit Nein antwortete, wieso war er dann immer wieder nach West-Berlin ins Kino gegangen, und wenn er ja sagte, wo blieb die Reue, die er doch zeigen sollte?

Endlich richtete er sich auf. „Jawohl", sagte er sehr ruhig, „es hat uns Spaß gemacht, über die Mauer zu gehen und uns drüben umzusehen. Es war so ... ich weiß nicht ... anders ..."

O Gott, dachte ich, der Junge redet sich selber ins Unglück.

Die Richterin verkündete das Urteil.

Die Angeklagten wurden abgeführt, vornan Richard Edelweiß, dann mein Richard. Die Richterin stieg vom Podium herab und kam auf mich und Frau Edelweiß zu und sprach von der Schuld, die auch wir trügen, und zögerte einen Moment und sagte dann etwas von der Zeit, die ja bekanntlich vorbeigehe, und daß die Erfahrung unsern Söhnen nur nützen könne, ob in Armee oder Jugendwerkhof. Der Staatsanwalt, sah ich, trat zu Dr. Kahn, und sie schüttelten einander die Hand; zwei Berufsboxer, es war ein fairer Kampf gewesen, nur keine Haßgefühle – diese Art Geste.

Die Richterin war verstummt.

Dann auf einmal das Lachen, das ich kannte, und Dr. Kahns etwas rauhe Stimme: „Wenn ich Sie gewesen wäre, Genosse Staatsanwalt, ich hätte einen Orden für die beiden Jungen beantragt."

„Wieso das?" sagte der Staatsanwalt.

„Weil sie, wie jetzt gerichtsnotorisch, vierzehnmal hintereinander ihre absolute Treue zu unserer Republik unter Beweis gestellt haben."

Der Staatsanwalt lächelte schief. Dann drehte er sich um und ging.

Stefan Heym

Macht Vorschläge, wie diese Geschichte verfilmt werden könnte:
– Wie sollen die Ereignisse erzählt werden – chronologisch oder in Rückblenden?
– Welche Vorgänge sollen im Mittelpunkt stehen?
– Wie stellt ihr euch die Rollenbesetzung vor?

Stefan Heyms Rede auf dem Alexanderplatz in Ost-Berlin am 4. Nov. 1989

„Nach den Jahren von Dumpfheit..."

Liebe Freunde, Mitbürger, es ist, als habe einer die Fenster aufgestoßen nach all den Jahren der Stagnation, der geistigen, wirtschaftlichen, politischen, den Jahren von Dumpfheit und Mief und bürokratischer Willkür, von amtlicher Blindheit und Taubheit. Welche Wandlung! Vor noch nicht vier Wochen: Die schön gezimmerte Tribüne, hier um die Ecke, mit dem Vorbeimarsch, dem bestellten, vor den Erhabenen. Und heute Ihr, die Ihr Euch aus eigenem freien Willen versammelt habt für Freiheit und Demokratie und für einen Sozialismus, der des Namens wert ist.

In der Zeit, die hoffentlich jetzt zu Ende ist, wie oft kamen da die Menschen zu mir, mit ihren Klagen. Dem war Unrecht geschehen, und der war unterdrückt und geschurigelt worden, und allesamt waren sie frustriert. Und ich sagte, so tut doch etwas. Und sie sagten resigniert, wir können doch nichts tun. Und das ging so in dieser Republik, bis es nicht mehr ging, bis sich soviel Unbilligkeit angehäuft hatte im Staate und soviel Unmut im Leben der Menschen, daß ein Teil von ihnen weglief. Die anderen aber, die Mehrzahl, erklärte, und zwar auf der Straße, öffentlich: Schluß, ändern, wir sind das Volk!

Einer schrieb mir – und der Mann hat recht: Wir haben in diesen letzten Wochen unsere Sprachlosigkeit überwunden und sind jetzt dabei, den aufrechten Gang zu erlernen, und das, Freunde, in Deutschland, wo bisher sämtliche Revolutionen danebengegangen und wo die Leute immer gekuscht haben, unter dem Kaiser, unter den Nazis und später auch.

Aber sprechen, frei sprechen, gehen, aufrecht gehen, das ist nicht genug. Laßt uns auch lernen zu regieren. Die Macht gehört nicht in die Hand eines einzelnen oder ein paar weniger oder eines Apparats oder einer Partei. Alle, alle müssen teilhaben an dieser Macht. Und wer immer sie ausübt und wo immer, muß unterworfen sein der Kontrolle der Bürger. Denn Macht korrumpiert, und absolute Macht, das können wir heute noch sehen, korrumpiert absolut. Der Sozialismus – nicht der Stalinsche, der Richtige –, den wir endlich erbauen wollen, zu unserem Nutzen und zum Nutzen ganz Deutschlands, dieser Sozialismus ist nicht denkbar ohne Demokratie. Demokratie aber, ein griechisches Wort, heißt Herrschaft des Volkes. Freunde, Mitbürger, üben wir sie aus, diese Herrschaft.

Christa Wolfs Rede auf dem Alexanderplatz in Ost-Berlin am 4. Nov. 1989

Befreite Sprache

„Liebe Mitbürgerinnen und Mitbürger, revolutionäre Bewegung befreit auch die Sprache. Was bisher so schwer auszusprechen war, geht uns auf ein Mal frei von den Lippen. Wir staunen, was wir offenbar schon lange gedacht haben und was wir uns jetzt laut zurufen. „Demokratie – jetzt oder nie", und wir meinen Volksherrschaft. Mit dem Wort „Wende" habe ich meine Schwierigkeiten. Ich sehe da ein Segelboot. Der Kapitän ruft: „Klar zur Wende?", weil der Wind sich gedreht hat oder ihm ins Gesicht bläst. Und die Mannschaft duckt sich, wenn der Segelbaum über das Boot fegt. Aber stimmt dieses Bild noch? Stimmt es noch in dieser täglichen vorwärtstreibenden Lage?

Ich würde von „revolutionärer Erneuerung" sprechen. Revolutionen gehen von unten aus, unten und oben wechseln ihre Plätze in dem Wertesystem, und dieser Wechsel stellt die sozialistische Gesellschaft vom Kopf auf die Füße. Große soziale Bewegungen kommen in Gang. Soviel wie in diesen Wochen ist in unserem Land noch nie geredet worden, miteinander geredet worden, noch nie mit dieser Leidenschaft, mit so viel Zorn und Trauer, aber auch mit so viel Hoffnung. Wir wollen jeden Tag nutzen. Wir schlafen nicht oder wenig. Wir befreunden uns mit Menschen, die wir vorher nicht kannten, und wir zerstreiten uns schmerzhaft mit anderen, die wir zu kennen glaubten. Das nennt sich nun „Dialog". Wir haben ihn gefordert. Nun können wir das Wort fast nicht mehr hören. Und haben doch noch nicht wirklich gelernt, was es ausdrücken will. Mißtrauisch starren wir auf manche, plötzlich ausgestreckte Hand, in manches vorher so starre Gesicht. Mißtrauen ist gut, Kontrolle noch besser. Wir drehen alte Losungen um, die uns gedrückt und verletzt haben, und geben sie postwendend zurück. [...]

Verblüfft beobachten wir die Wendigen, im Volksmund „Wendehälse" genannt, die laut Lexikon sich rasch und leicht einer gegebenen neuen Situation anpassen, sich in ihr geschickt bewegen, sie zu nutzen verstehen. Sie am meisten, glaube ich, blockieren die Glaubwürdigkeit der neuen Politik. Soweit sind wir wohl noch nicht, daß wir auch sie mit Humor nehmen können, was uns doch in anderen Fällen schon gelingt. „Trittbrettfahrer zurücktreten!" lese ich auf Transparenten und an die Polizei gerichtet von Demonstranten der Ruf: „Zieht euch um, schließt euch an!" Ich muß sagen, ein großzügiges Angebot. Ökonomisch denken wir auch: „Rechtssicherheit spart Staatssicherheit". Und heute habe ich auf einem Transparent eine schier unglaubliche Losung gesehen: „Keine Privilegien mehr für uns Berliner." Ja, die Sprache springt aus dem Ämter- und Zeitungsdeutsch heraus, in das sie eingewickelt war, und erinnert sich ihrer Gefühlswörter. Eines davon ist Traum. Also träumen wir, mit hellwacher Vernunft: „Stell' dir vor, es ist Sozialismus und keiner geht weg." Wir sehen aber die Bilder der immer noch Weggehenden und fragen uns: „Was tun?", und hören als Echo die Antwort: „Was tun?". Das fängt jetzt an, wenn aus den Forderungen Rechte, also Pflichten werden: Untersuchungskommission, Verfassungsgericht, Verwaltungsreform.

Viel zu tun und alles neben der Arbeit und dazu noch Zeitung lesen. Zu Huldigungsvorbeizügen und verordneten Manifestationen werden wir keine Zeit mehr haben. Dies ist eine Demo, genehmigt, gewaltlos. Wenn sie so bleibt bis zum Schluß, wissen wir wieder mehr über das, was wir können, und darauf bestehen wir dann. „Ein Vorschlag für den 1. Mai: Die Führung zieht am Volk vorbei." (Alles nicht von mir, alles nicht von mir. Das ist literarisches Volksvermögen.) Unglaubliche Wandlung, das Staatsvolk der DDR geht auf die Straße, um sich als Volk zu erkennen. Und dies ist für mich der wichtigste Satz dieser letzten Wochen: der tausendfache Ruf: „Wir sind das Volk!" Eine schlichte Feststellung, und die wollen wir nicht vergessen."

1. Stefan Heym hat seine Rede noch vor der Öffnung der Mauer gehalten. Trotzdem handelt auch sie, so könnte man behaupten, wie der Kommentar der *taz* (S. 45), vom „Fall der Mauer". Erörtert das Für und Wider dieser Auffassung.
2. Vergleicht die Reden von Stefan Heym und Christa Wolf. Stellt Gemeinsamkeiten und Unterschiede heraus.
3. Verfaßt einen Lexikonartikel zum Stichwort „Wende".

Der Fall der Mauer

Im Herbst 1989 änderte sich die Situation in der DDR dramatisch: Zehntausende von DDR-Bürgern verließen bis Ende Oktober ihre Heimat und reisten über Ungarn und die Tschechoslowakei in die Bundesrepublik Deutschland aus. Nach der Massenflucht gingen in Leipzig, Dresden und vielen anderen Städten Hunderttausende auf die Straße und zwangen die Regierung zu Reformen. Am 4. November demonstrierten über eine Million Menschen in der ganzen DDR für weitreichende Veränderungen.

Am 9. November 1989 wurden die Grenzen zur Bundesrepublik Deutschland sowie Grenzübergänge in der Berliner Mauer geöffnet. Seit dem 3. Oktober 1990 sind die beiden Teile Deutschlands wiedervereinigt.

„Bleiben Sie bei uns!"

Am 9. November 1989 appellierte die bekannte Schriftstellerin Christa Wolf im DDR-Fernsehen an ihre Mitbürger: Hier der Wortlaut:

„Liebe Mitbürgerinnen, liebe Mitbürger, wir alle sind tief beunruhigt. Wir sehen die Tausende, die täglich unser Land verlassen. Wir wissen, daß eine verfehlte Politik bis in die letzten Tage hinein ihr Mißtrauen in die Erneuerung dieses Gemeinwesens bestärkt hat. Wir sind uns der Ohnmacht der Worte gegenüber Massenbewegungen bewußt, aber wir haben kein anderes Mittel als unsere Worte. Die jetzt noch weggehen, mindern unsere Hoffnung. Wir bitten Sie, bleiben Sie doch in Ihrer Heimat, bleiben Sie bei uns!

Was können wir Ihnen versprechen? Kein leichtes, aber ein nützliches und interessantes Leben. Keinen schnellen Wohlstand, aber Mitwirkung an großen Veränderungen. Wir wollen einstehen für: Demokratisierung, freie Wahlen, Rechtssicherheit, Freizügigkeit. Unübersehbar ist: Jahrzehntealte Verkrustungen sind in Wochen aufgebrochen worden. Wir stehen erst am Anfang des grundlegenden Wandels in unserem Land.

Helfen Sie uns, eine wahrhaft demokratische Gesellschaft zu gestalten, die auch die Vision eines demokratischen Sozialismus bewahrt. Kein Traum, wenn Sie mit uns verhindern, daß er wieder im Keim erstickt wird. Wir brauchen Sie. Fassen Sie zu sich selbst und zu uns, die wir hier bleiben wollen, Vertrauen."

Christa Wolf

Bagger reißen die Mauer ein

BERLIN (ap/dpa) – Die DDR hat am Freitagabend mit dem Abriß der Mauer zur Öffnung neuer Grenzübergänge begonnen. Mehrere hundert Schaulustige verfolgten im Ost-Berliner Bezirk Prenzlauer Berg die geschichtsträchtigen Baggerarbeiten. Mauersteine wurden zu begehrten Souvenirs.

In den nächsten Tagen entstehen neue Übergänge zwischen West-Berlin und der DDR, weitere zum Bundesgebiet sollen folgen. Dies erklärten übereinstimmend Bundesregierung, Berliner Senat und die DDR-Regierung. Nach Angaben des Ostberliner Innenministeriums wird auch der innerstädtische Nahverkehr in Berlin miteinander verbunden.

Ebenfalls schon gestern wurde am Potsdamer Platz mit Abbrucharbeiten an der Mauer begonnen. Die Glienicker Brücke, die nach Potsdam führt, wurde am Abend bereits für Kraftfahrzeuge und Fußgänger geöffnet. Die Brücke hat durch Agentenaustauschaktionen zwischen Ost und West Berühmtheit erlangt. DDR-Innenminister Dickel hatte zuvor im DDR-Fernsehen erklärt, die neue Regelung zur Öffnung der Grenzen sei „von Dauer".

Der Baggerfahrer an der Eberswalder/Bernauer Straße hatte ein großes Publikum. Zu Beginn bekam er von Schaulustigen einen gelbroten Blumenstrauß überreicht. Die Menschen rannten zu dem immer größer werdenden Loch, um Steine als Erinnerungsstücke zu ergattern.

(11.11.89)

„Einmal Schwerin–Hamburg und zurück"

Grenzübergang Wartha-Herleshausen, 11 Uhr am Freitag, 10. November. Ein historisches Datum. Nur strahlende Gesichter bei denen, die kommen, und auch bei denen, die sie kommen sehen. Tausende von DDR-Bürgern zeigen an diesem Morgen, mit welcher Sehnsucht sie auf diesen Tag gewartet haben. Heiko Braunholz ist einer von ihnen. Der blonde Hochdruck-Kesselwärter hat in der Nachtschicht im Radio von der neuen Regelung an der Grenze zwischen der DDR und der Bundesrepublik gehört. Von Trefford bei Eisenach bis zur Grenze ist es nicht weit. Er borgt sich bei einem Freund sechs Flaschen Sprit für sein Motorrad und fährt los, nur den Personalausweis in der Tasche.

In der Dämmerung an der Grenze. DDR-Beamte sind langsam, aber nett, sagt er. Die haben kaum begriffen, was da abläuft. Braunholz fährt bis Eschwege. So weit reicht der geborgte Sprit. Er will noch am Freitag wieder nach Haus. „Ich wollte selbst nachsehen, ob alles stimmt", sagt er und hofft, daß es so bleibt.

Zwischen Bad Hersfeld und Herleshausen, auf dem kurzen Stück Landstraße, reiht sich Trabi an Wartburg an Trabi. Sie lernen hinter den Lastwagen aus Polen und der DDR schon auf den ersten Kilometern im Westen das Schlangefahren. 1791 Menschen sind bis 10 Uhr gekommen, überwiegend junge Leute. Viele fahren nur bis zur Raststätte, 500 Meter hinter der Grenze auf der Autobahn, kaufen als Beweis ihrer Visite im Westen eine Tafel Schokolade und fahren zurück.

Am Grenzübergang Gudow nach Hamburg etwa trifft um 2 Uhr nachts die Taxe 17 ein. Der Fahrgast, ein 40jähriger Küchenmeister, sagt: „Ich bin in den Wagen gestiegen und habe zum Fahrer gesagt: einmal Schwerin–Hamburg und zurück." An der Grenze stand der Taxometer auf 40,50 Mark. In Hamburg wollte er einen Freund besuchen, der dort seit zwei Jahren imm Krankenhaus liegt. Und dann wieder zurück? „Na klar", Freitag abend müsse er wieder in der Küche stehen. [...]

Auch am Übergang Wartha-Herleshausen wollen viele „bloß mal kieken". Olaf Ebeling aus Bad Salzungen stöhnt. „Wahnsinn", „irre", „unvorstellbar" und „herrlich", jubeln andere. Dazwischen fröhliches Trabi-Hupen. Viele Ankömmlinge haben Tränen in den Augen.

Seit 1.31 Uhr in der Nacht ist der Strom immer kräftiger geworden. Leute im Overall, andere halb erfroren auf Mofas. Die Nacht war kalt, der Tag strahlend. Viele haben im Westen gefeiert. In Duderstadt, hört man im Radio, standen um sieben Uhr noch Leute mit Sektflaschen auf der Straße. [...]

Um 11 Uhr gibt Radio DDR Einzelheiten der neuen Regelung bekannt, die

Diensstellen der Volkspolizei seien auf Andrang eingestellt. Die FDJ hat an ihre Mitglieder appelliert, mit der neuen Regelung verantwortungsvoll umzugehen. Generalstaatsanwalt Wendtland regt einen Untersuchungsausschuß zur Erforschung der Korruption in der DDR an. Auch über die Immunität von Abgeordneten der Volkskammer müsse man nachdenken, sagt er. „Jetzt geht es erst richtig los", sagt der Mann von drüben. Ein 45jähriger Dessauer, der einen vollgepackten Anhänger an seinen Trabant gekuppelt hat, meint drastischer: „Ich habe die Republik uffgebaut, jetzt möchte ich auch erleben, wie sie im freien Fall uffschlägt." Und er fügt hinzu: „Bis Weihnachten hat die SED den Führungsanspruch aufgegeben." Seine Tochter werde vom Schwiegersohn abgeholt, der schon im Westen sei, daher auch der Anhänger. „Aber ich fahre wieder zurück. Montags demonstriere ich in Leipzig, dienstags in Acken und am Mittwoch in Dessau, bis die Kommunisten weg sind." Ocke H. H. Peters

Der Fall der Mauer

Man stelle sich vor, ein Traum geht in Erfüllung und keiner merkt es so richtig: Die Mauer ist gefallen. Seit 3. November kann sich ein DDR-Bürger aus Karl-Marx-Stadt in seinen Trabi setzen und bis nach München fahren. Einen Personalausweis und ausreichend Sprit – mehr braucht er nicht. Seit Freitagnacht ist nicht – wie es im Fernsehen hieß – „die Mauer symbolisch gefallen". Nein, die Realität ist gefallen, und das Symbol steht in Berlin herum. [...]

Es ist die revolutionäre Bewegung selbst, die der Mauer die Existenz genommen hat. Eine unabhängige DDR-Gesellschaft existiert, denn das Volk hat begonnen, sie in die Hand zu nehmen. Es ist die erstaunlichste, die unvorstellbarste Revolution, die man sich denken kann. Die Läden sind geöffnet, die Eisenbahnen fahren, die Büros sind besetzt, und zur gleichen Zeit, in einer Gleichzeitigkeit vom Dorf bis zur Großstadt, wird die realsozialistische Herrschaft zersetzt, zerbricht die Demokratie von unten den demokratischen Zentralismus.

Keiner der Redner am Sonnabend in Ost-Berlin versuchte zu mobilisieren, Kampfstrategien auszugeben. Es gab keine Wortführer und Führer schon gar nicht, nur Sprecher, die zu sagen versuchten, was alle dachten: Ausdruck einer Vereinigung der Menschen, die hierzulande überhaupt nicht vorstellbar ist. Eine der Forderungen auf dieser Ostberliner Demonstration war: keine Privilegien für Berlin. „Die Straße" will nicht mehr die Befriedigung von Einzelinteressen, sie will die gesamte Gesellschaft. Wenn Stefan Heym erklärte, jetzt habe man aufrecht gehen gelernt, und nun „müssen wir auch lernen zu regieren", dann ging er dabei von der jetzigen Lage aus: von der Doppelherrschaft von Partei und „Straße". [...]

Wer aber jetzt nur das Scheitern des Realsozialismus sehen will, ist blind. Die Massen der DDR sprechen nicht nur eine neue Sprache, ein neues, noch nie gehörtes Deutsch voller Witz, Phantasie und sanfter Radikalität; es entfalten sich nicht nur Züge einer Basisdemokratie, die nicht eine Spur von Westimport hat. [...]

Daß die Mauer fällt und die Konkursmasse DDR durch Wiedervereinigung übernommen werden könnte: dieser westliche Traum ist zunächst einmal ausgeträumt. Die Massen von Ost-Berlin, von Leipzig, von Dresden, die nicht nur „Das Volk sind wir" rufen, sondern auch so handeln, haben sich aufgemacht in eine zukünftige Gesellschaft. [...]

Klaus Hartung

1. Formuliert den Grundgedanken des Kommentars „Fall der Mauer".
2. Nachricht, Reportage, Kommentar – worin unterscheiden sich die drei Darstellungsformen? Welche Aufgaben erfüllen sie für den interessierten Zeitungsleser?

Notwendige Erinnerungen

Reifeprüfung 1953

Jürgen Petersen, Ingrid Babendererde und Klaus Niebuhr besuchen die Abschlußklasse einer Oberschule. Sie sind eng befreundet. Eines Tages verlangt der Schulleiter, daß Jürgen seine Mitschüler bespitzeln solle.

Der Direktor der Gustav-Adolf-Oberschule Herr Robert Siebmann genannt Pius –, der sass grossartig wartend hinter seinem Schreibtisch in der Sonne und betrachtete die Tür, an die es eben geklopft hatte. Nach einer Weile klopfte es abermals. Pius ruckte sich zusammen und rief in ärgerlichem Ton: Ja! Der Schüler Petersen (12 A) schloss sorgfältig die Tür hinter seinem Eintreten und kam langsam näher neben den hohen Fenstern auf Pius zu mit seinem müden Gesicht über dem ausgebleichten Hemd und sagte währenddessen geübt und gleichgültig: Freundschaft. [...]
Pius [...] beugte sich vor über den grossen Tisch und sprach: Jürgen. Dann sagte er wer er war: Er rede jetzt nicht mit Jürgen als Schulleiter. Und auch nicht als Vorsitzender der Sozialistischen Einheitspartei. Jürgen möge sich vorstellen Pius sei – wenn er auch nicht aufhöre all das zu sein – ein Freund. Der ihm helfen wolle. Und zu dem man Vertrauen haben könne.
Jürgen sah dass Pius' Gesicht bei aller lächerlichen Gemessenheit besorgt war und gutwillig. Aber er mochte ihn nicht mehr ansehen, als Pius so fortfuhr: Jürgen wisse. Dass Pius. Ihn immer. Für einen der Besten der Parteijugend gehalten habe. Und darum sei er. So enttäuscht. Verstehst du. Abgesehen davon. Dass das Ansehen der Partei. Schwer gelitten habe! Dadurch. Dass einer ihrer – aktivsten Vertreter. SichplötzlichgegendieLiniederParteigewendethabe!

Pius war also enttäuscht und hatte von nichts abgesehen. Und der Schlussbogen seiner melodischen Rede war geknickt an dem Worte, das dem Vertreter der Partei neuerdings nicht passend zukam. Nun wartete er. Aber der Genosse Petersen blickte nicht auf und schwieg; sein Nacken war gebeugt unter der Sonne. Draussen am Fenster raschelten die Blätter der Birke im Wind. Von nebenan hörten sie gedämpft und unablässig [...] eine Schreibmaschine klappern, dann klingelte das Telefon dazwischen. Nun war es ganz still. – Wie sei es denn nur dazu gekommen: fragte Pius eindringlich.
Jürgen hob sein Gesicht auf gegen Pius und betrachtete ihn mit Neugier und erwartend. Wie er Pius kannte würde der jetzt gleich sagen wie es dazu gekommen war.
Herr Direktor Siebmann sah starr auf seine Hände und redete grüblerisch vor sich hin. Er habe Jürgens Verhältnis zu der Babendererde und zu Niebuhr immer mit – er könne wohl sagen: Sorge. Betrachtet. Jürgen sah plötzlich auf. Pius zögerte. Jürgen sei jung: fuhr er fort: Er habe zwar bis jetzt treu in ihrem Kampfe um den Sozialismus gestanden – aber er sei natürlich nicht gefeit gegen Einflüsse aus dem feindlichen Lager. Die Lehrer-Babendererdes seien immerhin eine völlig bürgerliche Familie, sie hätten Verwandte in Lübeck ... und das gestrige Auftreten der Babendererde habe Pius' Argwohn voll und ganz bestätigt.

— Sie meinen: fragte Jürgen unmässig erstaunt. Pius wolle andeuten Fräulein Babendererde habe im Auftrage ausländischer Agenturen ...?
Pius betrachtete seine Hände und drückte aus durch Schulterheben: der Abgründe im menschlichen Leben seien viele, und ihm seien sie bekannt. Er vermute das: sagte er. – Sieh mal. Diese doch wirklich demagogischen*. Bemerkungen. Hätten doch nur den Zweck haben können. Verwirrung unter die Massen zu tragen. Unsere politische Auseinandersetzungzustören!! Er warte nur darauf: sagte Pius ernsthaft: Dass die Babendererde versuche nach West-Berlin zu fliehen. (Ein Pass für Lübeck werde ihr jedenfalls verweigert werden.) Damit sei dann für ihn der Fall endgültig klar.
Er glaube nicht dass Fräulein Babendererde eine bezahlte undsoweiter Agentin sei: sagte Jürgen.
Pius blickte befremdet. Und dieser Niebuhr. Dieser sei Pius seit langem verdächtig. Er verschliesse sich gegen die Gemeinschaft. Sieh mal und dann. Er habe so ein merkwürdiges Wesen, so –. Pius suchte nach passenden Kennzeichen, und in seinem Aufblicken erinnerte etwas an die Vertraulichkeit früherer Zusammenarbeit. Aber der Ansatz zu freundschaftlicher Beratung brach wieder ab, als Jürgen gelassen ergänzte: Bürgerlich.
– Naja: sagte Pius. Er wiegte sein Haupt in Unzufriedenheit. – So ironisch. Bürgerlich auch, klar: aber so richtig feindselig.
– Nun nicht: sagte Jürgen gutmütig, aber Pius beharrte: Er habe eben so die Meinung, er könne sich nicht helfen. Er tat das in einer gefälligen Art.

Er liess durchblicken diese Höflichkeit sei ein Zugeständnis: ihm sei gelegen an einem guten Auskommen mit Jürgen. Aber er wusste nicht dass Jürgen nur den verächtlichen und abschätzigen Sinn, in dem Pius „bürgerlich" gebrauchte, in seinem Ton zitiert hatte; Herr Petersen selbst hatte sich gar nicht geäussert. Der Schüler Petersen bedachte was er noch hatte, in der Tat fand sich ein Wunsch: er möge die Babendererde niemals aus solcher neugierigen Entfernung betrachten und mit solchem Spott wie jetzt Pius. (Den er doch geachtet hatte zu Zeiten.) Und ihm fiel ein dass dies wohl die Sehweise war, die Klaus unablässig betrieb. Nur machte das für Klaus weiter nichts aus; ihm machte es etwas aus.
Er wolle wohl wissen: sagte Pius ebenso angelegentlich grübelnd: Was mit dem eigentlich sei. Sag mal was macht der eigentlich in seiner Freizeit?
Diese Frage beantworte er nicht: sagte Jürgen ebenso gleichgültig wie seine vorigen Antworten. Als die Stimmung aber nun heftig umschlug, hielt er für möglich dass er ungerecht war. Pius hatte nicht so leidenschaftlich und getragen gesprochen wie sonst sondern ganz natürlich; seine Frage mochte wirkliche Teilnahme bedeutet haben.
Es gab keinen amtlichen Grund die Antwort zu verweigern: nur persönliche; es schien einiges auf sich zu haben mit diesen persönlichen Gründen. Er gestand sich letztlich ein dass er mit offenbarem Ungehorsam zu Ende bringen wollte, was in der Tat zu Ende war; er mochte nicht diese Vorstellung von Vertrauen und Zusam-

* demagogisch: volksverführend, hetzerisch.

mengehörigkeit, er haßte die Unwahrscheinlichkeit. Sollte er sagen: Klaus Niebuhr in seiner Freizeit? Segelte mit Babendererde und Petersen, las Bücher aus München und Hamburg?

Pius hatte sich erstaunt aufgerichtet in seinem Stuhl. Er fragte: Was sei mit dieser Frage?
Mit dieser Frage sei nur: sagte Jürgen nachdenklich: Dass er sie nicht beantworte.

Uwe Johnson

1. Der Schuldirektor Siebmann versucht, das Vertrauen des Schülers Jürgen Petersen zu erwerben. Welche Mittel setzt er dabei ein?
2. Was geht in Jürgen P. während dieses Gesprächs vor? Wie entzieht sich Jürgen dem Ansinnen seines Schulleiters?
3. Der Autor Johnson verletzt Rechtschreib- und Zeichensetzungsregeln. Man kann dahinter eine Absicht erkennen.

Der Lehrer Simrock wird Brotausfahrer

Simrock wurde zu Kabitzke gerufen. Kabitzke sagte: „Du bringst dich für nichts und wieder nichts in Schwierigkeiten. Am Ende bist du verrückt geworden. Oder meinst du, du müßtest um jeden Preis Aufsehen erregen?"
Simrock sagte: „Es würde mir leichterfallen zu antworten, wenn ich wüßte, worum es geht."
Kabitzke schlug sein Notizbuch auf und las darin mit einem Gesicht, als stünden die Dinge für Simrock verzweifelt schlecht. Simrock hielt ihn für einen Mann, der immer wieder vorschnell Katastrophenalarm gab und auf diese Weise seinen Kampf gegen die Ereignislosigkeit führte. Wenn die befürchteten schlimmen Folgen dann nicht eintraten, führte er es darauf zurück, daß er so rechtzeitig vor ihnen gewarnt hatte. Aber niemand lachte über ihn.
Kabitzke sagte: „Zur Demonstration am Ersten Mai sind aus deiner Klasse ganze neun Schüler gekommen."
Simrock: „Das weiß ich, denn ich war ja selbst dabei."
Kabitzke: „Der mangelhaften Beteiligung voraus ging ein unerhörter Vorfall: Du hast vor der Klasse erklärt, nur diejenigen brauchten zur Demonstration zu kommen, die auch kommen wollten; wer aber lieber etwas anderes machen möchte, der sollte sich nicht abhalten lassen. Stimmt das so oder nicht?"
Simrock: „Ja, das stimmt. Meines Wissens ist die Teilnahme an Demonstrationen freiwillig, und eben darauf habe ich hingewiesen."
Kabitzke: „Freiwillig, freiwillig! Komm mir doch nicht so."
Simrock: „Ich lege Wert darauf, einen wichtigen Punkt zu unterstreichen: Ich habe die Kinder nicht dahingehend beeinflußt, der Demonstration fernzubleiben, sondern ich wollte sie ermuntern, ihre Entscheidung selbst zu treffen. Ne-

benbei gesagt, habe ich zuvor einen ausführlichen Vortrag über die Geschichte des Ersten Mai gehalten. Ich weiß wirklich nicht, warum du dich so aufregst."
Kabitzke: „Dann will ich es dir sagen. Es gibt Leute, denen dein ausdrücklicher Hinweis auf die Freiwilligkeit der Teilnahme wie eine Kampfansage vorkommt."
Simrock: „Das tut mir leid. Wenn du es wünschst, kann ich jedem erklären, daß ich nichts anderes im Sinn hatte, als zu verhindern, daß irgendeins der Kinder sich zu der Demonstration genötigt fühlt."
Kabitzke: „Ich finde, himmelnochmal, jetzt ist nicht der Zeitpunkt, sich dumm zu stellen."
Simrock: „Das finde ich auch. Wenn ich deine Worte richtig deute, dann befand ich mich bis jetzt in einem Irrtum. Zum nächsten Anlaß werde ich der Klasse sagen, die Teilnahme an Demonstrationen sei doch Pflicht, jeder habe entweder zu kommen oder eine Entschuldigung vorzulegen. Wenn es Rückfragen geben sollte, werde ich mich auf dich berufen."
Kabitzke: „Einen Dreck wirst du."
Simrock lächelte, bevor er sagte: „Nach meinem Dafürhalten sind wir jetzt bei einem äußerst wichtigen Punkt angelangt. Du wünschst dir offenbar, daß die Teilnahme an gewissen Veranstaltungen freiwillig heißt, daß ich aber dennoch für vollzähliges Erscheinen der Kinder zu sorgen habe. Diese Aufgabe überfordert mich, und darum werde ich in Zukunft einen Unterschied zwischen tatsächlicher und angeblicher Freiwilligkeit nicht mehr anerkennen."
Kabitzke: „Karl, man kann nicht vernünftig mit dir reden. Ich halte, was du sagst, für verantwortungslos, denn es klingt in meinen Ohren selbstzerstörerisch."
Simrock schlug mit der flachen Hand auf den Tisch. [...]

Kabitzke gab ihm ein Kuvert und sagte, im Anschluß an den Unterricht wollten sie über den Brief darin sprechen.

In der großen Pause las Simrock: *Sehr geehrter Genosse Direktor! Ich sehe mich gezwungen, Klage über einen der Lehrer meines Sohnes Klaus zu führen, und zwar über den Deutschlehrer Simrock. Kurz vor Beginn der großen Ferien hat sich etwas ereignet, wozu man nicht schweigen kann. Der Lehrplan war erfüllt, und Herr Simrock las den Schülern allerlei vor, wogegen im Prinzip nichts einzuwenden ist. Aber muß sich ein verantwortungsbewußter Pädagoge nicht vorher überlegen, was es ist, womit er die Kinder da konfrontiert?! Herr Simrock jedenfalls hat es nicht getan, sonst wäre ausgeschlossen gewesen, was am drittletzten Schultag passiert ist: Da kommt Klaus nach Hause und erzählt uns, daß er auf Anweisung seines Lehrers Simrock ein langes Gedicht mit der Überschrift „Lob des Zweifels" vorlesen mußte! Der Verfasser des Gedichts ist zwar Bertolt Brecht, aber wir alle haben schließlich schwächere und stärkere Stunden. Hat sich Herr Simrock denn nie gefragt, warum gerade dieses Gedicht nicht im Lehrplan steht?*

Klaus hat uns berichtet, daß es beim reinen Vorlesen nicht einmal geblieben ist, sondern daß die Schüler das Gedicht auch zu analysieren hatten und daß Herr Simrock sie zum Zweifeln geradezu ermuntert hat. Ich finde, daß er damit seine Befugnisse als Lehrer weit überschreitet. Meine Frau und ich haben uns stets die größte Mühe gegeben, Zweifel von unseren Kindern fernzuhalten. Wir wollen sie zu guten Staatsbürgern erziehen, die in verantwortungsbewußter Arbeit und nicht in ständiger Krittelei[1] die Antriebsfeder zur Entwicklung des Sozialismus sehen. Wie aber, fragen wir uns, sollen wir sie mit revolutionärer Geduld erfüllen, wenn einer ihrer Lehrer sie zu Zweiflern macht und ihnen so die Zuversicht nimmt.

Ich sage Ihnen ehrlich, daß ich meinen Sohn mit fünfzehn Jahren noch nicht für gefestigt genug halte, als daß solche Anfechtungen spurlos an ihm vorübergehen könnten. Erste Anzeichen von Renitenz[2] sind bereits jetzt nicht zu übersehen. Wenn Herr Simrock seine Theorien unbedingt ausprobieren will, dann soll er das an seinen eigenen Kindern tun, aber nicht an unseren. Meine Frau und ich fordern, daß eine prinzipielle Aussprache mit ihm geführt wird, an deren Ende garantiert sein muß, daß sich solche Auswüchse in Zukunft nicht wiederholen. Mit sozialistischem Gruß! K. Nachtigall.

Beim zweiten Lesen fand Simrock die Formulierung *revolutionäre Geduld* amüsant, denn er hatte im Ohr, daß es eigentlich *revolutionäre Ungeduld* lauten mußte. [...]

Er warf den Brief fort, holte ihn aber wieder aus dem Papierkorb, weil Kabitzke ihn vielleicht zurückhaben wollte.

Er ging zu Kabitzke, gab ihm den zerknüllten Brief und sagte: „Lustig."
Kabitzke sagte: „Setz dich hin, und sag mir etwas zu der Sache."
Simrock setzte sich und sagte: „Mir fällt dazu nichts ein."
Kabitzke sagte: „Du läßt die Kritik kommentarlos auf dir sitzen?"
Simrock: „Ich wundere mich, daß du mir den Brief dieses Dummkopfs überhaupt gezeigt hast. Anstatt ihm zu antworten, er möge die Schule und insbesondere mich mit seinen Hirngespinsten nicht belästigen, führt ihr Aussprachen mit mir und tut so, als ob eine ernstzunehmende Beschwerde auf dem Tisch liegt."
Kabitzke: „Na, na."
Simrock: „Übrigens will ich dir nicht verschweigen, daß der Sohn dieses Mannes, nämlich jener Klaus Nachtigall, ein ausnehmend unsympathisches Kind ist, das meinen Vorsatz, keinen Schüler zu bevorzugen und keinen zu benachteiligen, auf eine harte Probe stellt. Und es war kein Zufall, daß ich ausgerechnet ihn das ‚Lob des Zweifels' vorlesen ließ."
Kabitzke: „Selbst wenn ich zugebe, daß ich diesen Brief für nicht allzu wichtig

[1] Krittelei: soviel wie Kritik.   [2] Renitenz (lat.): Widerspenstigkeit, Trotz.

halte, finde ich es doch eigenartig, daß in regelmäßigen Abständen immer etwas mit dir los ist. Wie machst du das nur?"
Simrock stand auf und sagte: „Indem ich lebe." [...]

Vor Beginn der Sommerferien gab Simrock den folgenden schriftlichen Antrag bei seiner Schulleitung ab:
Hiermit bitte ich darum, während der großen Ferien, und zwar über meinen Urlaub hinaus, von allen schulischen Verpflichtungen entbunden zu werden. Ich habe den Wunsch, in dieser Zeit in einem Betrieb der volkseigenen Industrie eine körperliche Arbeit zu tun.
Begründung: Zwölf Jahre ununterbrochener Lehrertätigkeit haben bei mir zu einer gewissen Routine geführt. Da ich ausschließlich auf die Einhaltung des Lehrplans und auf den Schulbetrieb fixiert war, hat sich, wie ich fürchte, meine Perspektive verengt. Leicht könnte mir der Blick für Geschehnisse außerhalb der Schule verlorengegangen sein. Ich möchte Kontakt zu Menschen aus anderen Lebensbereichen als meinen gewohnten suchen, nicht nur, um ihre Probleme zu erfahren, sondern auch, um mein Gefühl der Zugehörigkeit aufzufrischen. Nicht zuletzt bin ich neugierig zu sehen, inwieweit mein Unterricht den Erfordernissen unserer Wirklichkeit entspricht.
Ich hoffe, aus meiner Begründung wird deutlich, daß ich die Zeit, um die ich bitte, als einen Urlaub zur Weiterbildung betrachte. Die Qualifizierung, die ich mir davon verspreche, ist mir nicht weniger wichtig als die meisten Kenntnisse, die ich mir in früheren Jahren auf Kursen und bei Lehrgängen aneignen konnte. Ich hoffe sehr, daß meinem Antrag stattgegeben wird, und verbleibe mit sozialistischem Gruß, Karl Simrock. [...]

Dem Antrag wurde freundlich und zur rechten Zeit stattgegeben. Während einer Versammlung teilte es der Schuldirektor den übrigen Lehrern nicht nur mit, er lobte Simrock auch für dessen Volksverbundenheit und für sein Bemühen, die Beziehung zur Praxis, diesen Lebensquell aller wahren Kommunisten, wie er sagte, nicht abreißen zu lassen. Simrock fühlte sich unwohl in seiner plötzlichen Rolle als Vorbild. [...]

Jurek Becker

1. Welches Bild gewinnt man hier von dem Lehrer Simrock? Warum fühlt er sich „unwohl in seiner plötzlichen Rolle als Vorbild"? Was alles könnte er in seinem „Urlaub zur Weiterbildung" lernen?
2. Vergleicht die beiden Briefe im Text.
3. „Meine Frau und ich haben uns stets die größte Mühe gegeben, Zweifel von unseren Kindern fernzuhalten." Wie beurteilt ihr diesen Erziehungsgrundsatz?

In Christoph Heins Novelle „Drachenblut" erinnert sich die Erzählerin an früher, als sie mit Katharina, einer Mitschülerin, befreundet war...

Unsere letzte Gemeinsamkeit...

Katharina und ich sahen uns täglich, auch nach Schulschluß. Nach den Schularbeiten ging ich zu ihr, um sie abzuholen. Hand in Hand liefen wir
5 stundenlang durch das Städtchen, gingen zusammen ins Kino oder saßen in ihrem Zimmer und fanden dennoch nie genügend Zeit für unsere Gespräche.
10 Gelegentlich sprachen auch ihre älteren Brüder mit mir. Etwas ironisch und herablassend unterhielten sie sich mit der Freundin ihrer kleinen Schwester, doch immer waren sie höflich
15 und bereit, uns zu helfen. Ich glaube, ich war in alle drei Brüder verliebt. Und so sehr ich ihre Anwesenheit wünschte und ihre Aufmerksamkeit, so sehr quälte mich dann meine Ver-
20 legenheit, die mich ihnen gegenüber befangen und einsilbig machte. Um ihre Brüder beneidete ich Katharina heftig.
Katharina und ihre Familie waren
25 gläubig. Auch darüber führten wir unendliche Gespräche. Mich faszinierten die unglaublichen Geschichten der Bibel, ihre eigentümlich schöne Sprache, die mich völlig widerstandslos
30 machte, und die seltsame, mir gleichzeitig ehrfurchtgebietend und komisch erscheinende Kultur ihrer Religion. Zu den Bibelstunden begleitete ich Katharina, und da ich mich in den
35 Wundertaten und der Leidensgeschichte Christi gut auskannte, erhielt ich von der Religionslehrerin häufig farbige Bildchen, die einen Bibeltext illustrierten.
Mit Katharina hatte ich ein Abkommen getroffen. Wir wollten nicht nur stets die gleiche Haarfrisur tragen, auch in der Frage, ob es einen Gott gebe, an den man folglich zu glauben habe, oder ob die Religion tatsächlich eine Erfindung und ein Betrug am Volk sei, wie wir es in der Schule lernten, wollten wir zu einer gemeinsamen, einheitlichen Entscheidung kommen. In dem Sommer, der unserem 14. Geburtstag folgte, würden wir uns, so war es verabredet, zusammen zu einer Antwort entschließen, um dann, an Gott glaubend oder ihn leugnend, durch eine weitere Gemeinsamkeit verbunden zu sein. Wir befürchteten beide den Protest der Familie, wenn sich in jenem Sommer eine von uns zu einer gegensätzlichen Weltanschauung bereit finden würde, aber davon abgesehen, sahen wir keine Schwierigkeiten. Die Religion wirkte sehr anziehend auf mich, und ich machte mich mit dem Gedanken vertraut, daß ich es sein würde, die ihre Eltern zu überraschen hätte.
Mein Vater war über meinen Besuch der Religionsstunden nicht erfreut, doch nach einem Gespräch mit Mutter entschloß er sich, es als pubertäre Mädchenschwärmerei zu dulden. Anderthalb Jahre vor jenem Sommer

der Entscheidung bat er mich eindringlich, alles zu unterlassen, was mit Kirche oder Religion zu tun habe. Er
40 bat mich auch, meine Freundschaft mit Katharina zu überdenken, da er sich große Sorgen um meinen weiteren Lebensweg mache. Ich verstand ihn nicht, begriff aber, daß er ernstlich
45 beunruhigt war und mir helfen wollte. Trotzdem weigerte ich mich, meine Freundin seltener zu treffen oder sie gar zu verraten.
Von Katharina erfuhr ich, daß Paul,
50 ihr ältester Bruder, im Werk nicht mehr als Brigadier arbeiten dürfe, weil er einer christlichen Jugendgruppe angehöre. Aus dem gleichen Grund sei der Ausbildungsvertrag mit
55 Frieder, dem zweiten Bruder, verändert worden, so daß er nicht in dem erwünschten Beruf würde arbeiten können. Die Brüder erzählten mir, daß im ganzen Landkreis derzeit eine
60 atheistische Kampagne durchgeführt werde. Sie waren verbittert. Besonders empörte sie, daß die Werksleitung bei Katharinas Brüdern und den anderen Betroffenen banale und lä-
65 cherliche Vorwände suchte, um Maßnahmen zu rechtfertigen, die willkürlich waren und ohne jede rechtliche Grundlage. Katharina weinte, und ich fühlte mich schuldig, weil ich aus ei-
70 nem atheistischen Elternhaus kam.
Wenige Monate später, nachdem der dritte Bruder den Schulbesuch beendet hatte, verschwanden die drei Brüder. Anfangs konnte oder durfte mir
75 Katharina nichts erzählen. Dann hörte ich, daß die drei nach Westdeutschland gegangen seien, und Katharina bestätigte es mir. Die Brüder hatten in Niedersachsen einen Bauernhof gepachtet, den sie zusammen bewirtschafteten.

Meine Eltern baten mich nun häufiger, die Freundschaft mit Katharina zu beenden. Auch in der Schule wurde ich von mir wohlgesonnenen Lehrern versteckt oder sehr direkt darauf hingewiesen, daß diese Freundschaft für mich nicht nützlich sei.

In jenem Schuljahr sollte vom Lehrerkollegium entschieden werden, wer aus unserer Klasse für den Besuch der weiterführenden Oberschule in der Kreisstadt vorgesehen sei. Katharina und ich machten uns beide begründete Hoffnungen. Wir waren seit Jahren die besten Schülerinnen der Klasse.

Im Oktober fiel die Entscheidung. Ein Junge und ich wurden für die Oberschule ausgewählt. Unsere Klassenlehrerin verkündete, daß Katharina die Schule nach Abschluß der achten Klasse verlassen müßte. Die Behörden des Kreises und die Schulleitung seien der Ansicht, es sei nicht gewährleistet, daß sie das Erziehungsziel einer Oberschule unserer Republik erreichen könne.

In diesen Tagen weinten wir beide viel, und ihre Mutter hatte uns unentwegt zu trösten. Sie war es auch, die mich von dem Entschluß, die Oberschule Katharinas wegen nicht zu besuchen, abbrachte. Dem Drängen meiner Eltern und der Lehrer, die Freundschaft mit Katharina zu beenden, wollte ich keinesfalls nachgeben. Wir schworen unter Tränen, uns ewig treu zu bleiben. Und doch waren wir bereits ein halbes Jahr später die erbittertsten Feindinnen.

In der achten Klasse freundete sich Katharina mit dem Sohn des Kantors an, der in Naumburg Kirchenmusik studierte. An den Wochenenden war er in G., und Katharina hatte nun weniger Zeit für mich. Und wenn sie mir auch ausführlich ihre Verabredungen mit dem Kantorssohn und die Gespräche schilderte, ich empfand doch, daß etwas Fremdes zwischen uns getreten war. In meine Liebe zu Katharina mischte sich argwöhnische Eifersucht. Die Belastungen unserer Freundschaft durch meine Eltern und Lehrer, die Entscheidung der Schulbehörde, die mich privilegierte und Katharina ihres Glaubens oder ihrer Brüder wegen benachteiligte, die zunehmende Verbitterung der Mutter meiner Freundin, die ihre Tochter ungerecht behandelt sah und dem Entschluß der Söhne, das Land zu verlassen, um im westlichen Deutschland ihr Glück oder zumindest ihr weiteres Leben zu finden, nun nachträglich zustimmte und ihn offen verteidigte, all dies schwebte unausgesprochen über uns. Immer häufiger trennten wir uns im Streit. Manchmal vergingen Tage, ehe wir uns wieder trafen. Das gegenseitige Mißtrauen in uns wuchs, und selbst die Zurückhaltung in unseren Gesprächen, darum besorgt, den anderen nicht zu verletzen, trennte uns und machte uns einander fremd. Schließlich genügte die dumme, hämische Verleumdung einer Mitschülerin, um unsere Freundschaft zu beenden. Ein Mädchen denunzierte mich bei Katharina, und Katharina glaubte ihr, ohne mit mir zu sprechen. Und ich, obwohl ich die hinterhältige Lüge leicht hätte widerlegen können, tat nichts. Eine Mädchenfreundschaft war zerstört, die schon Wochen oder Monate zuvor zerbröckelte und von ihr und mir nur noch notdürftig dahingeschleppt worden war. Und allein der unversöhnliche Haß zweier unglücklicher Mädchen wies auf die Spuren einer Liebe hin, einer tödlich verletzten Liebe.

Ein paar Wochen später kam der Tag, an dem ich mich zum ersten Mal öffentlich gegen Katharina wandte.

Nach dem Unterricht sollten wir alle im Klassenzimmer bleiben. Es handelte sich um eine erneute Aussprache über unseren Eintritt in den sozialistischen Jugendverband. Katharina war die einzige Schülerin, die sich weigerte, einen Aufnahmeantrag zu stellen. Nur ihretwegen mußten wir länger in der Schule bleiben, und nur ihretwegen wiederholte die Lehrerin die uns bekannten Argumente und Losungen. Wir saßen gelangweilt in den Bänken, ließen, die verlorene Zeit bedauernd, den Wortschwall über uns ergehen und murmelten, von der Lehrerin zur Stellungnahme aufgefordert, gehorsam nach, was sie uns in den Mund legte.

Katharina saß blaß und kerzengerade auf ihrem Platz. Sie war aufgeregt. Der Eintritt in den Jugendverband wurde uns als eine Entscheidung für den Weltfrieden dargestellt, und Katharina hatte den massiven Schlußfolgerungen der Lehrerin so wenig entgegenzusetzen. Sie beteuerte, gleichfalls für den Frieden zu sein, doch die logisch wirkenden Verknüpfungen der Lehrerin, die Weigerung, in den Jugendverband einzutreten, sei gleichbedeutend mit Kriegshetze, knüppelten Katharina nieder und machten sie stumm.

Wir anderen hörten uninteressiert und mürrisch den bekannten Phrasen zu und warteten nur darauf, endlich gehen zu können. Katharinas Weigerung kostete uns Freizeit, ihre Hartnäckigkeit erschien uns aussichtslos und unkameradschaftlich. Wir wollten nach Hause und mußten zum wiederholten Male ihretwegen länger in der Schule bleiben.

An jenem Tag meldete ich mich, wobei ich mich nach Katharina umwandte. Dann stand ich auf und belustigte mich über die christlich-abergläubischen Ansichten einer gewissen Mitschülerin. Es war eine dumme, witzlose Bemerkung, aber die Lehrerin und die Mitschüler lachten. Katharina wurde flammend rot. Befriedigt über den Erfolg meiner Bemerkung setzte ich mich. Plötzlich stand Katharina auf, kam zu meiner Bank und gab mir unerwartet eine Ohrfeige. Instinktiv trat ich mit dem Fuß gegen ihr Schienbein. Wir schrien beide vor Schmerz auf und heulten, und beide bekamen wir einen Tadel in das Klassenbuch. Es war unsere letzte Gemeinsamkeit, denn auch die Frisuren trugen wir längst verschieden.

In jenem Sommer, in dem wir die Gretchenfrage unseres Glaubens gemeinsam und einmütig entscheiden wollten, zog Katharina mit ihrer Mutter zu den Brüdern nach Niedersachsen. Ich war erleichtert, als ich es hörte, und fast mit Stolz erzählte ich meinem Vater, daß Katharina die Republik verraten habe.

In jenem Sommer kauften mir meine Eltern eine rotlederne Aktentasche. Ich wollte nicht mit einem Ranzen auf dem Rücken in der Oberschule der Kreisstadt erscheinen.

Christoph Hein

1. Greift einzelne Episoden der Erzählung heraus, und erzählt sie aus der Sicht Katharinas.
2. Beide Freundinnen tragen zum Scheitern der Freundschaft bei. Wie sieht die Erzählerin die Schuldverteilung?
3. Denkt euch die beiden Mädchen zehn Jahre später. Die Mauer ist inzwischen gefallen. Wie könnte ein Briefwechsel zwischen ihnen aussehen?

Der Leipziger Herbst war „draußen"

Katrin Hattenhauer ist 21 Jahre alt, Theologie-Studentin. Während der Demonstration am Montag, dem 11. September 1989, wurde sie „zugeführt". Sie verbrachte fünf Wochen in Untersuchungshaft.

Neues Forum: Die „Zuführung" am 11. September war für dich nicht die erste. Würdest du beschreiben, wie du lebst, was dich bewegt hat im letzten Jahr, warum du mehrmals „zugeführt" wurdest?
Katrin Hattenhauer: Ich bin zur Zeit im Freijahr, das heißt, ich hab' mein Studium unterbrochen, nehme als Gasthörer an Vorlesungen des theologischen Seminars teil. Ich male und mache Straßenmusik. Im Winter bin ich mit meinen Flöten unterwegs, im Sommer will ich wieder mit der Gitarre losziehen. Daß ich im Moment so lebe, hat viel mit Spaß zu tun – ein Lebensgefühl. Du stehst in der Passage, machst Musik, und es kommt etwas zurück von den Leuten.
Die Entwicklung in Leipzig hab' ich seit über einem Jahr mitbekommen. Es lief aber bis zu diesem Herbst immer darauf hinaus, daß sich ein paar Freaks fanden, die zusammen etwas unternommen und sich auch irgendwo aneinander festgehalten haben. Über ein Jahr lang haben wir in dieser Stadt einfach 'ne Menge Spaß gemacht, und wenn ich mir überlege, weshalb wir „zugeführt" wurden, Geldstrafen bekamen, weshalb ich dann in den Knast gekommen bin – dann war das letzten Endes nichts weiter als Spaß. Diese Freude hat sich auf die Straße und auf die Leute hier übertragen lassen. Das ist ein Lebensgefühl, das so ein Staat wie dieser nicht dulden konnte.
Neues Forum: Wann wurdest du zum erstenmal „zugeführt"?
Katrin Hattenhauer: Das liegt nun schon über ein Jahr zurück. Der Grund war eine Plakataktion gegen die Einschränkung der Kirchenpresse. Es lief meistens so ab: Morgens klopft es, und du weißt, du hast den ganzen Tag mit unfreundlichen Menschen zu tun. Mehrere Leute stehen da und bitten dich, irgendwohin mitzukommen. Dann folgen endlose Gespräche, eine Litanei von Fragen. Irgendwann, nach Stunden, darf man wieder gehen.
Dann haben wir zur 88er Dokumentarfilmwoche vor dem „Capitol" Luftballons steigen lassen, auf denen die verbotenen sowjetischen Filme standen. Ein anderer Grund war, daß wir anläßlich des Luxemburg/Liebknecht-Gedenktages zu einer Demonstration für Menschenrechte aufgerufen haben. Das war im Januar.
Dann gab es die „Zuführungen" während des Straßenmusikfestivals im Juni. Wer Musik machte, also die Leute auf der Straße erreichte, Lebensfreude rüberbrachte – vor dem hatte man Angst. Zu bestimmten Anlässen – Wahltag, 13. August – hatten wir Hausarrest.
Die eine Seite war die, daß wir immer wieder Lebensfreude in uns hatten, uns das Recht nahmen, so zu leben, wie wir es uns vorstellen. Aber auf der anderen Seite wuchs natürlich die Angst. Überstehen konnten wir das nur, weil wir

zusammengewohnt haben, uns aneinander festhalten konnten und weil wir einen großen Freundeskreis im In- und Ausland hatten, der uns immer wieder geholfen hat.

Neues Forum: Was passierte am 11. September?

Katrin Hattenhauer: Am Montag zuvor hatte ich mit einer anderen Frau ein Plakat gehalten: „Für ein offenes Land mit freien Menschen." Das war wohl der unmittelbare Anlaß, weshalb ich am 11. „zugeführt" wurde. Am 11. September war eigentlich nach dem Friedensgebet die Luft raus. Ich wollte nach Hause gehen. Doch man provozierte die Demonstration, indem man für weit über 1000 Menschen, die aus der Kirche kamen, nur einen schmalen Weg ließ. Alles andere war abgesperrt. Es war nicht mehr möglich, zur Seite auszuweichen – gegen Leute, die das versucht haben, wurde Gewalt angewendet. An einer Seite wurden Hunde eingesetzt, man hörte Schreckensrufe. Und dann brach natürlich eine Panik aus. Und du wirst wütend, glaubst, du mußt denen etwas entgegensetzen, und du gehst halt nicht so schnell, wie du gehen sollst. Die Demonstration war dann ein einziger großer Viehtrieb. Die Leute wurden hin und her getrieben. Wenn du stehengeblieben bist, wurdest du geschnappt. Ich merkte nur, wie neben mir zwei Leute weggezerrt wurden. Dann wickelte sich so ein Mensch meine Haare dreimal ums Handgelenk, und ich fand mich auf dem Lastwagen wieder. So schnell kann man gar nicht gucken.

Der Zivile, der mich ablieferte, konnte sich auf einen kleinen Zettel einen Strich machen für mich. Vier oder fünf hatte er schon. Ich weiß nicht, ob das für diese Leute ein Spielchen war oder eine Wette, oder ob die dafür eine Prämie bekommen haben. [...]

Neues Forum: Ab wann hast du gehofft, entlassen zu werden?

Katrin Hattenhauer: Ich hab' das eigentlich bis zum letzten Moment nicht geglaubt. Am 9. Oktober drangen zum erstenmal die Schallwellen von der Demonstration zu uns. Es gab dann eine regelrechte „Knastrevolte". Überall klopfte man, sprang auf den Betten herum. Und natürlich hingen alle mit Zahnputzbechern an der Wand, um irgend etwas zu verstehen. Man trommelte an die Wände, es wurde gelacht. Und es war das erste Mal, daß die Wärter die Luken nicht öffneten.

Da haben wir gehofft: Es geht auf keinen Fall so weiter. Aber ich hatte für mich selbst die Angst, daß man – je rasanter es „draußen" geht – um so schneller gegen uns arbeitet. Noch an dem Morgen, als wir dann plötzlich unsere Sachen packen mußten, dachte ich, man wolle uns über die Grenze abschieben. Das war am Freitag, dem 13. Oktober.

Neues Forum: Was sagte man dir bei der Entlassung?

Katrin Hattenhauer: Nichts. Nur daß das Ermittlungsverfahren eingestellt sei. Nichts weiter.

Neues Forum: Wie hast du dich gefühlt?

Katrin Hattenhauer: Ich konnte es echt nicht fassen, als das große Tor aufging.

Du stehst dann plötzlich auf der Straße, auf der du gar nicht mehr zu stehen gehofft hast. Wir haben gestanden und gewartet, wer noch rauskommt. Es wurden immer mehr. Freunde kamen, mit denen wir zur Nikolaikirche gingen, wo wir die ganzen Blumen für uns gesehen haben. Das war schon irgendwie ergreifend – eine Zeit zu sehen, die man nicht erlebt hat. Oder die man ganz anders erlebt hat.

Neues Forum: Wie denkst du jetzt über diese Zeit? Möchtest du, daß die Verantwortlichen bestraft werden?

Katrin Hattenhauer: Das Schlimmste, was einem dort passiert, ist, daß sich der Haß der Wärter auf dich überträgt. Ich hab' dort begriffen: Gefängnis ist niemals gut, weil es niemanden besser macht. Es macht auch die Situation nicht besser. Deshalb möchte ich nicht, daß Leute ins Gefängnis gehen.

Sie könnten sich nützlich machen, indem sie zum Beispiel Kinderspielzeug bauen – hoffentlich nicht so phantasielos, wie sie ihre Politik gemacht haben.

Ein System, das so gut funktionierte und es geschafft hat, die Leute nicht nur vom Ausland, sondern auch im Land voneinander zu trennen – das ist doch von der Mehrheit getragen worden. Das sollten die Leute kapieren, die heute „Rache" wollen. Es waren nicht 15 Leute, sondern 15 Millionen, die Angst gehabt haben, die sich auch haben betrügen lassen.

Mit Katrin Hattenhauer sprach Grit Hartmann
am 5. Januar 1990

1. Eine Befragung ist oft die Vorstufe zu einem Bericht oder einer Reportage ...
2. „Gefängnis ist niemals gut."
   Wie denkt ihr über die Ansichten der Befragten?

Kapitel 3 Verwaltete Welt

Von Rollen, Ämtern und Anstalten

Franz Hohler

Was ich alles bin

    Nichtraucher   Leser
    Rechtshänder   Hörer
    Steuerpflichtiger   Abonnent
    Dienstuntauglicher   Zuschauer
5 Zuzüger   Bazillenträger
    Einwohner   Kassenpatient
    Bürger   Vollversicherter
    Wochenaufenthalter   Geschädigter
    Aufenthaltsberechtigter   Gesuchsteller
10 Meldepflichtiger   Zeuge des Vorfalls
    Ersatzpflichtiger   Schwimmer
    Zivilschutzpflichtiger   Einzelwanderer
    Teilnehmer   Pflanzenfreund
    Halter   raschentschlossener Selbstkäufer
15 Benützer   frischgebackener Ehemann
    Adressat   modebewußter Kunde
    Absender   selbständig Erwerbender
    Bezüger   Mieter
    Empfänger   Schuldner
20 Käufer   Begünstigter
    Besteller   Eigentümer
    Selbstabholer   Inhaber
    Anwohner   Besitzer
    Zubringer   Nachkomme
25 Fußgänger   Vorfahre
    Autofahrer   Mitspieler
    Linksabbieger   Gewinner
    Fahrzeughalter   Verlierer
    Passagier
30 Fahrgast   manche finden mich auch als Mensch sehr nett
    Reisender in Richtung

1. Erprobt Alternativen für die Schlußzeile. – Könnte man sie zum Beispiel durch das Wort „Mensch" ersetzen?
2. Was ihr alles seid: Macht eure eigene Aufstellung.

Herr Schmidt und seine Rollen

Nehmen wir an, wir seien auf einer Gesellschaft, auf der uns ein uns bisher unbekannter Herr Dr. Hans Schmidt vorgestellt wird. Wir sind neugierig, mehr über diesen neuen Bekannten zu erfahren. Wer ist Hans Schmidt? Einige Antworten auf diese Fragen können wir unmittelbar sehen: Hans Schmidt ist 1. ein Mann, und zwar 2. ein erwachsener Mann von etwa 35 Jahren. Er trägt einen Ehering, ist daher 3. verheiratet. Anderes wissen wir aus der Situation der Vorstellung: Hans Schmidt ist 4. Staatsbürger; er ist 5. Deutscher, 6. Bewohner der Mittelstadt X, und er trägt den Doktortitel, ist also 7. Akademiker. Alles weitere aber müssen wir von gemeinsamen Bekannten erfragen, die uns erzählen mögen, daß Herr Schmidt 8. von Beruf Studienrat ist, 9. zwei Kinder hat, also Vater ist, 10. als Protestant in der vorwiegend katholischen Bevölkerung von X einige Schwierigkeiten hat, 11. als Flüchtling nach dem Kriege in die Stadt gekommen ist, wo er sich indes 12. als 3. Vorsitzender der lokalen Organisation der Y-Partei und 13. als Schatzmeister des Fußballklubs der Stadt bald einen guten Namen zu verschaffen wußte. Herr Schmidt, so erfahren wir von seinen Bekannten, ist 14. ein leidenschaftlicher und guter Skatspieler sowie 15. ein ebenso leidenschaftlicher, wennschon weniger guter Autofahrer. Seine Freunde, Kollegen und Bekannten haben uns noch manches andere über Herrn Schmidt zu erzählen, doch ist unsere Neugier mit diesen Auskünften vorerst befriedigt. Wir haben das Gefühl, daß Herr Schmidt uns nunmehr kein Unbekannter mehr ist. Was berechtigt uns zu diesem Gefühl?

Man könnte meinen, daß alles, was wir über Herrn Schmidt in Erfahrung gebracht haben, ihn nicht eigentlich von anderen Menschen unterscheidet. Nicht nur Herr Schmidt ist Deutscher, Vater, Protestant und Studienrat, sondern viele andere mit ihm; und obwohl es zu jedem Zeitpunkt nur einen Schatzmeister der 1. F. C. X-Stadt geben mag, gab es doch andere vor ihm. Auch dieses Amt ist nicht ein persönliches Merkmal von Herrn Schmidt. Unsere Informationen über Herrn Schmidt beziehen sich sämtlich auf gewisse Stellungen, die er innehat, d. h. auf Punkte oder Orte in einem Koordinatensystem sozialer Beziehungen. Denn jede Position impliziert[1] für den Kundigen ein Netz anderer Positionen, die mit dieser verknüpft sind, ein Positionsfeld. Als Vater steht Herr Schmidt in einem Positionsfeld mit Mutter, Sohn und Tochter; als Studienrat ist er auf seine Schüler, deren Eltern, seine Kollegen und die Beamten der Schulverwaltung bezogen; sein Posten als 3. Vorsitzender der Y-Partei verbindet ihn mit Vorstandskollegen, höheren Parteifunktionären, Parteimitgliedern und der wählenden Öffentlichkeit. Manche dieser Positionsfelder überschneiden sich, doch keine zwei decken einander völlig. Für jede der 15 Positionen des Herrn Schmidt, die wir kennen, läßt sich ein eigenes Positionsfeld angeben, das in einem bestimmten Gesellschaftszusammenhang mit diesen Positionen gewissermaßen automatisch gegeben ist. [...]

Die Positionen selbst vermitteln uns zwar nur eine sehr formale Kenntnis. Sie sagen uns, in welchen sozialen Bezugsfeldern Herr Schmidt steht, mit wem er

---
[1] implizieren (lat.): mit einschließen, beinhalten.

in Sozialbeziehungen tritt, ohne uns etwas über die Art dieser Beziehungen zu verraten. Doch bedarf es für uns keines weiteren Fragens, um herauszufinden, was Herr Schmidt tut – oder zumindest, was er tun sollte und daher wahrscheinlich tut –, wenn er seine zahlreichen Positionen wahrnimmt. Als Vater wird Herr Schmidt für seine Kinder sorgen, ihr Fortkommen fördern, sie verteidigen und lieben. Als Studienrat wird er seinen Schülern Wissen vermitteln, sie gerecht beurteilen, die Eltern beraten, dem Direktor Respekt erweisen, in seiner Lebenshaltung Vorbild sein. Als Parteifunktionär wird er Versammlungen besuchen, Reden halten, neue Mitglieder zu werben versuchen. Nicht nur, was Herr Schmidt tut, sondern auch was ihn kennzeichnet, können wir bis zu einem gewissen Grade aus seinen Positionen ablesen – in der Tat verrät uns das Aussehen eines Menschen oft, „wer er ist", d. h. welche sozialen Positionen er einnimmt. Als Studienrat trägt er die „anständige", aber nicht zu gute Kleidung eines Lehrers mit blankgescheuerten Hosen und Ellenbogen; als Ehemann trägt er den Ehering; ob die Y-Partei eine radikale Partei ist, kann man ihm wahrscheinlich ansehen; seine Erscheinung ist sportlich; er ist vermutlich ein überdurchschnittlich intelligenter und aktiver Mann. [...] Zu jeder Stellung, die ein Mensch einnimmt, gehören gewisse Verhaltensweisen, die man von dem Träger dieser Position erwartet; zu allem, was er ist, gehören Dinge, die er tut und hat; zu jeder sozialen Position gehört eine *soziale Rolle.* Indem der einzelne soziale Positionen einnimmt, wird er zur Person des Dramas, das die Gesellschaft, in der er lebt, geschrieben hat. Mit jeder Position gibt die Gesellschaft ihm eine Rolle in die Hand, die er zu spielen hat. [...]

Soziale Rollen sind ein Zwang, der auf den einzelnen ausgeübt wird – mag dieser als eine Fessel seiner privaten Wünsche oder als ein Halt, der ihm Sicherheit gibt, erlebt werden. Dieser Charakter von Rollenerwartungen beruht darauf, daß die Gesellschaft *Sanktionen*[2] zur Verfügung hat, mit deren Hilfe sie die Vorschriften zu erzwingen vermag. Wer seine Rolle nicht spielt, wird bestraft; wer sie spielt, wird belohnt, zumindest aber nicht bestraft. Konformismus[3] mit den vorgeprägten Rollen ist keineswegs nur die Forderung bestimmter moderner Gesellschaften, sondern ein universelles Merkmal aller gesellschaftlichen Formen. [...]

Das Wirken von Sanktionen läßt sich besonders einleuchtend an Rollenerwartungen demonstrieren, über deren Einhaltung die Macht des Gesetzes und der Rechtsinstitutionen wacht. Die meisten sozialen Rollen enthalten solche Elemente, solche *Muß-Erwartungen* (wie wir sie in Analogie[4] zum juristischen Reden von Muß-Vorschriften nennen wollen), denen wir uns nur auf die Gefahr gerichtlicher Verfolgung hin entziehen können. Als Mann darf Herr Schmidt keinen Geschlechtsverkehr mit anderen Männern unterhalten, als Ehemann keine außerehelichen Beziehungen pflegen. Als Studienrat ist von ihm erwartet, zumindest seine älteren Schüler ohne Gebrauch des Rohrstocks zu erziehen. Wenn er als Schatzmeister des 1. F. C. X-Stadt in die Kasse des Klubs greift,

---

[2] Sanktionen (lat.): verschärfte Maßnahmen gegen einen Staat oder eine Gruppe, um etwas durchzusetzen. [3] Konformismus (lat.): Anpassung der persönlichen Meinung an die vorherrschende. [4] Analogie (griech.): Übereinstimmung mit etwas, Ähnlichkeit.

um seine Skatschulden zu begleichen, dann treffen ihn die gesetzlich festgelegten negativen Sanktionen. Zumindest der große Ausschnitt des Rechtssystems, in dem einzelne als Träger von Positionen in irgendeinem Sinne fungieren, läßt sich als Aggregat von Sanktionen begreifen, mit deren Hilfe die Gesellschaft die Einhaltung sozialer Rollenerwartungen garantiert. Zugleich sind diese Muß-Vorschriften gewissermaßen der harte Kern jeder sozialen Rolle; sie sind nicht nur formulierbar, sondern ausdrücklich formuliert; ihre Verbindlichkeit ist nahezu absolut; die ihnen zugeordneten Sanktionen sind ausschließlich negativer Natur. Allenfalls als Autofahrer hat Herr Schmidt die Chance, eines Tages eine Plakette für „25 Jahre unfallfreies Fahren" an seinen Wagen schrauben zu dürfen.

Ralf Dahrendorf

1. Das ist ein wissenschaftlicher Text.
   Schreibt die Fachbegriffe heraus, klärt ihre Bedeutung und ihren Zusammenhang.
2. Der Schüler XY und seine Rollen: Versucht eure eigenen Positionen und Rollen mit Hilfe der Kategorien dieses Textes zu beschreiben.

Schüler in einer Dienerschule

Man lernt hier sehr wenig, es fehlt an Lehrkräften, und wir Knaben vom Institut Benjamenta werden es zu nichts bringen, das heißt, wir werden alle etwas sehr Kleines und Untergeordnetes im späteren Leben sein. Der Unterricht, den wir genießen, besteht hauptsächlich darin, uns Geduld und Gehorsam einzuprägen, zwei Eigenschaften, die wenig oder gar keinen Erfolg versprechen. Innere Erfolge, ja. Doch was hat man von solchen? Geben einem innere Errungenschaften zu essen? Ich möchte gern reich sein, in Droschken fahren und Gelder verschwenden. Ich habe mit Kraus, meinem Schulkameraden, darüber gesprochen, doch er hat nur verächtlich die Achsel gezuckt und mich nicht eines einzigen Wortes gewürdigt. Kraus besitzt Grundsätze, er sitzt fest im Sattel, er reitet auf der Zufriedenheit, und das ist ein Gaul, den Personen, die galoppieren wollen, nicht besteigen mögen. Seit ich hier im Institut Benjamenta bin, habe ich es bereits fertiggebracht, mir zum Rätsel zu werden. Auch mich hat eine ganz merkwürdige, vorher nie gekannte Zufriedenheit angesteckt. Ich gehorche leidlich gut, nicht so gut wie Kraus, der es meisterlich versteht, den Befehlen Hals über Kopf dienstfertig entgegenzustürzen. In einem Punkt gleichen wir Schüler, Kraus, Schacht, Schilinski, Fuchs, der lange Peter, ich usw., uns alle, nämlich in der vollkommenen Armut und Abhängigkeit. Klein sind wir, klein bis hinunter zur Nichtswürdigkeit. Wer eine Mark Taschengeld hat, wird als ein bevorzugter Prinz angesehen. Wer, wie ich, Zigaretten raucht, der erregt ob der Verschwendung, die er treibt, Besorgnis. Wir tragen Uniformen. Nun, dieses Uniformtragen erniedrigt und erhebt uns gleichzeitig. Wir sehen wie unfreie Leute aus, und das ist möglicherweise eine Schmach, aber wir sehen auch hübsch darin aus, und das entfernt uns von der tiefen Schande derjenigen Menschen, die in höchsteigenen, aber zerrissenen und schmutzigen Kleidern dahergehen. Mir zum Beispiel ist das Tragen der Uniform sehr angenehm, weil ich nie recht wußte, was ich anziehen sollte. Aber auch in dieser Beziehung bin ich mir vorläufig noch ein Rätsel. Vielleicht steckt ein ganz, ganz gemeiner Mensch in mir. Vielleicht aber besitze ich aristokratische Adern. Ich weiß es nicht. Aber das Eine weiß ich bestimmt: Ich werde eine reizende, kugelrunde Null im späteren Leben sein. Ich werde als alter Mann junge, selbstbewußte, schlecht erzogene Grobiane bedienen müssen, oder ich werde betteln, oder ich werde zugrunde gehen.

Wir Eleven oder Zöglinge haben eigentlich sehr wenig zu tun, man gibt uns fast gar keine Aufgaben. Wir lernen die Vorschriften, die hier herrschen, auswendig. Oder wir lesen in dem Buch „Was bezweckt Benjamenta's Knabenschule?" Kraus studiert außerdem noch Französisch, ganz für sich, denn fremde Sprachen oder irgend etwas derartiges gibt es gar nicht auf unserem Stundenplan. Es gibt nur eine einzige Stunde, und die wiederholt sich immer. „Wie hat sich der Knabe zu benehmen?" Um diese Frage herum dreht sich im Grunde genommen der ganze Unterricht. Kenntnisse werden uns keine beigebracht. Es fehlt eben, wie ich schon sagte, an Lehrkräften, das heißt die Herren Erzieher und Lehrer schlafen, oder sie sind tot, oder nur scheintot, oder sie sind versteinert, gleichviel, jedenfalls hat man gar nichts von ihnen. An Stelle der Lehrer, die aus irgendwelchen sonderbaren Gründen tatsächlich totähnlich daliegen und schlummern, unterrichtet und beherrscht uns eine junge Dame, die Schwester des Herrn Institutsvorstehers, Fräulein Lisa Benjamenta. Sie kommt mit einem kleinen weißen Stab in der Hand in die Schulstube und Schulstunde. Wir stehen alle von den Plätzen auf, wenn sie erscheint. Hat die Lehrerin Platz genommen, so dürfen auch wir uns setzen. Sie klopft mit dem Stab dreimal kurz und gebieterisch hintereinander auf die Tischkante, und der Unterricht beginnt. Welch ein Unterricht! Doch ich würde lügen, wenn ich ihn kurios fände. Nein, ich finde das, was Fräulein Benjamenta uns lehrt, beherzigenswert. Es ist wenig, und wir wiederholen immer, aber vielleicht steckt ein Geheimnis hinter all diesen Nichtigkeiten und Lächerlichkeiten. Lächerlich? Uns Knaben vom Institut Benjamenta ist niemals lächerlich zumute. Unsere Gesichter und unsere Manieren sind sehr ernsthaft. Sogar Schilinski, der doch noch ein vollkommenes Kind ist, lacht sehr selten. Kraus lacht nie, oder wenn es ihn hinreißt, dann nur ganz kurz, und dann ist er zornig, daß er sich zu einem so vorschriftswidrigen Ton hat hinreißen lassen. Im allgemeinen mögen wir Schüler nicht lachen, das heißt wir können eben kaum noch. Die dazu erforderlich Lustigkeit und Lässigkeit fehlt uns. Irre ich mich? Weiß Gott, manchmal will mir mein ganzer hiesiger Aufenthalt wie ein unverständlicher Traum vorkommen.

Robert Walser

1. Entwerft Abschnitte aus der Schulordnung der „Dienerschule", z. B. das Vorwort oder einzelne Vorschriften.
2. Der Erzähler und seine Schule – was fällt euch an dieser Beziehung auf?

Die Anstalt

> *Betritt Revision die Zellen (Aufsichtsbehörde, Vorsteher, Inspektoren, Geistliche, der Anstaltsarzt und so weiter), so erhebt sich der Gefangene, bleibt vor seinem Arbeitsplatz stehen und erwartet, das Gesicht nach der Tür zugekehrt, den Besuch. Bei nächtlicher Revision unterbleibt dies.*
>
> Aus der Hausordnung einer preußischen Strafanstalt

[...] Die Anstalt dient einem Zweck: Menschen sollen in ihr aufbewahrt, gebessert, geheilt, erzogen, zur Arbeit angeleitet werden.
Jedes Anstaltsleben dient neben diesem plakatierten Zweck einem Selbstzweck: Es hat sich selbständig gemacht, denn stets wachsen dem Menschen
5 seine Zwecke über den Kopf. Daß die Anstalt durch ihr Wirken einen Zweck erfüllen soll, vergessen sämtliche Beteiligten leicht – bei der Gründung sowie bei Festsetzung der Hausordnung wird auf diesen Zweck der Anstalt noch Bezug genommen.
Die Menschen, die ständig in einer Anstalt leben und arbeiten, sind in zwei
10 Gruppen zu teilen: in die Leidenden und in die Leitenden.
Die Leitenden kommen, abgesehen von der Neugründung, in die sie ihre Routine mitbringen können, einzeln in die bestehende Anstalt, werden ihr zugeteilt, hineingewählt, an sie versetzt ... sie finden also ein fertiges Gebilde vor. Dieses Ganze läßt sich beeinflussen, aber schwer. Dazu gehört ein Unmaß
15 von Energie und Zeit: Der Reibungswiderstand eines den Anstalten immanenten Trägheitsgesetzes läßt gewöhnlich alle Änderungsversuche zunächst einmal zuschanden werden; sie müssen oft wiederholt werden. Verschlechterungen lassen sich sofort durchführen; Reformen, mit denen ein Plus an Erdulden der Leidenden verbunden ist, immer; solche, mit denen mehr Arbeit der Tätigen
20 verknüpft ist, schon schwieriger.
Die Tätigen zerfallen in das Ober- und das Unterpersonal.
Eine Anstaltsleitung ist ohne echte Verantwortung. Sieht man von schweren kriminellen Taten ab, die auch ein einzelnes Individuum belasten würden, so kann gesagt werden, daß Gesetzgebung und Volksanschauung in einer solchen
25 „Leitung" etwas Überlegenes schlechthin sehen, dem nur sehr schwer beizukommen ist. Der Leiter kann fallen: über die Mißgunst der Verhältnisse; über seine Unbeliebtheit bei der Zentrale; über Kunstfehler im Betrieb, dies aber nur dann, wenn seine Feinde sie sich zunutze machen. Man fällt nicht über Fehler – man fällt über ausgenutzte Fehler.
30 Eine Zentralstelle, der mehrere solcher Anstalten unterstehen, kann unmöglich in jede hineinkriechen und ist gezwungen, sich mit oft vorher angekündigten Besichtigungen oder den Berichten zu begnügen, die die Anstaltsleitung ihr zuführt. Sie weiß demnach meist nicht genau, was im einzelnen wirklich in der

Anstalt geschieht, und sie wird bei Unglücksfällen, bei Beschwerden und anderen ärgerlichen Vorkommnissen, die von ihr zunächst als Störung des Dienstbetriebs aufgefaßt werden, nur sehr selten eingreifen. Denn:
In der Zentrale sitzen in der Regel, wenn man von den anscheinend für alle Positionen tauglichen Juristen absieht, frühere Anstaltsdirektoren, die mit ihren Kollegen auf Grund jenes innern Verwandtschaftsgesetzes sympathisieren, das jede Gruppe aus einer Zweck-Einheit zu einer Seelen-Einheit zusammenschmelzen läßt. Die Überlegenheit eines in die Zentrale versetzten ehemaligen Anstaltsleiters wird sich wohl im Dienstverkehr zwischen Zentrale und Anstalten auswirken – niemals aber, wenn Dritte im Spiel sind. Jede Beschwerde „nach oben" hat zunächst die sehr große Widerstandsschwelle zu überwinden, die aus Kollegialität, Faulheit und einem Gefühl zusammengesetzt ist, das die einzelnen Anstaltsleiter noch mehr beseelt als die Zentrale: dem Gefühl für die Aufrechterhaltung der Autorität. Ist die Beschwerde so stark, daß sie das alles überwindet, dann dringt sie durch.
Auf nichts ist der Anstaltsleiter so erpicht wie auf die Ausdehnung seines Betriebes. Er verträgt alles: Kritik, die ihm ja meist nicht viel anhaben kann. Kontrollen, Revisionen, Besichtigungen – nur eines verträgt er nicht: daß man ihm die Anzahl der von ihm beherrschten Menschen oder Sachen mindert. Hier ist sein schwacher Punkt. Sei es, daß man ihm eine Kompanie Soldaten fortnimmt, ein Außendienst-Kommando Strafgefangener, einen Krankenhausflügel – das ist wie ein kleiner Tod. Schlimmer: wie eine Niederlage bei der Liebeswerbung. Noch schlimmer: wie ein Geldverlust. Minderung sozialer Macht und somit sozialen Machtgefühls verwindet kaum einer.
Der Leiter, der neu in eine Anstalt eintritt, will den Leidenden zunächst wohl. Auf seine Weise: Auch der Strenge will den ihm Unterworfenen wohl, der sogar ganz besonders; fast immer glaubt er es.
Der erste Gedanke eines neuen Leiters, sein Grundgefühl für alles, was er in bezug auf die Anstalt denkt und anordnet, ist:
Die Schweinerei hört jetzt auf. [...]

Kurt Tucholsky

1. Wie könnte der Text an dieser Stelle weitergehen?
2. Auf welche Anstalten könnte man Tucholskys Satire übertragen?

Strafmandat bleibt Strafmandat

Der Wüstenwind wehte feinen Sandstaub über die Boulevards und auf die Kaffeehausterrasse, wo ich mit meinem Freund Jossele saß. Die Luft war stickig, der Kaffee war ungenießbar. Mißmutig beobachteten wir das Leben und Treiben ringsum. Mit besonderem Mißmut erfüllte uns der Verkehrspolizist an der
5 Kreuzung, unter dessen Schikanen die hartgeprüften Autofahrer hilflos leiden mußten.

„Genug", sagte Jossele und stand auf: „Jetzt will ich's wissen. Die Polizei, dein Freund und Helfer. Laß uns sehen, wie weit es damit her ist."

Er zog mich auf die Straße und schlug den Weg zur nächsten Polizeistube
10 ein.

„Wo kann ich eine Übertretung der Verkehrsvorschriften melden?" fragte er den diensthabenden Polizeibeamten.

„Hier", antwortete der Beamte. „Was ist geschehen?"

„Ich fuhr mit meinem Wagen die Schlomo-Hamelech-Straße hinunter", begann
15 Jossele, „und parkte ihn an der Ecke der King-George-Straße."

„Gut", sagte der Beamte. „Und was ist geschehen?"

„Dann fuhr ich weiter."

„Sie fuhren weiter?"

„Ja. Ich fuhr weiter und hätte die ganze Sache beinahe vergessen."
20 „Welche Sache?"

„Eben. Als ich später wieder am Tatort vorbeikam, fiel es mir plötzlich ein. Um Himmels willen, dachte ich. Die Haltestelle!"

„Welche Haltestelle?"

„Die Autobushaltestelle. Wissen Sie nicht, daß sich an der Ecke Schlomo-
25 Hamelech-Straße und King-George-Straße eine Autobushaltestelle befindet? Herr Insepktor! Ich bin ganz sicher, daß ich nicht in der vorgeschriebenen Entfernung von der Haltestelle geparkt habe. Es waren ganz sicher keine zwölf Meter."

Der Beamte glotzte:
30 „Und deshalb sind Sie hergekommen, Herr?"

Jossele nickte traurig und ließ deutliche Anzeichen eines beginnenden Zusammenbruchs erkennen:

„Ja, deshalb. Ursprünglich wollte ich nicht. Du hast ja schließlich nur eine halbe Stunde geparkt, sagte ich mir, und niemand hat dich gesehen. Also wozu? Aber
35 dann begann sich mein Gewissen zu regen. Ich ging zur Schlomo-Hamelech-Straße zurück, um die Parkdistanz in Schritten nachzumessen. Es waren höchstens neun Meter. Volle drei Meter zu wenig. Nie, so sagte ich mir, nie würde ich meine innere Ruhe wiederfinden, wenn ich jetzt nicht zur Polizei gehe und die Selbstanzeige erstatte. Hier bin ich. Und das" – Jossele deutete auf mich –
40 „ist mein Anwalt".

„Guten Tag", brummte der Beamte und schob seinen Stuhl instinktiv ein wenig zurück, ehe er sich wieder an Jossele wandte: „Da die Polizei Sie nicht gesehen hat, können wir die Sache auf sich beruhen lassen. Sie brauchen kein Strafmandat zu bezahlen."

Aber da kam er bei Jossele schön an:

„Was heißt das: die Polizei hat mich nicht gesehen? Wenn mich morgen jemand umbringt und die Polizei sieht es nicht, so darf mein Mörder frei herumlaufen? Eine merkwürdige Auffassung für einen Hüter des Gesetzes, das muß ich schon sagen."

Die Blicke des Polizeibeamten irrten ein paar Sekunden lang zwischen Jossele und mir hin und her. Dann holte er tief Atem:

„Wollen Sie, bitte, das Amtslokal verlassen und mich nicht länger aufhalten, meine Herren!"

„Davon kann keine Rede sein!" Jossele schlug mit der Faust auf das Pult. „Wir zahlen Steuer, damit die Polizei für öffentliche Ordnung und Sicherheit sorgt!" Und mit beißender Ironie fügte er hinzu: „Oder sollte mein Vergehen nach einem halben Tag bereits verjährt sein?"

Das Gesicht des Beamten lief rot an:

„Ganz wie Sie wünschen, Herr!" Damit öffnete er sein Eintragungsbuch. „Geben Sie mir eine genaue Schilderung des Vorfalls!"

„Bitte sehr. Wenn es unbedingt sein muß. Also, wie ich schon sagte, ich fuhr die Schlomo-Hamelech-Straße hinunter, zumindest glaube ich, daß es die Schlomo-Hamelech-Straße war, ich weiß es nicht mehr genau. Jedenfalls –"

„Sie parkten in der Nähe einer Bushaltestelle?"
„Kann sein. Es ist gut möglich, daß ich dort geparkt habe. Aber wenn, dann wirklich nur für ein paar Sekunden."
„Sie sagten doch, daß Sie ausgestiegen sind!"
„Ich bin ausgestiegen? Warum sollte ich ausgestiegen sein? Und warum sollte ich sagen, daß ich ausgestiegen bin, wenn ich – halt, jetzt fällt es mir ein: ich bin ausgestiegen, weil der Winker geklemmt hat. Deshalb habe ich den Wagen angehalten und bin ausgestiegen, um den Winker wieder in Ordnung zu bringen. Wollen Sie mir daraus vielleicht einen Strick drehen? Soll ich das Leben meiner Mitmenschen gefährden, weil mein Winker klemmt? Das können Sie unmöglich von mir verlangen. Das können Sie nicht, Herr Inspektor. Das können Sie nicht!"

Jossele war in seiner Verzweiflung immer näher an den Beamten herangerückt, der immer weiter zurückwich:

„Herr!" stöhnte er dabei. „Herr!" Und das war alles. „Hören Sie, Herr Inspektor." Gerade daß Jossele nicht schluchzend auf die Knie fiel. „Könnten Sie mich nicht dieses eine Mal laufenlassen? Ich verspreche Ihnen, daß so etwas nicht wieder vorkommen wird. Ich werde in Zukunft genau achtgeben. Nur dieses eine Mal noch, ich bitte Sie . . ."

„Hinaus!" röchelte der Beamte. „Marsch hinaus!"

„Ich danke Ihnen! Sie sind die Güte selbst! Ich danke Ihnen von ganzem Herzen."

Jossele zog mich eilig hinter sich her. Ich konnte noch sehen, wie der Beamte hinter seinem Pult zusammensank.

Ab und zu muß man eben auch etwas für die Polizei tun.

Ephraim Kishon

1. Worüber macht sich Ephraim Kishon mit seiner Satire lustig?
2. Kishon hat seiner Satire einen Vorspann vorangestellt:

   Oft werde ich gefragt: was ist es für ein Gefühl, unter lauter Brüdern zu leben? In einem Land, wo der Verteidigungsminister Jude ist, der Oberste Richter Jude ist und der Verkehrspolizist Jude ist? Nun, was diesen letztgenannten betrifft, so freut man sich natürlich, daß man sein Strafmandat nicht von einem volksfremden Widersacher bekommt, sondern vom eigenen Fleisch und Blut, vom Bruder Verkehrspolizisten. Manchmal ereignen sich allerdings leichte Fälle von Brudermord.

   Könnte man die Geschichte auf deutsche Verhältnisse umschreiben? Probiert es aus.

Christian Morgenstern

Die Behörde (1910)

Korf erhält vom Polizeibüro
ein geharnischt Formular,
wer er sei und wie und wo.

Welchen Orts er bis anheute war,
welchen Stands und überhaupt,
wo geboren, Tag und Jahr.

Ob ihm überhaupt erlaubt,
hier zu leben und zu welchem Zweck,
wieviel Geld er hat und was er glaubt.

Umgekehrten Falls man ihn vom Fleck
in Arrest verführen würde, und
drunter steht: Borowsky, Heck.

Korf erwidert darauf kurz und rund:
„Einer hohen Direktion
stellt sich, laut persönlichem Befund,

untig angefertigte Person
als nichtexistent im Eigen-Sinn
bürgerlicher Konvention

vor und aus und zeichnet, wennschonhin
mitbedauernd nebigen Betreff,
Korf. (An die Bezirksbehörde in –.)"

Staunend liests der anbetroffne Chef.

1. Entwerft das „geharnischt Formular".
2. Was wird „der anbetroffene Chef" unternehmen?

Totale Kontrolle

Nachhall

Hier wird nicht gespielt! Eure Zeit ist vorbei, geht nach Hause!
(Polizeistreife zu Jugendlichen, die am 8. August 1973, drei Tage nach Abschluß der Weltfestspiele, auf dem Alexanderplatz Gitarre spielten.)

Als Michael aus den Bierstuben kam, wirkte der Platz wie leergekippt. Unterhalb des Warenhauses sprang ein Motor an: Der Jugend-Müll wurde eben abgefahren. Und eine Scherbe schändete den Platz: er. Zwischen Posten, die dastanden wie schnell gewachsene Gehölze. Polizeigrün. Immergrün.
Seine Gitarre lag nicht mehr auf dem Brunnenrand. Sie hatten seine Gitarre. Sie hatten eine Geisel.
Der Polizist sagte: „Ihre Gitarre suchen Sie? Kommen Sie mit."
Während Michael im Gang des Polizeigebäudes neben den anderen stand, das Gesicht zur Wand und die Arme erhoben, wurde der Tag ausgeschrien.
„Schuhe ausziehn! Wenn du nicht sofort die Schuhe auszieht, kriegst du eins in die Schnauze, und wo *die* Pfote hinhaut, dort wächst kein Gras mehr!"
Sie hatten auf der Brunneneinfassung gesessen: Lehrlinge, Schüler, Rentner. Viele Passanten waren stehen geblieben und hatten ihnen Beifall gespendet, vor allem den beiden Ungarn. Der eine hatte fast Funken aus den Saiten geschlagen.
Auf dem Ordnungsstrafbescheid über 10 Mark, mit dessen Entgegennahme Michael um drei Uhr morgens sein Instrument auslöste, stand: Störung des sozialistischen Zusammenlebens (Spielen mit Gitarre).

Reiner Kunze

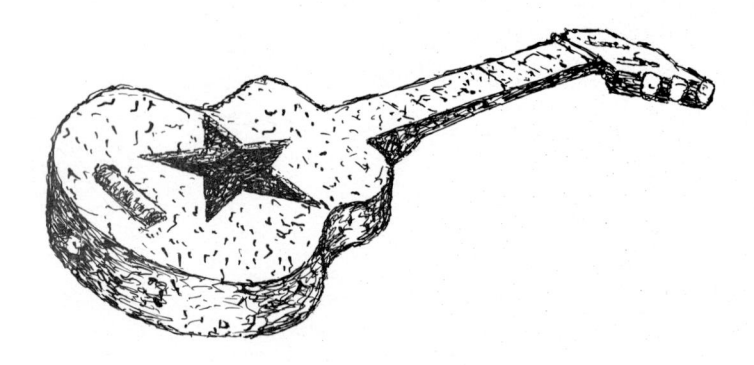

1. Welche Bedeutung hat die Gitarre für Michael und die Polizei?
2. Wie versteht ihr die Überschrift des Textes?

Männer, berechtigte

1

Männer, berechtigte, in Uniform oder zivilem Anzug, handliche Waffen, schnell feuernde, bereit, öffnen die Tür in eine Wohnung. In dem Zimmer liegt einer auf einer Liege, erwacht so spät, wie die Männer es wollen, so daß zu keiner Bewegung Gelegenheit. Zur Vorsorge verlangen die Männer, daß sich der Liegende nicht bewege. Noch einfacher für die Männer ist es aber, daß er aufsteht, er steht auf, die Hände erhebt, er erhebt sie, zur Wand geht, das Gesicht zur Wand, Aber eisern! sagt einer der Männer, der Gehende kann nicht sehen, wer, und die Hände, erhobenen, gegen die Wand. So ist es gut.

Männer, suchende, suchen. In dem Zimmer in dem Schrank, in dem Bücherregal, in dem Schreibtisch, unter der Liege, unter dem Teppich, hinter dem Bild. In der Küche in dem Herd, in dem Spülschrank, in dem Kühlschrank, in dem Küchenschrank, in dem Abfalleimer. In dem Bad in dem Wandschrank, in dem Wäschekorb, in dem Spülbecken.

In dem Zimmer vor dem Schrank liegt Wäsche, vor dem Bücherregal liegen Bücher, vor dem Schreibtisch liegt Schreibpapier, unter dem Teppich liegt nichts, hinter dem Bild ist die Wand heller. In der Küche vor dem Herd liegen Töpfe, vor dem Spülschrank liegen Lappen, vor dem Küchenschrank liegen Haferflocken, Zucker, Reis, vor dem Kühlschrank liegen Bierflaschen, neben dem Abfalleimer liegt Abfall. In dem Bad unter dem Wandschrank liegt Rasierzeug, vor dem Wäschekorb liegt Wäsche, in dem Spülbecken ist Wasser.

Fertig?
Fertig.
Was gefunden?
Nein.
Das is'n andrer.
Der an der Wand soll die Hände herunternehmen und hersehen.
'schuldigung, sagen die Männer. Wiedersehen.

2

Männer, berechtigte, in Uniform, handliche Waffen, schnell feuernde, bereit, stellen sich auf vor den Türen eines Speisehauses und an den Fenstern, abends.

Das Auto, das entdeckt worden ist auf dem Platz neben dem Haus, ist es. Unter denen, die in dem Speisehaus sitzen, müssen sie sein. Sie sind jung, also, es sind die jungen, die dort sitzen, an einem Ecktisch.

Nach kurzer Mahlzeit kommen die, auf die gewartet wird, durch eine Tür heraus. Die Männer, die ihre Sätze sagen, und sichtbar die Waffen, erwarten andere Gesichter und Bewegungen. In den Autos der Männer werden die, auf die gewartet wurde, zu dem Quartier der Männer gebracht.

In sechzig Minuten wissen die Männer, wer es ist. Das sind die nicht, sagen die Männer.

3

Männer, berechtigte, in zivilem Anzug, handliche Waffen, schnell feuernde, bereit, gehen in ein Speisehaus. Sie setzen sich an einen Tisch neben dem Tisch, an dem einer sitzt, der es sein soll. Die Männer sehen ihn

an wie Männer jemanden ansehen, der an einem Tisch sitzt. Von dem Kellner verlangen die Männer Cola. Einer der Männer steht auf, geht hin und hat eine Waffe in Händen. Der an dem Tisch, der die Hände erheben soll, erhebt sie nicht, aber greift in die Jacke. Das muß er sein. Der Mann, der vor dem Tisch steht, feuert seine Waffe ab auf den, der an dem Tisch sitzt.
Isser das?
Jetzt, das isser.

Hans Joachim Schädlich

1. Wovon erzählt Hans Joachim Schädlich? Warum nennt er Orte und Personen nicht beim Namen?
2. Schädlich und Kunze kommen beide aus der DDR. Vergleicht ihre Texte.

Zwei Bäcker

Dann kommen die Bäckermeister
Die tragen einen Sack mit Kleister
Und sollen daraus backen Brot.
So backen sie denn Brot, die Braven
Aus Kleie, Mehl und Paragraphen
Und haben damit ihre Not.

Landsberg, 1936. Gefängnishof. Die Sträflinge gehen im Kreise. Jeweils vorn sprechen zueinander leise zwei Sträflinge.

DER EINE Du bist also auch Bäcker, Neuer?
DER ANDERE Ja. Bist du auch?
DER EINE Ja. Warum haben sie dich geschnappt?
DER ANDERE Obacht!
  Sie gehen wieder den Kreis.
DER ANDERE Weil ich nicht Kleie und Kartoffeln ins Brot gab. Und du? Wie lang bist du schon hier?
DER EINE Zwei Jahre.
DER ANDERE Und warum bist du hier? Obacht!
  Sie gehen wieder den Kreis.
DER EINE Weil ich Kleie ins Brot gab. Das hieß vor zwei Jahren noch Lebensmittelfälschung.
DER ANDERE Obacht!

Bertolt Brecht

Rede des Aufsehers über das Wesen des Strafvollzugs

Als Aufseher in einem Zuchthaus bin ich nicht nur Staatsangestellter, sondern auch Erzieher. Nicht in dem Sinne, daß ich Gefangene einfach über die Zeit ihres Aufenthalts in meiner Anstalt hinwegzutrösten suche, sondern indem ich ihnen auf Grund genauer Kenntnis jedes einzelnen den Weg weise, wie sie sich in ihrem künftigen Leben in Freiheit vor ähnlichen Vergehen bewahren können. Das ist meine Aufgabe als Aufseher. Sie ist schwierig, verantwortungsvoll, verlangt Fingerspitzengefühl und Einfühlungsvermögen. In manchen Fällen hat es sich jedoch herausgestellt, daß auch diese glänzenden persönlichen Eigenschaften nicht ausreichen, um das Amt eines Aufsehers erfüllen zu können.

Zwei Fälle, die ich anschließend berichte, geben darüber Auskunft. Meine Forderung setze ich jedoch schon hierhin: Eine hohe Gerichtsbehörde möge beschließen, daß für jedes Gesetz, und ausschließlich für dieses jeweilige Gesetz zuständig, eine gewisse Zahl von Aufsehern bestimmt wird, die mit keinem anderen Gesetz belastet werden dürfen, sondern nur für die Aufsicht über Verletzen dieses einen Gesetzes vorgesehen sind. Angenommen, das Parlament oder ein anderes beschließendes Organ akzeptiert ein Gesetz über das Anbringen von Fahrradklingeln auf der rechten Seite, so müßte die Verwaltungsschule des Justizdienstes schleunigst eine mittlere Zahl von Aufsehern bereitstellen, die ausschließlich für die zu inhaftierenden Linksklingler vorgesehen wären. Wem dieses Beispiel zu gering erscheint, der nehme sich den Vatermord oder die Brandstiftung. Es kommt mir im Grunde gar nicht auf die Größe des Verbrechens und schon gar nicht auf die Gerechtigkeit, sondern vielmehr auf die Kämpfe im Innern eines Aufsehers an, wenn er sich gar zwei Fällen wie den folgenden gegenübersieht.

In der Doppelzelle 78 des Hauptgebäudes meiner Anstalt, linker Flügel, zweite Etage, sitzen zwei Strafgefangene ein. Beide sind Bäcker.

Der eine, ein gewisser Dammann, wurde mir vor viereinhalb Jahren, der andere, ein gewisser Reczoreck, wurde mir vor fünf Monaten überantwortet. Beide streiten sich den lieben langen Tag, und ich gehe nur ungern zu ihnen, um ihnen das Essen zu bringen oder den Kübel abzuholen.

Der Bäcker Dammann wurde vor viereinhalb Jahren auf Grund des Lebensmittelgesetzes zu fünf Jahren Zuchthaus verurteilt, weil er Kleie ins Brot gebacken hatte und dadurch zu erheblichem Besitz gekommen war. Viereinhalb Jahre habe ich den Strafgefangenen Dammann zweimal wöchentlich besucht, um ihm das Schändliche seiner Tat klarzumachen. Ich habe ihm auf das Lebhafteste die Leiden Magenkranker vor Augen geführt, die sein Brot ahnungslos aßen. Ich schilderte ihm das qualvolle Dahinsiechen der Säuglinge, die Schmerzensschreie der Alten und Gebrechlichen in den Spitälern, das Kopfschütteln der Arbeiter und Angestellten über den ungewöhnlichen Stuhlgang. Doch nicht nur das: Ich erzählte ihm auch vom Gottessegen des Getreides auf unseren Feldern, von der Mahd[1], vom Drusch[2], von der beschwerlichen Fahrt zur Mühle und vom emsigen Fleiße des Müllers, der die Blütenspelzen aussondert und, wenn auch nicht in den Abfall wirft, so doch minderer Verwendung zuführt. Jahrelang ließ ich Kornfelder in seinem Ohre rauschen, öff-

---
[1] Mahd: das Mähen. [2] Drusch: das Dreschen.

nete das Fenster – weit über die Vorschrift hinaus –, daß er den Duft der morgendlich besonnten Äcker mit ihrem frischen Grün in sich einsaugen konnte. Die Natur selbst mit all ihren Farben und Gerüchen sollte ihn zur Einkehr und zur Reue zwingen. Doch unmittelbar vor dem völligen Erfolg (der Strafgefangene Dammann schwor mir schon auf den Knien Besserung) geschah es eines Nachmittags, als ich den Kübel aus seiner Zelle holte, daß er nicht wie sonst auf mich zukam und sich nach dem Stande der Ernte erkundigte, sondern auf meine bestürzte Frage hin auf die Pritsche wies, auf der sein Frühstück fast unangebrochen lag. Er nahm das Brot, bröckelte es auseinander und zeigte mir Spelzen und Kleiereste in dem ansonsten untadeligen Gebäck. Ich versprach ihm Prüfung und ging nachdenklich auf den Hof. Am gleichen Abend wurde der Strafgefangene Reczoreck eingeliefert und vom Direktor selbst in die Zelle 78 des Hauptgebäudes, linker Flügel, zweite Etage, eingewiesen. Reczoreck war – wie mir der Anstaltsschreiber mitteilte – auf Grund des neuen Lebensmittelgesetzes zu fünf Jahren Zuchthaus verurteilt worden. Nach Übernahme der Regierungsgeschäfte durch den Rechtsradikalen Peltzer hatte nämlich das Parlament in Verfolg anderer Notverordnungen eine Änderung des bislang gültigen Lebensmittelgesetzes in der Weise beschlossen, daß von nun an das Nichtvermischen von Kleie unter den Brotteig bestraft werden solle. Der jetzige Strafgefangene Reczoreck, der sich an diese Verordnung nicht gehalten hatte, empfing die gerechte Verurteilung vor einem Schnellgericht. Seiner beruflichen Anlage nach ein völliger Gegner des Strafgefangenen Dammann, wurde er dennoch mit diesem zusammengesetzt. Selbst wenn das nicht geschehen wäre, an meiner Situation als Aufseher hätte das nichts geändert.
Sollte ich denn jetzt zu dem Strafgefangenen Reczoreck gehn und ihm das Verabscheuungswürdige seiner Tat darlegen, indem ich ihm sagte – an Hand der Durchführungsbestimmungen der neuen Verordnung –, daß es für die Erhaltung der Volksgemeinschaft unabdingbare Erfordernis sei, dem Teig Kleie hinzuzufügen; daß gerade die Kleie – auf Grund ihrer schützenden Beschaffenheit und an Hand der Durchführungsbestimmungen der neuen Verordnung – dem Menschen und ganz besonders dem Kinde wichtige Nährstoffe zuführe; daß nur in der Kleie jene substanzerhaltenden Werte zu finden seien, die das gewöhnliche Brot vermissen läßt? – Und dabei immer noch meine eigenen Worte im Ohre, mit denen ich dem Strafgefangenen Dammann die chaotischen Wirkungen der Kleie ausmalte!! [...]
Hier sind wir an dem Punkt angelangt, an dem es für mich, den Aufseher, der nicht nur Aufseher, sondern auch Erzieher sein will, ausweglos scheint. Ich kann die Zelle 78 in unserem Hauptgebäude nicht ohne Gewissensbisse betreten. Trotzdem respektiere ich, wie schon oben gesagt, den Sinn beider Gesetze. Nur – wie dem Strafgefangenen Dammann erläutern, daß Kleie Diarrhöe und dem Strafgefangenen Reczoreck zeigen, daß Kleie Knochenmark bringt? [...]   Manfred Bieler

1. Erklärt die Probleme, von denen der Aufseher berichtet.
2. Brecht und Bieler gestalten denselben Stoff. Vergleicht ihre Darstellungen.
3. Welche Probleme beunruhigen den Aufseher?

Verwaltete Welt – verwaltete Sprache
Neudeutsch

[...] Nichts aber [...] geht über das schöne teutsche Wort Belange. Das habe ich mir nicht ausgedacht; das ist neudeutsch und heißt: Interessen. Nun hat mein kleines Fremdwörterlexikon von Lohmeyer, das der Deutsche Sprachverein herausgegeben hat, für Interesse allerhand Verdeutschungen, aber um sich jeweils eine herauszusuchen, die paßt, muß man Sprachgefühl haben, und das haben sie nicht. Dafür schreiben sie (die „Süddeutschen Monatshefte") so: „Abwägung einander entgegenstehender Belange und dementsprechend Hintansetzung eines an sich zweifellos bestehenden aber in dem vorliegenden Widerstreit als minderwichtig erfundenen Rechts lassen ja selbst bürgerliche Rechtsordnungen wie die unsre in gewissen Fällen, besonders im Notstand, zu."

Es wäre nun viel belangerer gewesen, wenn der Verfasser dieses Sätzchens ruhig Interessen geschrieben hätte, aber dafür alles andre deutsch; leider hat ers umgekehrt gemacht. („Zulassen" ist viel zu weit auseinandergerissen, „zu" klappt hinten nach; der Genitiv „Rechts" ist mit Partizipien überlastet; in den dicken Blöcken der langweiligen Substantive liegt ein kleines Rinnsal eingebettet: das Verbchen „lassen". Chinese.)

[...]
Kurt Tucholsky [1918]

Neuestes Deutsch

Brief der „Versorgungsanstalt des Bundes und der Länder": „Wir bitten nochmals um Mitteilung, ob Sie gegen die Stadt einen Anspruch auf laufende Versorgung oder versorgungsähnliche Bezüge auf Grund einer vor dem Inkrafttreten dieser Satzung (01.01.67) durch Rechtsverordnung oder Dienstordnung erlassenen oder durch Tarifvertrag vereinbarten Ruhelohnordnung oder Ruhegeldbestimmung haben und die Ruhelohnordnung oder die Ruhegeldbestimmung eine Anrechnung der Rente aus der gesetzlichen Rentenversicherung und der Leistungen der Anstalt auf die Leistungen nach der Ruhelohnordnung oder der Ruhegeldbestimmung vorsieht und das Arbeitsverhältnis spätestens am Tage vor dem Inkrafttreten dieser Satzung (01.01.67) begonnen hat.

*

Aus einem Urteil des Landgerichts Saarbrücken: „Für diese Auslegung des Begriffes der Hecke i.S. des § 49 SNG spricht auch die Regelung in dessen Absatz zwei, wonach Schnitt- und Formhecken auch dann Hecken sind, wenn sie im Einzelfall nicht geschnitten werden. Aus dieser gesetzlichen Definition folgt, daß Schnitthecken generell geschnitten werden müssen, um den Charakter einer Hecke zu behalten. Lediglich wenn sie im Einzelfall, d.h. gelegentlich nicht geschnitten werden, geht der Heckencharakter nicht verloren."

*

Aus einer Pressemitteilung des Bundesministers für Post- und Telekommunikation: „Im Fernmeldedienst Cityruf der Deutschen Bundespost ist jetzt das neue Leistungsmerkmal ‚Zielruf' eingeführt worden. Zielruf bedeutet, daß der Rufende gezielt jede beliebige Funkrufzone anwählen kann, um dort seinen Cityruf abzusetzen. Wenn ein Kunde im Cityruf das Leistungsmerkmal Zielruf bucht, werden zusätzlich zu den bestehenden Funkrufnummern Zielrufnummern zugeteilt. Bei Anwahl der Zielrufnummer und Nachwahl der 2-stelligen Rufzonenkennzahl wird von der Cityrufzentrale der Funkruf automatisch in die gewünschte Funkrufzone umgelenkt."

Probiert aus, wie weit ihr diese Sprache versteht und welche Fragen offenbleiben.

Der Traum vom Meer

Es war kaum vorstellbar: daß die graue Wüste der Hochhäuser irgendwo zu Ende sein könnte, daß hinter einem fensterlosen Abgrund aus Stahl und Kunststoff plötzlich ein Streifen alten Bodens zum Vorschein kommen würde, und daß dort die grüne Welt des Wassers beginnen sollte – mit ihrer unvorstellbaren Klarheit und Stille.
Jean Audedat hatte das Meer noch nie gesehen, er kannte niemand, der es gesehen hatte, und er wußte nicht, wo es sich befand. Und doch dachte er an nichts anderes. Früher einmal lag das Paradies oben in den Lüften, zwischen den Wolken, in den lichten Höhen, aber die Luft war längst nicht mehr klar, die Wolken waren einer undurchdringlichen Dunstglocke gewichen, und um lichte Höhen zu erreichen, hätte man Raketen gebraucht, die es längst nicht mehr gab. Nein, das Paradies lag heute unter Wasser. Alle hatten die Videobänder gesehen; sie stammten aus einer Zeit, als die See noch kein Schutzgebiet gewesen war. Damals hatten Menschen mit Schiffen und Unterseebooten eindringen dürfen, und sie waren wieder zurückgekehrt. Sie hatten berichtet, was sie gesehen hatten. Sie hatten Filme mitgebracht – Fischschwärme über Korallenriffen – und Tonbänder: der Gesang der Wale. Das Meer war ein Reservat vielfältigen Lebens. Wo gab es auf dem Festland noch Pflanzen oder Tiere? In Laboratorien und Museen. In Glashäusern und Käfigen, in Aquarien und Terrarien. Forschungsobjekte, Demonstrationsmaterial. Das war alles. Und darum war es richtig gewesen, den Ozean zu sperren – um ihn zu erhalten. Viel zu viele Teile waren längst verbaut – Erdöltürme, unterseeische Bergwerke, Gezeitenkraftwerke. Viel zu viele Teile waren für immer verloren: trockengelegt, abgedämmt, aufgefüllt, besiedelt ... Dieser letzte Winkel aber – es war richtig, daß man seine Lage geheimhielt. Was hätte man in dieser Welt auch noch zu hoffen gehabt? Welchen Lohn hätte es geben können! An welches Paradies hätte man glauben sollen?
Jean Audedat war Kontrolleur des Ministeriums für Statistik und Demoskopie[1] der Weltregierung. Ein Leben lang hatte er Daten überprüft, Zahlen gesammelt, Angaben ausgewertet. Die Organisation von Befragungen, Verifikation[2], Falsifikation[3], Validierung[4], Ausforschung von relevantem Material: Einschreibungen für Ausbildungskurse, Ausleihlisten von Bibliotheken, Kartenbestellungen, Reisen. Der Bildungsstand der Bevölkerung. Ihre Mobilität. Ihr Kommunikationsdruck. Die Selbstmordrate. Die soziale Struktur. Der Unruhe-Index. Die Bevölkerungsdichte. Die Lebenserwartung. Audedat hatte sich in allen Teilen der Welt aufgehalten, er kannte die Überwachungszentralen aller Distrikte, und er hatte erfahren, daß überall dieselben Probleme auftreten, überall dieselben Ärgernisse und Pannen ...
Als er von der Schnelltreppe auf das Laufband hinuntertrat, konnte er durch die Glaswand des Verbindungsgangs weit in den Abgrund der Straßen blicken: Hier oben herrschte eine trübe Dämmerung, und durch den Dunst, der über den Fahrbahnen lag, blinkten einzelne Lichter. Er zuckte die Schultern und ließ sich vom Laufband herabgleiten.

---

[1] Demoskopie (griech.): Meinungsforschung. [2] Verifikation: Überprüfung einer Behauptung, um ihre Richtigkeit zu bestätigen. [3] Falsifikation: Überprüfung einer Behauptung, um sie zu widerlegen. [4] Validierung: Überprüfung eines Sachverhalts daraufhin, ob er mit dem Ergebnis einer Untersuchung übereinstimmt.

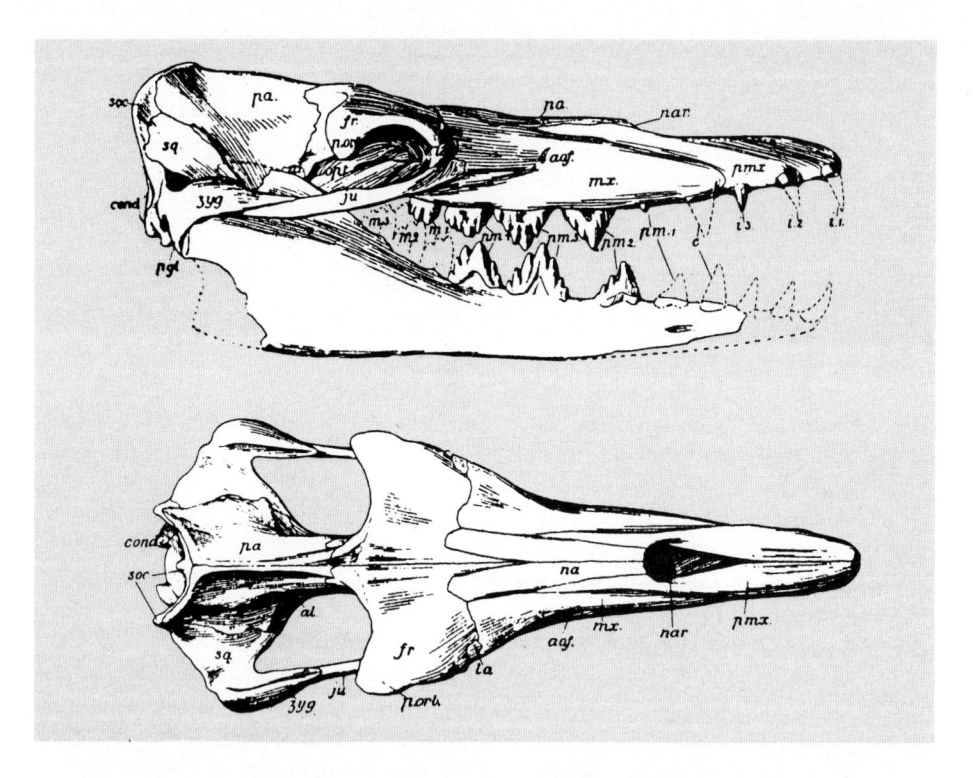

40 Der Büroraum, den er betrat, war an drei Seiten mit Mikrofilmordnern tapeziert. Die Sekretärin seines Chefs saß dazwischen wie in einem Nest. Sie hatte schon 60 Dienstjahre hinter sich – und trotzdem wenig Chance, das Punktelimit zu erreichen. Nur wenige erreichten es – eine Elite von untadeligen Beamten, von Unermüdlichen, von Pflichtbesessenen. Auch er hätte keine Aussicht gehabt, wenn er sich nicht schon zu
45 Beginn seiner Dienstzeit freiwillig zur Feldarbeit gemeldet hätte. Das bedeutete: keine Familie, keine Freunde, keinen festen Wohnsitz. Aber seit jenen Tagen, als er während einer Geschichtsstunde im Unterrichtszentrum die Unterwasseraufnahmen aus dem Meer gesehen hatte, kannte er kein anderes Ziel.
„Sie müssen ein wenig warten", sagte die dicke Frau im Stahlrohrsessel, „– eine Video-
50 konferenz."
„Ich habe Zeit", antwortete Audedat.
In den Augen der Sekretärin regte sich ein Funken von Interesse. „Haben Sie es erreicht?"
„Es kommt auf die Bewertung an. Ich glaube schon. Mein letzter Auftrag in Brasilien
55 ... mein Konto müßte jetzt voll sein."
„Sie sind zu beneiden", murmelte die Frau und vertiefte sich wieder in die Akten. Audedat setzte sich. Er träumte. Er sah silberne Luftblasen wirbeln, schlanke Wesen im Spiel mit den Wellen, verästeltes Grün über weißem Sand, Muscheln, Korallen und oben eine Fülle von Licht. Keine Spur von Schmutz oder Abfall. Keine Enge. Freiheit in
60 drei Dimensionen. Schwerelosigkeit ...
„Sie können reingehen!"

Audedat schreckte auf. Er sah das grüne Leuchtzeichen über der Tür, stand auf und öffnete sie.

„Ich habe Ihren Bericht hier. Sie haben gut gearbeitet." Der Direktor winkte ihm zu, und Audedat ließ sich auf der Vorderkante des Besuchersessels nieder. Sein Blick hing an den Formularen, die er ausgefüllt hatte; zuweilen glitt er auf das Gesicht des Chefs, der die Stirn runzelte. Plötzlich spürte Audedat einen Moment lang, wie ihn eine Art Übelkeit überschwemmte – die Angst, es könnte wieder nicht reichen... Doch dann klappte der Chef die Mappe zu und erhob sich. Er kam hinter dem Schreibtisch hervor und lächelte.

„Sie waren einer meiner besten Mitarbeiter", sagte er. Zum ersten Mal zeigte sich so etwas wie ein Anflug persönlicher Anteilnahme.

„Heißt das, daß ich ... Habe ich genügend Punkte beisammen?"

„Ja", antwortete der Chef. Er stand vor Audedat und blickte auf ihn herab – fast väterlich, obwohl er jünger war. „Und Sie sind fest entschlossen?"

Audedat nickte.

„Wann?" fragte der Chef. „Haben Sie noch etwas zu ordnen? Haben Sie Verwandte oder Bekannte? Was soll mit Ihrem Besitz geschehen?"

„Nichts", antwortete Audedat. „Ich habe nichts. Auch keine Verwandten. Ich würde ... ich möchte keine Zeit verlieren."

Der Chef legte ihm die Hand auf die Schulter. „Dann kommen Sie!"

Gemeinsam gingen sie zum Lift. Die Umwandlungsstation lag in den tiefen Etagen – weit unterhalb der Laufbahnen und Beförderungsbänder. Hier gab es keine Fenster – nur Kunststoffwände, mit einem Hauch von Kondenswasser überzogen. Die Luft war feucht. Sie kamen an vielfältigen Geräten vorbei: Enzephalographen[5], Fokalisatoren[6], Festkörperspeicher, Datensichtstationen. Dazwischen Chromatographen[7], Hygrometer[8], Lösungstanks, Anästhesieanlagen[9]. Da und dort standen Menschen an Meßgeräten, doch sie blickten nicht auf.

Audedat fühlte eine überraschende Unruhe, die seine Erwartungsfreude nur noch drängender machte. „Welches Spezimen[10] werde ich bekommen?" fragte er. „Einen Delphin? Oder einen Blauwal?"

Früher hätte er dem Direktor nie eine persönliche Frage zu stellen gewagt. Aber jetzt war alles anders.

„Ich weiß es nicht", antwortete der Jüngere. „Aber es läuft wohl aufs selbe hinaus."

„Und wie steht es mit den Erinnerungen?"

„Kommt es Ihnen darauf an?" fragte der Chef. „Welche Erinnerungen wollen Sie mitnehmen? Glauben Sie mir: Sie werden nichts vermissen. Das ist ja gerade der Lohn – keine Belastung, keine Furcht – kein Gestern, kein Morgen."

„Und wie lange ..."

„Machen Sie sich keine Gedanken: Dort gibt es keine Termine. Sie werden vergessen, was Zeit ist."

Sie blieben vor einer Barriere stehen. Der Direktor reicht einer medizinischen Assistentin ein Bündel Papiere hinüber. Sie steckte eine Magnetkarte in einen Schlitz und wartete. Dann schrieb der Drucker eine Liste von verschlüsselten Daten aus.

---

[5] Enzephalograph: Gerät zum Röntgen des Gehirns. [6] Fokalisator: Gerät zur eingrenzenden Diagnose eines Krankheitsherdes (z. B. im Gehirn). [7] Chromatograph: Gerät zur Trennung und Bestimmung von chemischen Stoffen. [8] Hygrometer: Feuchtigkeitsmesser. [9] Anästhesieanlage: Apparat zur Betäubung (vor Operationen). [10] Spezimen (lat.): hier: Versuchstier.

„Noch eine Frage", sagte Audedat. Er sprach rasch, als hätte er es plötzlich eilig: „Wo ist es – das Meer? Jetzt darf ich es doch sicher erfahren?"
Der Direktor lächelte beruhigend. „Es ist doch gleichgültig? Oder nicht? Gerade jetzt ist es doch völlig gleichgültig."
Audedat zögerte. Er dachte kurz nach. „Ich hätte es gern gewußt. Mein ganzes Leben habe ich darüber nachgedacht . . . Aber sicher . . . Sie haben recht! Es ist nicht mehr wichtig."
Damit war alles gesagt, was zu sagen war. Plötzlich war die Beziehung zwischen ihnen abgebrochen. Der Direktor hätte gehen können, aber er blieb stehen – fast verlegen – und wartete.
Die Assistentin stand auf. „In Ordnung", sagte sie und winkte.
Der Chef zögerte einen Moment, dann reichte er Audedat die Hand. „Viel Glück", sagte er.
Jean Audedat ging durch eine Pforte in der Barriere. Er zog sich aus und trat in die Anpassungskammer. Er legte sich auf den Tisch und wartete auf den feinen Stich des Injektionsautomaten. Ein Fokalisator senkte sich über seine Stirn. Es wurde leer und dunkel um ihn herum, und dann begann sich seine alte Existenz aufzulösen. Das letzte, was er empfand, war der sanfte Druck ihn überschwemmender Feuchtigkeit . . .
Als die medizinische Assistentin zurückkam, stand der Direktor noch immer an der Barriere. Das Mädchen blickte ihn erstaunt an.
„Wo ist er?" fragte er. „Ich möchte sehen, wo er ist."
„Das ist ungewöhnlich", antwortete die Assistentin unangenehm berührt, und sie fügte hinzu: „. . . und sinnlos."
„Das haben Sie nicht zu beurteilen", sagte der Direktor scharf. „Ich bin Beamter erster Klasse." Er warf eine Legitimation auf den Tisch. „Ich möchte sehen, wohin sie gebracht werden."
„Na schön", sagte die Assistentin. Sie ging voran, und er folgte ihr. Sie betraten eine riesige Halle. In Aluminiumregalen verankert, in zehn Lagen übereinander, standen hier unzählige Glasbehälter. In jedem lagen einige Brocken Tuffstein, einige Muschelschalen aus Kunststoff, ein wenig Gras und Sand. In jedem mündete ein Röhrchen, aus dem Luftblasen quollen; einen Moment hingen sie in der Mündung, dann lösten sie sich, stiegen nach oben, zerplatzten. Über jedem brannte eine grüngefärbte Lampe. In jedem schwammen einige Büschel Wasserampfer, ein paar schwammige Blätter, ein Klumpen Algen. Und in jedem glitt ein Schwarm winziger durchsichtiger Fischchen unermüdlich dahin, ein Stück geradeaus, eine blitzschnelle Wendung – zurück, hin und her.
Der Direktor beobachtete sie eine Weile wortlos, dann drehte er sich um und verließ ohne zurückzublicken den Raum.

H. W. Franke

1. Auf welche Erfahrungen gründet sich Frankes satirische Zukunftsvision?
2. Entwerft einen kurzgefaßten Lebenslauf von Jean Audedat, der bei den Akten des Ministeriums für Statistik und Demoskopie abgeheftet werden kann.

Günter Kunert

Neues vom Amt I

Vom Amt
zur Genehmigung von Lebensäußerungen
kann man sich eine Portion
Atem zuteilen lassen
Er ist zweiter Güte
Nicht mehr ganz einwandfrei
und riecht ein bißchen nach Tod

wie der letzte Hauch
eines Verzweifelten
der sich hinter der Eingangstür
aufgehängt hat

überdrüssig des Wartens
auf frische Luft.

Kapitel 4 Schlechte Zeit für Lyrik?

Lebenszeichen

Jürgen Becker

Wiedersehen nach längerer Zeit

In diesem Dorf, diesem Vorort geht es
gut weiter. Die zweite Anbindung an die Autobahn
hat die Hauptstraße entlastet; Platz für
die Mofas der Kinder. Der letzte Bauer
5 verkauft nacheinander seine Parzellen;
über den Quadratmeterpreis wird nur gemunkelt;
auf der Bachaue jetzt ein Sportpark
mit Kegelbahn, Tennishalle und Discothek.
Der Pfarrer kämpft gegen den Unternehmer,
10 der sein Mietshaus genau auf die Grenze
zum Kirchgarten gesetzt hat; wie es passieren
konnte, versteht keiner, der nicht
die Beziehungen des Unternehmers kennt.
Einige leerstehende Häuschen, vorgesehen
15 zum Abbruch, mit den verwilderten Gärten
drumherum das Gelände für den dritten
Selbstbedienungmarkt. In der Luft immer
das Geräusch der Autobahn; mit ihrer
haushohen Trasse umgibt sie den Ort
20 wie ein Wall, wie ein Damm
gegen Feinde und Katastrophen.
Immer noch, von morgens bis abends, sitzen
hinter der großen Frontscheibe des Altenheims
alte Frauen. Einige schlafen, eine schüttelt
25 den Kopf; einige warten auf Sonntag und Besuch;
eine winkt, auch wenn niemand vorbeikommt.

1. Ein „Wiedersehen nach längerer Zeit" – was fällt dem Sprecher dieses Gedichts alles auf?
2. Gedanken einer alten Frau beim Blick aus dem Fenster des Altenheims auf eine Straße ihres Dorfes oder ihrer Stadt ...

Hans Magnus Enzensberger

Restlicht

Doch, doch, ich gehöre auch zu denen,
die es hier aushalten. Leicht sogar,
im Vergleich zu Kattowitz oder Montevideo.
Hie und da Reste von Landschaft,
5 rostende Eisenbahnschienen, Hummeln.
Ein kleiner Fluß, Erlen und Haselnüsse,
weil das Geld nicht gereicht hat
zur Begradigung. Über dem trüben Wasser
das Summen der Hochspannungsmasten
10 stört mich nicht. Es redet mir ein,
daß ich noch eine Weile lang
lesen könnte, bevor es dunkel wird.
Und wenn ich mich langweilen will,
ist das Fernsehen da, der bunte Wattebausch
15 auf den Augen, während draußen im Regen
die kindlichen Selbstmörder auf ihren Hondas
um den leeren Platz heulen. Auch der Krach,
auch die Rachsucht ist noch ein Lebenszeichen.
Im halben Licht vor dem Einschlafen
20 keine Kolik, kein wahrer Schmerz.
Wie einen leichten Muskelkater
spüren wir gähnend, sie und ich,
die von Minute zu Minute
kleiner werdende Zeit.

1. „Nein, nein, ich gehöre nicht zu denen ..."
   Probiert, ob sich das Gedicht so umschreiben läßt.
2. Sind die beiden Gedichte von Becker und Enzensberger leicht oder nur schwer vergleichbar?
   Welcher Meinung schließt du dich an?

Ingeborg Bachmann

Freies Geleit

Mit schlaftrunkenen Vögeln
und winddurchschossenen Bäumen
steht der Tag auf, und das Meer
leert einen schäumenden Becher auf ihn.

5 Die Flüsse wallen ans große Wasser,
und das Land legt Liebesversprechen
der reinen Luft in den Mund
mit frischen Blumen.

Die Erde will keinen Rauchpilz tragen,
10 kein Geschöpf ausspeien vorm Himmel,
mit Regen und Zornesblitzen abschaffen
die unerhörten Stimmen des Verderbens.

Mit uns will sie die bunten Brüder
und grauen Schwestern erwachen sehn,
15 den König Fisch, die Hoheit Nachtigall
und den Feuerfürsten Salamander.

Für uns pflanzt sie Korallen ins Meer.
Wäldern befiehlt sie, Ruhe zu halten,
dem Mamor, die schöne Ader zu schwellen,
20 noch einmal dem Tau, über die Asche zu gehn.

Die Erde will ein freies Geleit ins All
jeden Tag aus der Nacht haben,
daß noch tausend und ein Morgen wird
von der alten Schönheit jungen Gnaden.

1. Probiert aus, wie sich dieses Gedicht vortragen läßt.
2. Ingeborg Bachmann plädiert mit diesem Gedicht für ... und gegen ...

Sarah Kirsch

Ende des Jahres

In diesem Herbst wurden die Atompilze
In den Journalen solch gewöhnlicher Anblick
Daß sich beim Betrachten der Fotografien
Ästhetische Kategorien herzustellen begannen

5 Die Lage des blauen Planeten war absehbar
Das Wort Neutronenwaffen erschien häufig
Wie seine Brüder Benzinpreise Wetterbericht
Es wurde alltäglich wie Friedensappelle.

Mein Kind hat eine Fünf geschrieben
10 Was soll ich sagen es kostet schon Kraft
Seinen Anblick die Unschuld ertragen
Und wir leben unser unwahrscheinliches
Abenteuerliches Leben korrigieren die Fünf
Das Kind geht zur Schule wir pflanzen Bäume
15 Hören den Probealarm die ABC-Waffen-Warnung
Kennen die Reden der Militärs aller Länder.

1. Stell dir vor, die dritte und letzte Strophe des Gedichts von Sarah Kirsch lautete so:

    Und wir leben unser unwahrscheinliches
    Abenteuerliches Leben wir pflanzen Bäume
    Hören den Probealarm die ABC-Waffen-Warnung
    Kennen die Reden der Militärs aller Länder.

    Vergleiche diese „Schlußfassung" mit dem Original.
2. Wie stellst du dir den Sprecher des Gedichts „Ende des Jahres" vor?
3. Das Gedicht von Ingeborg Bachmann „spricht" anders. Welche Unterschiede fallen dir auf?

O Gottes Engel wehre!

Zu allen Zeiten haben Autoren gegen den Krieg geschrieben.
Andreas Gryphius erlebt den Dreißigjährigen Krieg (1618–1648), Matthias Claudius die kriegerischen Auseinandersetzungen in Deutschland, insbesondere zwischen Preußen und Österreich in der 2. Hälfte des 18. Jahrhunderts. Über die zeitgeschichtlichen Hintergründe solltet ihr euch etwas näher informieren.
Vielleicht findet ihr in Gedichtsammlungen auch noch andere Anti-Kriegs-Gedichte.

Andreas Gryphius

Tränen des Vaterlandes, anno 1636

Wir sind doch nunmehr ganz, ja mehr denn ganz verheeret,
Der frechen Völker Schar, die rasende Posaun,
Das vom Blut fette Schwert, die donnernde Kartaun[1]
Hat allen Schweiß und Fleiß und Vorrat aufgezehret.

5 Die Türme stehn in Glut, die Kirch ist umgekehret,
Das Rathaus liegt im Graus[2], die Starken sind zerhaun,
Die Jungfern sind geschändt, und wo wir hin nur schaun,
Ist Feuer, Pest und Tod, der Herz und Geist durchfähret.

Hier durch die Schanz und Stadt rinnt allzeit frisches Blut.
10 Dreimal sind schon sechs Jahr, als unser Ströme Flut
Von Leichen fast verstopft, sich langsam fortgedrungen.

Doch schweig ich noch von dem, was ärger als der Tod,
Was grimmer denn die Pest und Glut und Hungersnot:
Daß auch der Seelenschatz so vielen abgezwungen.

---

[1] Kartaun: Geschütz. [2] Graus: Steinschutt.

Matthias Claudius

Kriegslied

's ist Krieg! 's ist Krieg! O Gottes Engel wehre,
    Und rede Du darein!
's ist leider Krieg – und ich begehre
    Nicht schuld daran zu sein!

Was sollt' ich machen, wenn im Schlaf mit Grämen
    Und blutig, bleich und blaß,
Die Geister der Erschlagnen zu mir kämen,
    Und vor mir weinten, was?

Wenn wackre Männer, die sich Ehre suchten,
    Verstümmelt und halb tot
Im Staub sich vor mir wälzten und mir fluchten
    In ihrer Todesnot?

Wenn tausend tausend Väter, Mütter, Bräute,
    So glücklich vor dem Krieg,
Nun alle elend, alle arme Leute,
    Wehklagten über mich?

Wenn Hunger, böse Seuch' und ihre Nöten
    Freund, Freund und Feind ins Grab
Versammleten, und mir zu Ehren krähten
    Von einer Leich' herab?

Was hülf' mir Kron' und Land und Gold und Ehre?
    Die könnten mich nicht freun!
's ist leider Krieg – und ich begehre
    Nicht schuld daran zu sein!

Welche Gefahren des Krieges beschwören die beiden Sprecher, und wen machen sie verantwortlich?

Soziale Mißstände, Kritik und Protest der Ohnmächtigen – auch das ist immer wieder Thema politischer Dichtung.
Bürger und Heine lassen in ihren Gedichten die Betroffenen selbst zu Wort kommen.
Bürger schrieb sein Gedicht 1773. Die hier zitierte Fassung erschien 1789. Heines Gedicht entstand 1844 als eine Reaktion auf Berichte über die Not der Weber in Schlesien.

Gottfried August Bürger

Der Bauer: An seinen Durchlauchtigen Tyrannen

Wer bist du, Fürst, daß ohne Scheu
Zerrollen mich dein Wagenrad,
Zerschlagen darf dein Roß?

Wer bist du, Fürst, daß in mein Fleisch
5 Dein Freund, dein Jagdhund, ungebleut
Darf Klau und Rachen haun?

Wer bist du, daß durch Saat und Forst
Das Hurra deiner Jagd mich treibt,
Entatmet wie das Wild? –

10 Die Saat, so deine Jagd zertritt,
Was Roß und Hund und du verschlingst,
Das Brot, du Fürst, ist mein.

Du Fürst hast nicht bei Egg und Pflug,
Hast nicht den Erntetag durchschwitzt.
15 Mein, mein ist Fleiß und Brot! –

Ha! du wärst Obrigkeit von Gott?
Gott spendet Segen aus; du raubst!
Du nicht von Gott, Tyrann!

Heinrich Heine

Die schlesischen Weber

Im düstern Auge keine Träne,
sie sitzen am Webstuhl und fletschen die Zähne:
Deutschland, wir weben dein Leichentuch,
wir weben hinein den dreifachen Fluch –
Wir weben, wir weben!

Ein Fluch dem Gotte, zu dem wir gebeten
in Winterskälte und Hungersnöten;
wir haben vergebens gehofft und geharrt,
er hat uns geäfft und gefoppt und genarrt –
Wir weben, wir weben!

Ein Fluch dem König, dem König der Reichen,
den unser Elend nicht konnte erweichen,
der den letzten Groschen von uns erpreßt,
und uns wie Hunde erschießen läßt –
Wir weben, wir weben!

Ein Fluch dem falschen Vaterlande,
wo nur gedeihen Schmach und Schande,
wo jede Blume früh geknickt,
wo Fäulnis und Moder den Wurm erquickt –
Wir weben, wir weben!

Das Schiffchen fliegt, der Webstuhl kracht,
wir weben emsig Tag und Nacht –
Altdeutschland, wir weben dein Leichentuch,
wir weben hinein den dreifachen Fluch –
Wir weben, wir weben!

Käthe Kollwitz: „Weberzug"

Denk ich an Deutschland ...

Bertolt Brecht

Über die Bezeichnung Emigranten

Immer fand ich den Namen falsch, den man uns gab: Emigranten.
Das heißt doch Auswanderer. Aber wir
Wanderten doch nicht aus, nach freiem Entschluß
Wählend ein anderes Land. Wanderten wir doch auch nicht
5 Ein in ein Land, dort zu bleiben, womöglich für immer.
Sondern wir flohen. Vertriebene sind wir, Verbannte.
Und kein Heim, ein Exil soll das Land sein, das uns da aufnahm.
Unruhig sitzen wir so, möglichst nahe den Grenzen
Wartend des Tags der Rückkehr, jede kleinste Veränderung
10 Jenseits der Grenze beobachtend, jeden Ankömmling
Eifrig befragend, nichts vergessend und nichts aufgebend
Und auch verzeihend nichts, was geschah, nichts verzeihend.
Ach, die Stille der Sunde täuscht uns nicht! Wir hören die Schreie
Aus ihren Lagern bis hierher. Sind wir doch selber
15 Fast wie Gerüchte von Untaten, die da entkamen
Über die Grenzen. Jeder von uns
Der mit zerrissenen Schuhn durch die Menge geht
Zeugt von der Schande, die jetzt unser Land befleckt.
Aber keiner von uns
20 Wird hier bleiben. Das letzte Wort
Ist noch nicht gesprochen.

1. Emigration und ein Leben im Exil – diese Erfahrung haben viele Autoren gemacht. Brecht spricht für viele und von sich selbst.
   Wie will er die Bezeichnung „Emigrant" und „Exil" verstanden wissen?
2. Brecht wählt für sein Gedicht eine besondere Form, bei der Satzbau und Zeilenbrechung besonders auffallen.

Heinrich Heine und Heinrich Hoffmann von Fallersleben sind Zeitgenossen. Heine wird 1797 in Düsseldorf geboren, von Fallersleben ein Jahr später in dem gleichnamigen Ort bei Braunschweig.
Beide haben Erfahrungen mit Emigration und Exil. Heine lebt von 1831 bis zu seinem Tod 1856 in Paris, 1835 werden seine Schriften in Deutschland verboten. Hoffmann von Fallersleben wird 1842 außer Landes verwiesen und führt sechs Jahre lang ein Wanderleben. Dann wird er jedoch rehabilitiert.
Heine schrieb die „Nachtgedanken" im Sommer 1843. In demselben Jahr erschien eine Sammlung mit Gedichten von Hoffmann von Fallersleben, darunter auch das „Lied eines Verbannten".

Heinrich Heine

Nachtgedanken

Denk ich an Deutschland in der Nacht,
Dann bin ich um den Schlaf gebracht,
Ich kann nicht mehr die Augen schließen,
Und meine heißen Tränen fließen.

5 Die Jahre kommen und vergehn!
Seit ich die Mutter nicht gesehn,
Zwölf Jahre sind schon hingegangen;
Es wächst mein Sehnen und Verlangen.

Mein Sehnen und Verlangen wächst.
10 Die alte Frau hat mich behext,
Ich denke immer an die alte,
Die alte Frau, die Gott erhalte!

Die alte Frau hat mich so lieb,
Und in den Briefen, die sie schrieb,
15 Seh ich, wie ihre Hand gezittert,
Wie tief das Mutterherz erschüttert.

Die Mutter liegt mir stets im Sinn.
Zwölf lange Jahre flossen hin,
Zwölf lange Jahre sind verflossen,
20 Seit ich sie nicht ans Herz geschlossen.

Deutschland hat ewigen Bestand,
Es ist ein kerngesundes Land,
Mit seinen Eichen, seinen Linden,
Werd ich es immer wiederfinden.

25 Nach Deutschland lechzt ich nicht so sehr,
Wenn nicht die Mutter dorten wär;
Das Vaterland wird nie verderben,
Jedoch die alte Frau kann sterben.

Seit ich das Land verlassen hab,
30 So viele sanken dort ins Grab,
Die ich geliebt – wenn ich sie zähle,
So will verbluten meine Seele.

Und zählen muß ich – Mit der Zahl
Schwillt immer höher meine Qual,
35 Mir ist, als wälzten sich die Leichen
Auf meine Brust – Gottlob! sie weichen!

Gottlob! durch meine Fenster bricht
Französisch heitres Tageslicht;
Es kommt mein Weib, schön wie der Morgen,
40 Und lächelt fort die deutschen Sorgen.

Heinrich Hoffmann von Fallersleben

Lied eines Verbannten

Sie haben mich verfolgt, vertrieben,
sie haben alles mir geraubt.
Ein süßer Trost ist mir geblieben,
mir blieb ein Herz das liebt und glaubt,
5 ein Herz, das fern von dir verbannt,
dir lebt und stirbt, mein Vaterland!
Ein Herz, das fern von dir verbannt,
dir stirbt, mein Vaterland!

Ein schöner Morgen wird noch tagen,
10 der Freiheit Stern strahlt hell und mild,
der unsre Leiden, unsre Klagen,
der unsre heiße Sehnsucht stillt.
Du reichst mir liebend dann die Hand,
mein Vaterland, mein Heimatland!
15 Du reichst mir liebend dann die Hand,
mein heil'ges Vaterland!

Brecht – Heine – Hoffmann von Fallersleben: drei Emigrantengedichte.
Welche Unterschiede stellst du fest?

Auch Rose Ausländer und Mascha Kaléko sind Zeitgenossen. Beide entstammen jüdischen Familien. Rose Ausländer, geb. 1907 in Tschernowitz, wandert 1921 nach Amerika aus, 1931 kehrt sie in ihre Heimatstadt zurück und überlebt dort die Naziherrschaft „im Keller". Mascha Kaléko, geb. 1912 in Schidlow (Polen), ist in der Weimarer Republik eine bekannte Schriftstellerin in Deutschland, bis sie 1933 Schreibverbot durch die Nazis erhält. 1938 emigriert sie nach New York.

Rose Ausländer

Ein Tag im Exil

Ein Tag im Exil
Haus ohne Türen und Fenster

Auf weißer Tafel
mit Kohle verzeichnet
die Zeit

Im Kasten
die sterblichen Masken
Adam
Abraham
Ahasver[1]
Wer kennt alle Namen

Ein Tag im Exil
wo die Stunden sich bücken
um aus dem Keller
ins Zimmer zu kommen

Schatten versammelt
ums Öllicht im ewigen Lämpchen
erzählen ihre Geschichten
mit zehn finstern Fingern
die Wände entlang

Mascha Kaléko

Im Exil

Ich hatte einst ein schönes Vaterland –
so sang schon der Flüchtling Heine.
Das seine stand am Rheine,
das meine auf märkischem Sand.

Wir alle hatten einst ein (siehe oben!).
Das fraß die Pest, das ist im Sturz zerstoben.
O Röslein auf der Heide,
dich brach die Kraftdurchfreude[2].

Die Nachtigallen wurden stumm,
sahn sich nach sicherm Wohnsitz um,
und nur die Geier schreien
hoch über Gräberreihen.

Das wird nie wieder, wie es war,
wenn es auch anders wird.
Auch, wenn das liebe Glöcklein tönt,
auch wenn kein Schwert mehr klirrt.

Mir ist zuweilen so, als ob
das Herz in mir zerbrach.
Ich habe manchmal Heimweh.
Ich weiß nur nicht, wonach.

Vom Leben im Exil erzählen diese beiden Gedichte auf ganz unterschiedliche Weise, das eine offen und direkt, das andere verschlüsselt ...

---

[1] Ahasver: der Ewige Jude, der wegen der Kreuzigung Christi ewig umherirren muß. [2] Kraft durch Freude (KdF): Nationalsozialistische Organisation, die Urlaubsreisen für Arbeiter und die Bevölkerung durchführte.

Reiner Kunze, geb. 1933 in Oelmitz (Erzgebirge), übersiedelt 1977 in die Bundesrepublik Deutschland; Yaak Karsunke, geb. 1934 in Berlin; Wolf Biermann, geb. 1936 in Hamburg, übersiedelt 1953 nach Ost-Berlin, 1976 wird er nach einem Konzert in Köln aus der DDR ausgebürgert.

Reiner Kunze

Der Vogel Schmerz

Nun bin ich dreißig jahre alt
und kenne Deutschland nicht:
die grenzaxt fällt in Deutschland wald.
O land, das auseinanderbricht
im menschen ...

Und alle brücken treiben pfeilerlos.
Gedicht, steig auf, flieg himmelwärts!
Steig auf, gedicht, und sei
der vogel Schmerz.

Wolf Biermann

**Es senkt
das deutsche Dunkel**

Es senkt das deutsche Dunkel
Sich über mein Gemüt
Es dunkelt übermächtig
In meinem Lied

Das kommt, weil ich mein Deutschland
So tief zerrissen seh
Ich lieg in der besseren Hälfte
Und habe doppelt Weh

Yaak Karsunke

genauigkeitsübung

deutschland
land meiner väter
    allerdings: ich
    hatte nur einen

land meiner väter
    der vater meiner mutter
    besaß einen garten
    sein vater hingegen
    war tagelöhner

land meiner väter
    mein urgroßvater
    sprach nur gebrochen
    & selten deutsch
    sonst fließend polnisch

land meiner vater
    der name meiner familie
    ist der eines russischen flusses

deutschland
land meiner väter
    : genau genommen
    kein allzu brauchbarer anfang
    für ein gedicht

„Denk ich an Deutschland ..."
Für die Generation der nach 1945 Schreibenden wird dieses Denken nach der deutschen Teilung zu einem besonderen Problem.

> **Freiheit, die ich meine**

Gottlieb Konrad Pfeffel

Die Reichsgeschichte der Tiere

Die Tiere lebten viele Jahre
In friedlicher Demokratie;
Doch endlich kamen sie einander in die Haare,
Und ihre Republik versank in Anarchie.
5 Der Löwe machte sich den innern Streit zunutze
Und bot sich ohne Sold dem kleinern Vieh,
Als dem gedrückten Teil, zum Schutze,
Zum Retter seiner Freiheit an.
Er wollte bloß des Volkes Diener heißen
10 Und brauchte weislich seinen Zahn
Im Anfang nur, die Räuber zu zerreißen.
Als dies die frohen Bürger sahn,
Ernannten sie zum wohlverdienten Lohne
Den Diener feierlich zum Khan*,
15 Versicherten die Würde seinem Sohne
Und gaben ihm die Macht, die Ämter zu verleihn,
Um kräftiger beschützt zu sein.
Nun sprach der neue Fürst aus einem andern Tone:
Er gürtete sein Haupt mit einer Eichenkrone,
20 Enthob Tribut, und wer ihm widerstand,
Fiel als Rebell in seine Pranke.
Der Tiger und der Fuchs, der Wolf, der Elefant
Ergaben sich aus List, und jeder ward zum Danke
Zum königlichen Rat ernannt.
25 Jetzt halfen sie dem Khan die schwächeren Tiere hetzen,
Bekamen ihren Teil an den erpreßten Schätzen
Und raubten endlich trotz dem Khan.
Ha, rief das arme Volk mit tiefgesenkten Ohren
Und mit geschundner Haut, was haben wir getan! –
30 Allein der Freiheit Kranz war nun einmal verloren.
Der Löwe war und blieb Tyrann;
Er ließ von jedem Tier sich stolz die Pfote lecken,
Und wer nicht kroch, der mußte sich verstecken.

Mit dieser „Reichsgeschichte der Tiere" deutet Pfeffel an, wie er sich die Geschichte der Menschen und die Entwicklung von Herrschaft und Unfreiheit vorstellt. . . .

* Khan: mongolisch-türkischer Herrschertitel, soviel wie Kaiser.

Freiheit, die ich meine

Der Text wurde zur Zeit der Französischen Revolution auf Flugblättern in Süddeutschland verbreitet. Mit der Melodie, ursprünglich ein Schweizer Volkslied, erscheint der Text seit etwa 1800.
Das Lied wurde oft zum Symbol des inneren Widerstands, auch in den nationalsozialistischen Konzentrationslagern.

Die Gedanken sind frei

volkstümlich aus der Schweiz

1. Die Gedanken sind frei! Wer kann sie erraten?
Sie fliehen vorbei wie nächtliche Schatten.
Kein Mensch kann sie wissen, kein Jäger erschießen,
es bleibet dabei: die Gedanken sind frei!

2. Ich denke, was ich will und was mich beglücket,
doch alles in der Still', und wie es sich schicket.
Mein Wunsch und Begehren kann niemand verwehren,
es bleibet dabei: die Gedanken sind frei!

3. Und sperrt man mich ein im finsteren Kerker,
das alles sind rein vergebliche Werke;
denn meine Gedanken zerreißen die Schranken
und Mauern entzwei: die Gedanken sind frei!

4. Drum will ich auf immer den Sorgen entsagen
und will mich auch nimmer mit Grillen mehr plagen.
Man kann ja im Herzen stets lachen und scherzen
und denken dabei: die Gedanken sind frei!

Ist das ein politisches Lied?

Am 1. 1. 1863 verkündete A. Lincoln die Emanzipation der rund 4 Millionen Sklaven der Konföderation. 1865 wurde dieser Grundsatz in die amerikanische Verfassung aufgenommen und damit für das gesamte Staatsgebiet gültig.

Adolf Glasbrenner

Die Sklaven-Emanzipation (1864)

Lob und Heil, ihr großen Mächte,
Jubelnd Euch gesungen sei,
Daß ihr ehrtet Menschenrechte
Und die Sklaven machtet frei!

Und warum sie's nicht schon waren
Lange, das ist einerlei!
Jetzt, nach wen'gen hundert Jahren
Sind die schwarzen Sklaven frei.

O wie glücklich ist's auf Erden!
Völker, singt Juchhei! Juchhei!
Wenn's die weißen nun noch werden,
Dann sind alle Sklaven frei!

Schillers Gedicht erscheint 1798; Hilde Domin (geb. 1912 in Köln) veröffentlicht ihr Gedicht 1970.

Friedrich Schiller

Die Worte des Glaubens

Drei Worte nenn ich euch, inhaltschwer,
    Sie gehen von Munde zu Munde,
Doch stammen sie nicht von außen her,
    Das Herz nur gibt davon Kunde.
5 Dem Menschen ist aller Wert geraubt,
Wenn er nicht mehr an die drei Worte glaubt.

Der Mensch ist frei geschaffen, ist frei,
    Und würd er in Ketten geboren,
Laßt euch nicht irren des Pöbels Geschrei,
10   Nicht den Mißbrauch rasender Toren.
Vor dem Sklaven, wenn er die Kette bricht,
Vor dem freien Menschen erzittert nicht.

Und die Tugend, sie ist kein leerer Schall,
    Der Mensch kann sie üben im Leben,
15 Und sollt er auch straucheln überall,
    Er kann nach der göttlichen streben,
Und was kein Verstand der Verständigen sieht,
Das übet in Einfalt ein kindlich Gemüt.

Und ein Gott ist, ein heiliger Wille lebt,
20   Wie auch der menschliche wanke,
Hoch über der Zeit und dem Raume webt
    Lebendig der höchste Gedanke,
Und ob alles in ewigem Wechsel kreist,
Es beharret im Wechsel ein ruhiger Geist.

25 Die drei Worte bewahret euch, inhaltschwer,
    Sie pflanzet von Munde zu Munde,
Und stammen sie gleich nicht von außen her,
    Euer Innres gibt davon Kunde,
Dem Menschen ist nimmer sein Wert geraubt,
30 Solang er noch an die drei Worte glaubt.

Hilde Domin

Ich will dich

Freiheit
ich will dich
aufrauhen mit Schmirgelpapier
du geleckte

5 (die ich meine
meine
unsere
Freiheit von und zu)
Modefratz

10 Du wirst geleckt
mit Zungenspitzen
bis du ganz rund bist
Kugel
auf allen Tüchern

15 Freiheit Wort
das ich aufrauhen will
ich will dich mit Glassplittern spicken
daß man dich schwer auf die Zunge nimmt
und du niemandes Ball bist

20 Dich
und andere
Worte möchte ich mit Glassplittern spicken
wie es Konfuzius befiehlt
der alte Chinese

25 Die Eckenschale sagt er
muß
Ecken haben
sagt er
Oder der Staat geht zugrunde

30 Nichts weiter sagt er
ist vonnöten
Nennt
das Runde rund
und das Eckige eckig

Freiheit – ein Wort?

Bertolt Brecht

Schlechte Zeit für Lyrik

Ich weiß doch: nur der Glückliche
Ist beliebt. Seine Stimme
Hört man gern. Sein Gesicht ist schön.

Der verkrüppelte Baum im Hof
5 Zeigt auf den schlechten Boden, aber
Die Vorübergehenden schimpfen ihn einen Krüppel
Doch mit Recht.

Die grünen Boote und die lustigen Segel des Sundes
Sehe ich nicht. Von allem
10 Sehe ich nur der Fischer rissiges Garnnetz.
Warum rede ich nur davon
Daß die vierzigjährige Häuslerin gekrümmt geht?
Die Brüste der Mädchen
Sind warm wie ehedem.

15 In meinem Lied ein Reim
Käme mir fast vor wie Übermut.

In mir streiten sich
Die Begeisterung über den blühenden Apfelbaum
Und das Entsetzen über die Reden des Anstreichers*.
20 Aber nur das zweite
Drängt mich zum Schreibtisch.

(1939)

---

* Anstreicher: gemeint ist Hitler, der sich zuerst als Kunstmaler versucht hat.

Kapitel **5** Eingekleidete Wahrheiten

Bärenstarke Geschichten

Christian Fürchtegott Gellert

Der Tanzbär

Ein Bär, der lange Zeit sein Brot ertanzen müssen,
entrann und wählte sich den ersten Aufenthalt.
Die Bären grüßten ihn mit brüderlichen Küssen
und brummten freudig durch den Wald.

5 Und wo ein Bär den andern sah,
so hieß es: Petz ist wieder da!
Der Bär erzählte drauf, was er in fremden Landen
für Abenteuer ausgestanden,
was er gesehn, gehört, getan;
10 und fing, da er vom Tanzen redte,
als ging er noch an seiner Kette,
auf polnisch schön zu tanzen an.

Die Brüder, die ihn tanzen sahn,
bewunderten die Wendung seiner Glieder,
15 und gleich versuchten es die Brüder;
allein anstatt, wie er, zu gehn,
so konnten sie kaum aufrecht stehn,
und mancher fiel die Länge lang darnieder.
Und desto mehr ließ sich der Tänzer sehn.
20 Doch seine Kunst verdroß den ganzen Haufen.

„Fort", schrien alle, „fort mit dir!
Du Narr willst klüger sein als wir."
Man zwang den Petz davonzulaufen.

Sei nicht geschickt, man wird dich wenig hassen,
25 weil dir dann jeder ähnlich ist.
Doch je geschickter du vor vielen andern bist:
Je mehr nimm dich in acht, dich prahlend sehn zu lassen.

Wahr ist's, man wird auf kurze Zeit
von deinen Künsten rühmlich sprechen;
30 doch traue nicht, bald folgt der Neid
und macht aus der Geschicklichkeit
ein unvergebliches Verbrechen.

Gotthold Ephraim Lessing

Der Tanzbär

Ein Tanzbär war der Kett' entrissen,
kam wieder in den Wald zurück
und tanzte seiner Schar ein Meisterstück
auf den gewohnten Hinterfüßen.
5 „Seht", schrie er, „das ist Kunst; das lernt man in der Welt.
Tut mir es nach, wenn's euch gefällt
und wenn ihr könnt!" – „Geh", brummt ein alter Bär,
„dergleichen Kunst, sie sei so schwer,
sie sei so rar sie sei,
10 zeigt deinen niedern Geist und deine Sklaverei."

Ein großer Hofmann sein,
ein Mann, dem Schmeichelei und List
statt Witz und Tugend ist;
der durch Kabalen* steigt, des Fürsten Gunst erstiehlt,
15 mit Wort und Schwur als Komplimenten spielt,
ein solcher Mann, ein großer Hofmann sein,
schließt das Lob oder Tadel ein?

1. Gellert und Lessing kritisieren beide das Verhalten des Tanzbären. Dennoch unterscheidet sich ihre Kritik ...
2. Lessings Fabel wird hin und wieder auch ohne die abschließende Strophe gedruckt. Könnte man so auch mit Gellerts Fabel verfahren?

* Kabale: Ränke, Hinterlist.

Gottlieb Konrad Pfeffel

Rezept wider den Krieg

Die Löwen fielen mit den Bären
in einen fürchterlichen Krieg;
wie Wasser floß in beiden Heeren
das Blut. Der flatterhafte Sieg
5 wand diesem hier, dort jenem Kronen.
Der Kern der beiden Nationen
lag schon im trunknen Sand verscharrt.
Schach[1] Löwe rief den Leopard
um Beistand an. Die fernen Zonen
10 der Tobolskiten[2] und Huronen[3]
verstärkten des Zar Bären Macht.
Der schlaue Petz, ein weißer Lappe[4],
ward just beim Anfang einer Schlacht
zum Heer der Bären eingebracht;
15 „He! warum kriegt man, Oheim Rappe?"
sprach er zu einem Grenadier
aus Polen. – „Weil der Fürst der Leuen
den unsern foppte." „Lappereien!"
rief Petz; „ha, Brüder, ihr seid dumm
20 wie Menschen! Laßt die Narrn sich schlagen
und kehrt in eure Höhle um:
Was gilt's, sie werden sich vertragen!"

Die Nachbarn ruften Petzens Rat
von Glied zu Glied. Im Hui erfuhren
25 die Gegner ihn durch die Panduren[5]
der Vorwacht. Hauptmann und Soldat
zog ab, bis auf die zwei Monarchen.
Sie mochten bitten, brüllen, schnarchen;
umsonst! man ließ sie flehn und drohn,
30 und weil sie unter beiden Scharen
zum Glück die feigsten Memmen waren,
so schlichen sie sich auch davon.

1. Pfeffel bringt die Lehre seiner Geschichte schon in der Überschrift zum Ausdruck. Versucht einmal diese Lehre in einigen Zeilen auszuformulieren, die man an den Schluß der Fabel setzen könnte.
2. Auch Pfeffels Fabel stammt aus dem 18. Jahrhundert. Vergleiche diese Geschichte mit den beiden voranstehenden.

---

[1] Schach (= Schah, pers.): König; [2] Tobolsk: sibirische Handelsstadt; [3] Huronen: Indianerstamm der Prärie; [4] Lappen: Volk in Lappland; [5] Panduren: im 17. und 18. Jahrhundert eine Truppe der österr. Armee, die sich in Ungarn im Kleinkrieg bewährte.

Der Bär auf dem Försterball

Der Bär schwankte durch den Wald, es war übrigens Winter; er ging zum Maskenfest. Er war von der besten Laune. Er hatte schon ein paar Kübel Bärenschnaps getrunken; den mischt man aus Honig, Wodka und vielen schwierigen Gewürzen. Des Bären Maske war sehr komisch. Er trug einen grünen Rock, fabelhafte Stiefel und eine Flinte auf der Schulter; ihr merkt schon, er ging als Förster. Da kam ihm, quer über den knarrenden Schnee, einer entgegen: auch im grünen Rock, auch mit fabelhaften Stiefeln und auch die Flinte geschultert. Ihr merkt schon, das war der Förster. Der Förster sagte mit einer tiefen Baßstimme: „Gute Nacht, Herr Kollege, auch zum Försterball?"
„Brumm", sagte der Bär, und sein Baß war so tief wie die Schlucht am Weg, in die die Omnibusse fallen. „Um Vergebung", sagte der Förster erschrocken, „ich wußte ja nicht, daß Sie der Oberförster sind." „Macht nichts", sagte der Bär leutselig. Er faßte den Förster unterm Arm, um sich an ihm festzuhalten, und so schwankten sie beide in den Krug zum zwölften Ende, wo der Försterball stattfand. Die Förster waren alle versammelt. Manche Förster hatten Geweihe, die sie vorzeigten, und manche Hörner, auf denen sie bliesen. Sie hatten alle lange Bärte und geschwungene Schnurrbärte, aber die meisten Haare im Gesicht hatte der Bär.
„Juhu", riefen die Förster und hieben dem Bären kräftig auf den Rücken.
„Stimmung", erwiderte der Bär und hieb die Förster auf den Rücken, und es war wie ein ganzer Steinschlag.
„Um Vergebung" sagten die Förster erschrocken, „wir wußten ja nicht, daß Sie der Oberförster sind." „Weitermachen", sagte der Bär. Und sie tanzten und tranken und lachten; sie sangen, sie hätten so viel Dorst im grünen Forst. Ich weiß nicht, ob ihr es schon erlebt habt, in welchen Zustand man gerät, wenn man so viel tanzt und trinkt, lacht und singt. Die Förster gerieten in einen Tatendrang und der Bär mit ihnen; der Bär sagte: „Wir wollen jetzt ausgehn, den Bären schießen."
Da streiften sich die Förster ihre Pelzhandschuhe über und schnallten sich ihre Lederriemen fest um den Bauch; so strömten sie in die kalte Nacht. Sie stapften durchs Gehölz. Sie schossen mit ihren Flinten in die Luft. Sie riefen Hussa und Hallihallo und Halali, wovon das eine soviel bedeutet wie das andere, nämlich gar nichts, aber so ist das Jägerleben. Der Bär riß im Vorübergehen eine Handvoll trockener Hagebutten vom Strauch und fraß sie. Die Förster riefen: „Seht den Oberförster, den Schelm", und fraßen auch Hagebutten und wollten sich ausschütten vor Spaß. Nach einer Weile jedoch merkten sie, daß sie den Bären nicht fanden.
„Warum finden wir ihn nicht?" sagte der Bär, „er sitzt in seinem Loch, ihr Schafsköpfe." Er ging zum Bärenloch, die Förster hinterdrein. Er zog den Hausschlüssel aus dem Fell, schloß den Deckel auf und stieg hinunter, die Förster hinterdrein.
„Der Bär ist ausgegangen", sagte der Bär schnüffelnd, „aber es kann noch nicht lange her sein, es riecht stark nach ihm." Dann torkelte er zurück in den

Krug zum zwölften Ende und die Förster hinterdrein. Sie tranken gewaltig nach der Anstrengung, aber die Menge, die der Bär trank, war wie ein Schmelzwasser, das die Brücken fortreißt.

„Um Vergebung", sagten die Förster erschrocken. „Sie sind ein großartiger Oberförster."

Der Bär sagte: „Der Bär steckt nicht im Walde, und der Bär steckt nicht in seinem Loch; es bleibt nur eins, er steckt unter uns und hat sich als Förster verkleidet."

„Das muß es sein", riefen die Förster, und sie blickten einander mißtrauisch und scheel an.

Es war aber ein ganz junger Förster dabei, der einen verhältnismäßig kleinen Bart hatte und nur wenige Geweihe und überhaupt der Schwächste und Schüchternste war von allen. So beschlossen sie, dieser sei der Bär. Sie krochen mühsam auf die Bänke, stützten ihre Bärte auf die Tische und langten mit den Händen an der Wand empor.

„Was sucht ihr denn?" rief der junge Förster.

„Unsere Flinten", sagten sie, „sie hängen leider an den Haken."

„Wozu die Flinten?" rief der junge Förster.

„Wir wollen dich doch schießen", antworteten sie, „du bist doch der Bär."

„Ihr versteht überhaupt nichts von Bären", sagte der Bär. „Man muß untersuchen, ob er einen Schwanz hat und Krallen an den Tatzen", sagte der Bär.

„Die hat er nicht", sagten die Förster, „aber, Potz Wetter! Sie selbst haben einen Schwanz und Krallen an den Tatzen, Herr Oberförster."

Die Frau des Bären kam zur Tür herein und war zornig. „Pfui Teufel", rief sie, „in was für Gesellschaft du dich herumtreibst."

Sie biß den Bären in den Nacken, damit er nüchterner würde, und ging mit ihm weg.

„Schade, daß du so früh kamst", sagte der Bär im Walde zu ihr, „eben hatten wir ihn gefunden, den Bären. Na, macht nichts. Andermal ist auch ein Tag."

Peter Hacks

1. Das ist ja wohl eine merkwürdige Geschichte, oder? Schreibt die Fragen, die sich euch stellen, auf und prüft, inwieweit sie sich aus dem Text beantworten lassen.
2. Die Geschichte von Peter Hacks ist keine Fabel. Könnte man dennoch sagen, es sei eine lehrreiche Geschichte?

> „Und Herr Keuner erzählte folgende Geschichte"

Bertolt Brecht schrieb die „Geschichten vom Herrn Keuner" in den Jahren 1926 bis 1956. Insgesamt sind es mehr als 80 Texte unterschiedlicher Länge, die kürzeste umfaßt ganze 17 Wörter, die längste zwei Druckseiten.
Wer ist dieser Herr Keuner? Und was sind das für Geschichten?

Freundschaftsdienste

Als Beispiel für die richtige Art, Freunden einen Dienst zu erweisen, gab Herr K. folgende Geschichte zum besten. „Zu einem alten Araber kamen drei junge Leute und sagten ihm: ‚Unser Vater ist gestorben. Er hat uns siebzehn Kamele hinterlassen und im Testament verfügt, daß der Älteste die Hälfte, der zweite ein Drittel und der Jüngste ein Neuntel der Kamele bekommen soll. Jetzt können wir uns über die Teilung nicht einigen; übernimm du die Entscheidung!' Der Araber dachte nach und sagte: ‚Wie ich es sehe, habt ihr, um gut teilen zu können, ein Kamel zu wenig. Ich habe selbst nur ein einziges Kamel, aber es steht euch zur Verfügung. Nehmt es und teilt dann, und bringt mir nur, was übrigbleibt.' Sie bedankten sich für diesen Freundschaftsdienst, nahmen das Kamel mit und teilten die achtzehn Kamele nun so, daß der Älteste die Hälfte, das sind neun, der Zweite ein Drittel, das sind sechs, und der Jüngste ein Neuntel, das sind zwei Kamele bekam. Zu ihrem Erstaunen blieb, als sie ihre Kamele zur Seite geführt hatten, ein Kamel übrig. Dieses brachten sie, ihren Dank erneuernd, ihrem alten Freund zurück."
Herr K. nannte diesen Freundschaftsdienst richtig, weil er keine besonderen Opfer verlangte.

Bertolt Brecht

1. Herr Keuner erzählt diese Geschichte als Beispiel für einen richtigen Freundschaftsdienst. Wie denkt ihr darüber?
2. Man kann diese Geschichte auch „mathematisch" betrachten ...

Geschichten vom Autofahren

Zwei Fahrer

Herr K., befragt über die Arbeitsweise zweier Theaterleute, verglich sie folgendermaßen: „Ich kenne einen Fahrer, der die Verkehrsregeln gut kennt, innehält und für sich zu nutzen weiß. Er versteht es geschickt, vorzupreschen, dann wieder eine regelmäßige Geschwindigkeit zu halten, seinen Motor zu schonen, und so findet er vorsichtig und kühn seinen Weg zwischen den andern Fahrzeugen. Ein anderer Fahrer, den ich kenne, geht anders vor. Mehr als an seinem Weg ist er interessiert am gesamten Verkehr und fühlt sich nur als ein Teilchen davon. Er nimmt nicht seine Rechte wahr und tut sich nicht persönlich besonders hervor. Er fährt im Geist mit dem Wagen vor ihm und dem Wagen hinter ihm, mit einem ständigen Vergnügen an dem Vorwärtskommen aller Wägen und der Fußgänger dazu."

Bertolt Brecht

Herr K. fährt Auto

Herr K. hatte gelernt, Auto zu fahren, fuhr aber zunächst noch nicht sehr gut. „Ich habe erst gelernt, ein Auto zu fahren", entschuldigte er sich. „Man muß aber zweie fahren können, nämlich auch noch das Auto vor dem eigenen. Nur wenn man beobachtet, welches die Fahrverhältnisse für das Auto sind, das vor einem fährt, und seine Hindernisse beurteilt, weiß man, wie man in bezug auf dieses Auto verfahren muß."

Bertolt Brecht

1. Der Leiter einer Fahrschule möchte eine Erinnerungskarte drucken lassen, die man jedem Fahrschüler nach bestandener Fahrprüfung aushändigt. Welcher der beiden Texte ist dafür eher geeignet?
2. „Herr K., befragt über..."
Brecht bezieht die Geschichte „Zwei Fahrer" auf die „Arbeitsweise zweier Theaterleute". Was könnte man hier noch einsetzen?
3. „Freundschaftsdienste", „Herr K. fährt Auto" und „Zwei Fahrer" – drei Beispiele für „Geschichten vom Herrn Keuner". Welche Unterschiede stellt ihr fest?

Geschichten über die Liebe

Wenn Herr K. einen Menschen liebte

„Was tun Sie", wurde Herr K. gefragt, „wenn Sie einen Menschen lieben?" „Ich mache einen Entwurf von ihm", sagte Herr K., „und sorge, daß er ihm ähnlich wird." „Wer? Der Entwurf?" „Nein", sagte Herr K., „der Mensch."

Liebe zu wem?

Von der Schauspielerin Z hieß es, sie habe sich aus unglücklicher Liebe umgebracht. Herr Keuner sagte: „Sie hat sich aus Liebe zu sich selbst umgebracht. Den X kann sie jedenfalls nicht geliebt haben. Sonst hätte sie ihm das kaum angetan. Liebe ist der Wunsch, etwas zu geben, nicht zu erhalten. Liebe ist die Kunst, etwas zu produzieren mit den Fähigkeiten des andern. Dazu braucht man von dem andern Achtung und Zuneigung. Das kann man sich immer verschaffen. Der übermäßige Wunsch, geliebt zu werden, hat wenig mit echter Liebe zu tun. Selbstliebe hat immer etwas Selbstmörderisches."

Bertolt Brecht

1. Aus diesen beiden „Geschichten" könnte man eine machen...
Probiert aus, welche Möglichkeiten ihr findet.
2. Was Herr K. mit dem Begriff „Entwurf" meint, könnt ihr mit Hilfe des zweiten Textes erklären.

Wer kennt wen?

Herr Keuner befragte zwei Frauen über ihren Mann.
Die eine gab folgende Auskunft:
„Ich habe zwanzig Jahre mit ihm gelebt. Wir schliefen in einem Zimmer und auf einem Bett. Wir aßen die Mahlzeiten zusammen. Er erzählte mir alle seine Geschäfte. Ich lernte seine Eltern kennen und verkehrte mit allen seinen Freunden. Ich wußte alle seine Krankheiten, die er selber wußte, und einige mehr. Von allen, die ihn kennen, kenne ich ihn am besten."
„Kennst du ihn also?" fragte Herr Keuner.
„Ich kenne ihn."
Herr Keuner fragte noch eine andere Frau nach ihrem Mann.
Die gab folgende Auskunft:
„Er kam oft längere Zeit nicht, und ich wußte nie, ob er wiederkommen würde. Seit einem Jahr ist er nicht mehr gekommen. Ich weiß nicht, ob er wiederkommen wird. Ich weiß nicht, ob er aus den guten Häusern kommt oder aus den Hafengassen. Es ist ein gutes Haus, in dem ich wohne. Ob er zu mir auch in ein schlechtes käme, wer weiß es? Er erzählt nichts, er spricht mit mir nur von *meinen* Angelegenheiten. Diese kennt er genau. Ich weiß, was er sagt, weiß ich es? Wenn er kommt, hat er machmal Hunger, machmal aber ist er satt. Aber er ißt nicht immer, wenn er Hunger hat, und wenn er satt ist, lehnt er eine Mahlzeit nicht ab. Einmal kam er mit einer Wunde. Ich verband sie ihm. Einmal wurde er hereingetragen. Einmal jagte er alle Leute aus meinem Haus. Wenn ich ihn ‚dunkler Herr' nenne, lacht er und sagt: Was weg ist, ist dunkel, was aber da ist, ist hell. Manchmal aber wird er finster über dieser Anrede. Ich weiß nicht, ob ich ihn liebe. Ich ..."
„Sprich nicht weiter", sagte Herr Keuner hastig. „Ich sehe, du kennst ihn. Mehr kennt kein Mensch einen andern als du ihn."
Bertolt Brecht

1. Herr Keuner erklärt, welche der beiden Frauen ihren Mann richtig liebt. Schreibt auf, was er sagen könnte.
2. Wie stellt ihr euch die beiden Frauen, die hier zu Wort kommen, vor?

Geschichte vom Neinsagen

Maßnahmen gegen die Gewalt

Als Herr Keuner, der Denkende, sich in einem Saale vor vielen gegen die Gewalt aussprach, merkte er, wie die Leute vor ihm zurückwichen und weggingen. Er blickte sich um und sah hinter sich stehen – die Gewalt.
„Was sagtest du?" fragte ihn die Gewalt.
„Ich sprach mich für die Gewalt aus", antwortete Herr Keuner.
Als Herr Keuner weggegangen war, fragten ihn seine Schüler nach seinem Rückgrat. Herr Keuner antwortete: „Ich habe kein Rückgrat zum Zerschlagen. Gerade ich muß länger leben als die Gewalt."
Und Herr Keuner erzählte folgende Geschichte:
In die Wohnung des Herrn Egge, der gelernt hatte, nein zu sagen, kam eines Tages in der Zeit der Illegalität ein Agent, der zeigte einen Schein vor, welcher ausgestellt war im Namen derer, die die Stadt beherrschen, und auf dem stand, daß ihm gehören solle jede Wohnung, in die er seinen Fuß setzte; ebenso sollte ihm auch jedes Essen gehören, das er verlange; ebenso sollte ihm auch jeder Mann dienen, den er sähe.
Der Agent setzte sich in einen Stuhl, verlangte Essen, wusch sich, legte sich nieder und fragte mit dem Gesicht zur Wand vor dem Einschlafen: „Wirst du mir dienen?"
Herr Egge deckte ihn mit einer Decke zu, vertrieb die Fliegen, bewachte seinen Schlaf, und wie an diesem Tage gehorchte er ihm sieben Jahre lang. Aber was immer er für ihn tat, eines zu tun hütete er sich wohl: das war, ein Wort zu sagen. Als nun die sieben Jahre herum waren und der Agent dick geworden war vom vielen Essen, Schlafen und Befehlen, starb der Agent. Da wickelte ihn Herr Egge in die verdorbene Decke, schleifte ihn aus dem Haus, wusch das Lager, tünchte die Wände, atmete auf und antwortete: „Nein."

Bertolt Brecht

Diese Geschichte gehört mit zu den ersten, die Brecht 1930 veröffentlicht. Sie bezieht sich also auf die letzten Jahre der Weimarer Republik vor Hitlers Machtübernahme.
Was bedeutet es für das Verständnis dieses Textes, wenn man diese Zeitbezüge besonders beachtet?

Die Nachbarn

Der Blonde und der Braune waren Nachbarn; jeder von ihnen stand an der Spitze eines gutmütigen Hirtenvolkes. Sie tauschten nach Bedarf die Produkte ihrer Ländereien und blieben einander stets hilfreich in Not und Gefahr.
Niemand hätte bestimmen können, welchem von beiden ihr Bündnis mehr Nutzen brachte.
Eines Tages, im Herbste, begab es sich, daß ein heftiger Sturm großen Schaden anrichtete im Walde des Braunen. Viele junge Bäume wurden entwurzelt oder gebrochen, viele alte Bäume verloren mächtige Äste.
Der Herr rief seine Knechte; sie sammelten die dürren Reiser und schichteten sie in Bündel.
Aus dem frischen Holze aber wurden Stöcke zugehauen. Im Frühjahr sollten sie verwendet werden zu einem neuen Zaune für den Hühnerhof der braunen Herrin.
Nun wollte der Zufall, daß ein Diener des Blonden die Stöcke in die Scheune bringen sah. Ihre Anzahl schien seinen etwas blöden Augen ungeheuer. Von Angst ergriffen lief er heim und sprach zu seinem Gebieter: „Ein Verräter will ich sein, wenn der Nachbar nicht Böses wider uns im Schilde führt!"
Er und andere ängstliche Leute – es waren auch Weise darunter – schürten so lange das Mißtrauen, das sie ihrem Herrn gegen den Freund eingeflößt hatten, bis jener sich entschloß, zu rüsten gegen die vermeintlich Gerüsteten.
Eine Scheune voll von Stöcken hatte der Braune; der Blonde wollte drei Scheunen voll von Stöcken haben.
Holzknechte wurden in den Wald geschickt. Was lag ihnen an seiner hohen Kultur? Ihnen tat es nicht leid, einen jungen Baum zu fällen, ihm die aufstrebende Krone abzuhauen und die lichtsuchenden Äste und die Zweige mit den atmenden Blättern.
Nach kurzer Zeit war der Wald verwüstet, aber der Blonde hatte viele tausend Stöcke.
Wie es ihm ergangen war, erging es nun seinem ehemaligen Freunde. Die Klugen und die Törichten, die Verwegenen und die Zaghaften im Lande, alle schrien: „Es ist deine Pflicht, Herr, dafür zu sorgen, daß uns der Tag des Kampfes reich an Stöcken finde!"
Und der Braune und der Blonde überboten einander in der Anschaffung von Verteidigungsmitteln und bedachten nicht, daß sie endlich nichts mehr zu verteidigen hatten als Armut und Elend. Weit und breit war kein Baum zu erblicken, die Felder waren unbebaut; nicht Pflug, noch Egge, noch Spaten gab es mehr, alles war in Stöcke verwandelt.
Es kam so weit, daß die größte Menge des Volkes zu Gott betete: „Laß den Kampf ausbrechen, laß den Feind über uns kommen; wir würden leichter zugrunde gehen unter seinen Stöcken als unter den Qualen des Hungers!" –

Der Blonde und der Braune waren alt und müde geworden, und auch sie sehnten sich im stillen nach dem Tode. Ihre Freude am Leben und Herrschen war abgestorben mit dem Glücke ihrer Untertanen.
Und einmal wieder trieb der Zufall sein Spiel.
45 Die beiden Nachbarn stiegen zugleich auf einen Berg, der die Grenze zwischen ihren Besitzungen bildete.
Jeder von ihnen dachte: Ich will mein armes, verwüstetes Reich noch einmal überschauen.
Sie kletterten mühsam empor, kamen zugleich auf dem Grate des Berges an, 50 standen plötzlich einander gegenüber und taumelten zurück ... Aber nur einen Augenblick. Ihre abwehrend ausgestreckten Hände sanken herab und ließen die Stöcke fallen, auf welche sie sich gestützt hatten.
Die ein halbes Jahrhundert in Haß verkehrte Liebe trat in ihr altes Recht. Mit schmerzvoller Rührung betrachtete der Freund den Freund aus halb erlosche-
55 nen Augen. Nicht mehr der Blonde, nicht mehr der Braune! Wie aus einem Munde riefen sie: „Oh, du Weißer!" und lagen Brust an Brust.
Wer zuerst die Arme ausgebreitet, wußten sie ebensowenig, als sie sich besinnen konnten, wer dereinst die ersten Stöcke aufgestellt wider den anderen. Sie begriffen nicht, wie das Mißtrauen hatte entstehen können, dem alles zum
60 Opfer gefallen war, was ihr Dasein und das der Ihren lebenswert gemacht hatte. Eines nur stand ihnen fest: die niederdrückende Überzeugung, daß nichts auf Erden ihnen ersetzen konnte, was die Furcht vor dem Verlust ihrer Erdengüter ihnen geraubt hatte.

Marie von Ebner-Eschenbach

„Sie kletterten mühsam empor, standen plötzlich einander gegenüber ..."
Die Geschichte könnte von dieser Stelle an auch ein anderes Ende nehmen. Probiert Möglichkeiten aus.

Der Nachbar

Mein Geschäft ruht ganz auf meinen Schultern. Zwei Fräulein mit Schreibmaschinen und Geschäftsbüchern im Vorzimmer, mein Zimmer mit Schreibtisch, 5 Kasse, Beratungstisch, Klubsessel und Telephon, das ist mein ganzer Arbeitsapparat. So einfach zu überblicken, so leicht zu führen. Ich bin ganz jung und die Geschäfte rollen vor mir her. Ich klage nicht, ich klage nicht.
Seit Neujahr hat ein junger Mann die kleine, leerstehende Nebenwohnung, die ich ungeschickterweise so lange zu mieten gezögert habe, frischweg gemietet. Auch

ein Zimmer mit Vorzimmer, außerdem aber noch eine Küche. – Zimmer und Vorzimmer hätte ich wohl brauchen können – meine zwei Fräulein fühlten sich schon manchmal überlastet –, aber wozu hätte mir die Küche gedient? Dieses kleinliche Bedenken war daran schuld, daß ich mir die Wohnung habe nehmen lassen. Nun sitzt dort dieser junge Mann. Harras heißt er. Was er dort eigentlich macht, weiß ich nicht. Auf der Tür steht: ‚Harras, Bureau'. Ich habe Erkundigungen eingezogen, man hat mir mitgeteilt, es sei ein Geschäft ähnlich dem meinigen. Vor Kreditgewährung könne man nicht geradezu warnen, denn es handle sich doch um einen jungen, aufstrebenden Mann, dessen Sache vielleicht Zukunft habe, doch könne man zum Kredit nicht geradezu raten, denn gegenwärtig sei allem Anschein nach kein Vermögen vorhanden. Die übliche Auskunft, die man gibt, wenn man nichts weiß.

Manchmal treffe ich Harras auf der Treppe, er muß es immer außerordentlich eilig haben, er huscht förmlich an mir vorüber. Genau gesehen habe ich ihn noch gar nicht, den Büroschlüssel hat er schon vorbereitet in der Hand. Im Augenblick hat er die Tür geöffnet. Wie der Schwanz einer Ratte ist er hineingeglitten, und ich stehe wieder vor der Tafel ‚Harras, Bureau', die ich schon viel öfter gelesen habe, als sie es verdient.

Die elend dünnen Wände, die den ehrlich tätigen Mann verraten, den Unehrlichen aber decken. Mein Telephon ist an der Zimmerwand angebracht, die mich von meinem Nachbar trennt. Doch hebe ich das bloß als besonders ironische Tatsache hervor. Selbst wenn es an der entgegengesetzten Wand hinge, würde man in der Nebenwohnung alles hören. Ich habe mir abgewöhnt, den Namen der Kunden beim Telephon zu nennen. Aber es gehört natürlich nicht viel Schlauheit dazu, aus charakteristischen, aber unvermeidlichen Wendungen des Gesprächs die Namen zu erraten. – Manchmal umtanze ich, die Hörmuschel am Ohr, von Unruhe gestachelt, auf den Fußspitzen den Apparat und kann es doch nicht verhüten, daß Geheimnisse preisgegeben werden.

Natürlich werden dadurch meine geschäftlichen Entscheidungen unsicher, meine Stimme zittrig. Was macht Harras, während ich telephoniere? Wollte ich sehr übertreiben – aber das muß man oft, um sich Klarheit zu verschaffen –, so könnte ich sagen: Harras braucht kein Telephon, er benutzt meines, er hat sein Kanapee an die Wand gerückt und horcht, ich dagegen muß, wenn geläutet wird, zum Telephon laufen, die Wünsche des Kunden entgegennehmen, schwerwiegende Entschlüsse fassen, großangelegte Überredungen ausführen – vor allem aber während des Ganzen unwillkürlich durch die Zimmerwand Harras Bericht erstatten.

Vielleicht wartet er gar nicht das Ende des Gespräches ab, sondern erhebt sich nach der Gesprächsstelle, die ihn über den Fall genügend aufgeklärt hat, huscht nach seiner Gewohnheit durch die Stadt und, ehe ich die Hörmuschel aufgehängt habe, ist er vielleicht schon daran, mir entgegenzuarbeiten.

Franz Kafka

1. Der Ich-Erzähler als Geschäftsmann: Welches Bild gewinnt man von ihm?
2. Vergleiche diese Geschichte mit der von Marie von Ebner-Eschenbach.

Der andorranische Jude

In Andorra lebte ein junger Mann, den man für einen Juden hielt. Zu erzählen wäre die vermeintliche Geschichte seiner Herkunft, sein täglicher Umgang mit den Andorranern, die in ihm den Juden sehen: das fertige Bildnis, das ihn überall erwartet. Beispielsweise ihr Mißtrauen gegenüber seinem Gemüt, das ein Jude, wie auch die Andorraner wissen, nicht haben kann. Er wird auf die Schärfe seines Intellektes verwiesen, der sich eben dadurch schärft, notgedrungen. Oder sein Verhältnis zum Geld, das in Andorra auch eine große Rolle spielt: er wußte, er spürte, was alle wortlos dachten; er prüfte sich, ob es wirklich so war, daß er stets an das Geld denke, er prüfte sich, bis er entdeckte, daß es stimmte, es war so, in der Tat, er dachte stets an das Geld. Er gestand es; er stand dazu, und die Andorraner blickten sich an, wortlos, fast ohne ein Zucken der Mundwinkel. Auch in Dingen des Vaterlandes wußte er genau, was sie dachten; sooft er das Wort in den Mund genommen, ließen sie es liegen wie eine Münze, die in den Schmutz gefallen ist. Denn der Jude, auch das wußten die Andorraner, hat Vaterländer, die er wählt, die er kauft, aber nicht ein Vaterland wie wir, nicht ein zugeborenes, und wie wohl er es meinte, wenn es um andorranische Belange ging, er redete in ein Schweigen hinein, wie in Watte. Später begriff er, daß es ihm offenbar an Takt fehlte, ja, man sagte es ihm einmal rundheraus, als er, verzagt über ihr Verhalten, geradezu leidenschaftlich wurde. Das Vaterland gehörte den andern, ein für allemal, und daß er es lieben könnte, wurde von ihm nicht erwartet, im Gegenteil, seine beharrlichen Versuche und Werbungen öffneten nur eine Kluft des Verdachtes; er buhlte um eine Gunst, um einen Vorteil, um eine Anbiederung, die man als Mittel zum Zweck empfand auch dann, wenn man selber keinen möglichen Zweck erkannte. So wiederum ging es, bis er eines Tages entdeckte, mit seinem rastlosen und alles zergliedernden Scharfsinn entdeckte, daß er das Vaterland wirklich nicht liebte, schon das bloße Wort nicht, das jedesmal, wenn er es brauchte, ins Peinliche führte. Offenbar hatten sie recht. Offenbar konnte er überhaupt nicht lieben, nicht im andorranischen Sinn; er hatte die Hitze der Leidenschaft, gewiß, dazu die Kälte seines Verstandes, und diesen empfand man als eine immer bereite Geheimwaffe seiner Rachsucht; es fehlte ihm das Gemüt, das Verbindende; es fehlte ihm, und das war unverkennbar, die Wärme des Vertrauens. Der Umgang mit ihm war anregend, ja, aber nicht angenehm, nicht gemütlich. Es gelang ihm nicht, zu sein wie alle andern, und nachdem er es umsonst versucht hatte, nicht aufzufallen, trug er sein Anderssein sogar mit einer Art von Trotz, von Stolz und lauernder Feindschaft dahinter, die er, da sie ihm selber nicht gemütlich war, hinwiederum mit einer geschäftigen Höflichkeit überzuckerte; noch wenn er sich verbeugte, war es eine Art von Vorwurf, als wäre die Umwelt daran schuld, daß er ein Jude ist –
Die meisten Andorraner taten ihm nichts.
Also auch nichts Gutes.
Auf der andern Seite gab es auch Andorraner eines freieren und fortschrittlichen Geistes, wie sie es nannten, eines Geistes, der sich der Menschlichkeit verpflichtet fühlte: sie achteten den Juden, wie sie betonten, gerade um seiner jüdischen Eigenschaften willen, Schärfe des Verstandes und so weiter. Sie standen zu ihm bis zu seinem Tode, der grausam gewesen ist, so grausam und ekelhaft, daß sich auch jene Andorraner entsetzten, die es nicht berührt hatte, daß schon das ganze Leben grausam war. Das heißt, sie

beklagten ihn eigentlich nicht, oder ganz offen gesprochen: sie vermißten ihn nicht – sie
empörten sich nur über jene, die ihn getötet hatten, und über die Art, wie das geschehen
war, vor allem die Art.
Man redete lange davon. Bis es sich eines Tages zeigt, was er selber nicht hat wissen
können, der Verstorbene: daß er ein Findelkind gewesen, dessen Eltern man später
entdeckt hat, ein Andorraner wie unsereiner –
Man redete nicht mehr davon.
Die Andorraner aber, sooft sie in den Spiegel blickten, sahen mit Entsetzen, daß sie
selber die Züge des Judas tragen, jeder von ihnen.
Du sollst dir kein Bildnis machen, heißt es, von Gott. Es dürfte auch in diesem Sinne
gelten: Gott als das Lebendige in jedem Menschen, das, was nicht erfaßbar ist. Es ist
eine Versündigung, die wir, so wie sie an uns begangen wird, fast ohne Unterlaß wieder
begehen –
Ausgenommen wenn wir lieben. Max Frisch

1. Auch in dieser Geschichte spielt Mißtrauen eine besondere Rolle. Entwerft eine (Spiel)Szene, in der der junge Andorraner versucht, mit Gleichaltrigen ins Gespräch zu kommen.
2. Frisch hat diese Vorlage später zu einem Theaterstück mit dem Titel „Andorra" umgearbeitet. Wer stellt dieses Stück in einem Kurzreferat vor?

Bertolt Brecht
Der Nachbar

Ich bin der Nachbar. Ich habe ihn angezeigt.
Wir wollen in unserm Haus
Keinen Hetzer haben.

Als wir die Hakenkreuzfahne heraushängten
5 Hat er keine herausgehängt
Als wir ihn dazu aufforderten
Hat er uns gefragt, ob wir in unserer Stube
In der wir mit vier Kindern wohnen
Noch Platz haben für eine Fahnenstange.
10 Als wir sagten, daß wir wieder an die Zukunft glaubten
Hat er gelacht.

Daß sie ihn auf der Treppe geschlagen haben
Hat uns nicht gefallen. Sie haben ihm den Kittel zerrissen.
Das wäre nicht nötig gewesen. So viele Kittel
15 Hat keiner von uns.

Aber jetzt ist er wenigstens weg, und im Haus herrscht Ruhe.
Wir haben genug Sorgen im Kopf, da
Muß wenigstens Ruhe herrschen.

Wir sehen schon, einige Leute
20 Schauen weg, wenn sie uns begegnen. Aber
Die ihn abgeholt haben, sagen
Daß wir uns richtig verhalten haben.

Brecht schrieb dieses Gedicht neben anderen als Bericht über Nazi-Deutschland in den Jahren 1933–1938.
Dieser „Nachbar" könnte einer von den Andorranern sein, von denen Max Frisch erzählt...

Kapitel 6 Verwirrspiele

Von seltsamen Käuzen

Eine größere Anschaffung

Eines Abends saß ich im Dorfwirtshaus vor (genauer gesagt, hinter) einem Glas Bier, als ein Mann gewöhnlichen Aussehens sich neben mich setzte und mich mit gedämpft-vertraulicher Stimme fragte, ob ich eine Lokomotive kaufen wolle. Nun ist es zwar ziemlich leicht, mir etwas zu verkaufen, denn ich kann schlecht nein sagen, aber bei einer größeren Anschaffung dieser Art schien mir doch Vorsicht am Platze. Obgleich ich wenig von Lokomotiven verstehe, erkundigte ich mich nach Typ, Baujahr und Kolbenweite, um bei dem Mann den Anschein zu erwecken, als habe er es hier mit einem Experten zu tun, der nicht gewillt sei, die Katze im Sack zu kaufen. Ob ich ihm wirklich diesen Eindruck vermittelte, weiß ich nicht; jedenfalls gab er bereitwillig Auskunft und zeigte mir Ansichten, die das Objekt von vorn, von hinten und von den Seiten darstellten. Sie sah gut aus, diese Lokomotive, und ich bestellte sie, nachdem wir uns vorher über den Preis geeinigt hatten. Denn sie war bereits gebraucht, und obgleich Lokomotiven sich bekanntlich nur sehr langsam abnützen, war ich nicht gewillt, den Katalogpreis zu zahlen.

Schon in derselben Nacht wurde die Lokomotive gebracht. Vielleicht hätte ich dieser allzu kurzfristigen Lieferung entnehmen sollen, daß dem Handel etwas Anrüchiges innewohnte, aber arglos wie ich war, kam ich nicht auf die Idee. Ins Haus konnte ich die Lokomotive nicht nehmen, die Türen gestatteten es nicht, zudem wäre es wahrscheinlich unter der Last zusammengebrochen, und so mußte sie in die Garage gebracht werden, ohnehin der angemessene Platz für Fahrzeuge. Natürlich ging sie der Länge nach nur etwa halb hinein, dafür war die Höhe ausreichend; denn ich hatte in dieser Garage früher einmal meinen Fesselballon untergebracht, aber der war geplatzt.

Bald nach dieser Anschaffung besuchte mich mein Vetter. Er ist ein Mensch, der, jeglicher Spekulation und Gefühlsäußerung abhold, nur die nackten Tatsachen gelten läßt. Nichts erstaunt ihn, er weiß alles, bevor man es ihm erzählt, weiß es besser und kann alles erklären. Kurz, ein unausstehlicher Mensch. Wir begrüßten einander, und um die darauffolgende peinliche Pause zu überbrücken, begann ich: „Diese herrlichen Herbstdüfte ..." – „Welkendes Kartoffelkraut", entgegnete er, und an sich hatte er recht. Fürs erste steckte ich es auf und schenkte mir von dem Kognak ein, den er mitgebracht hatte. Er schmeckte nach Seife, und ich gab dieser Empfindung Ausdruck. Er sagte, der Kognak habe, wie ich auf dem Etikett ersehen könne, auf den Weltausstellungen in Lüttich und Barcelona große Preise, in St. Louis gar die goldene Medaille erhalten, sei daher gut. Nachdem wir schweigend mehrere Kognaks getrunken hatten, beschloß er, bei mir zu übernachten, und ging den Wagen einstellen. Einige Minuten darauf kam er zurück und sagte mit leiser, leicht zitternder Stimme, daß in meiner Garage eine große Schnellzuglokomotive stünde. „Ich weiß", sagte ich ruhig und nippte von meinem Kognak, „ich habe sie mir vor kurzem angeschafft." Auf seine zaghafte Frage, ob ich öfters damit fahre, sagte ich, nein, nicht oft, nur neulich, nachts, da hätte ich eine benachbarte Bäuerin, die ein freudiges Ereignis erwartete, in die Stadt ins Krankenhaus gefahren. Sie hätte noch in derselben Nacht Zwillingen das Leben geschenkt, aber das habe wohl mit der nächtlichen Lokomotivfahrt nichts zu tun. Übrigens war das alles erlogen, aber bei solchen Gelegenheiten kann ich der Versuchung nicht widerstehen, die Wirklichkeit ein wenig zu schmücken. Ob er es geglaubt hat, weiß ich nicht, er nahm es schweigend zur Kenntnis, und es war offensichtlich, daß er sich bei mir nicht mehr wohl fühlte. Er wurde ganz einsilbig, trank noch ein Glas Kognak und verabschiedete sich. Ich habe ihn nicht mehr gesehen.

Als kurz darauf die Meldung durch die Tageszeitungen ging, daß den französischen Staatsbahnen eine Lokomotive abhanden gekommen sei (sie sei eines Nachts vom Erdboden – genauer gesagt vom Rangierbahnhof – verschwunden), wurde mir natürlich klar, daß ich das Opfer einer unlauteren Transaktion geworden war. Deshalb begegnete ich auch dem Verkäufer, als ich ihn kurz darauf im Dorfgasthaus sah, mit zurückhaltender Kühle. Bei dieser Gelegenheit wollte er mir einen Kran verkaufen, aber ich wollte mich in ein Geschäft mit ihm nicht mehr einlassen, und außerdem, was soll ich mit einem Kran?

Wolfgang Hildesheimer

1. Welche Erwartungen weckt die Überschrift? Wie löst sie der Erzähler ein?
2. Versucht selbst einmal, etwas ganz und gar Ausgefallenes, ja Verrücktes, „mit der größten Selbstverständlichkeit" zu erzählen.

Abenteuer eines Weichenstellers

1. Die verantwortung eines weichenstellers der Union Pacific Ges. ist eine große, ihm obliegt die sorge um mensch und vieh, aber auch sachschaden hat er tunlichst zu vermeiden.

2. Der weichensteller besitzt ein buch, in dem er immer liest, 10 jahre besitzt er dieses buch, aber er beginnt nach seite 77 jedesmal wieder von vorne, weiter würde er es nie lesen, er hat da so eine vorahnung. Blödsinn, murmelt er, und beginnt trotzdem wieder bei seite 1.

3. Die meiste zeit aber raucht er seine geliebte pfeife, er hat keine frau, er sieht den ersten stern am abendhimmel aufglänzen, er geht in das intime grün der brennesseln hinter dem haus austreten, er ist sonst ein frühaufsteher und trinkt nach dem essen ein bier.

4. Der letzte zug kommt stets um 21 uhr 35 durch, er sieht den letzten waggon in der ferne verschwinden, der bremser hat ihm zugewinkt, er ist seit jahren sein freund, obgleich er noch nie mit ihm gesprochen hat.

5. Das buch des weichenstellers ist ein alter pennyshocker mit dem titel „Der Mann vom Union Pacific Express". Heute beschließt er, den roman bis ans ende zu lesen, doch es schwant ihm nichts gutes.
6. Einmal stand ein fremder bremser auf der hinteren plattform des letzten waggons; ob er ein aushelfer war?
7. Gegen 23 uhr wird der weichensteller durch einen ungewöhnlichen lichtschein aufmerksam, er geht vor das haus und sieht einen zug anrollen, der in keinem fahrplan verzeichnet steht, er rollt vollkommen lautlos an ihm vorbei, auf der plattform des letzten waggons steht der fremde von damals und bläst mundharmonika.
8. Der weichensteller reibt sich die augen, ihm kommt das alles eigenartig vor, er ist ja ganz allein, er geht ins haus zurück, er trinkt ein extrabier und verklebt die seiten 78 bis 126 mit kleister. So, meinte er, wäre es das beste.

H. C. Artmann

1. Sicherlich gibt es Leser, die gar nicht so schnell dahinterkommen, daß es sich bei diesem Text um eine „Erzählung" handelt. Woran liegt das?
2. „Artmann erzählt auf versteckte Weise vom Sterben des Weichenstellers". Erörtert das Für und Wider dieser Behauptung.
3. Was könnte „sein freund", der Bremser, über den Weichensteller erzählen?

Mann über Bord

Der Wind wehte nicht so stark. Bei einem Schlingern des Schiffes verlor der Matrose, angetrunken und leichtfertig tänzelnd, das Gleichgewicht und stürzte von Deck. Der Mann am Ruder sah den Sturz und gab sofort Alarm. Der Kapitän befahl, ein Boot auf das mäßig bewegte Wasser hinunterzulassen, den langsam forttreibenden Matrosen zu retten.
Die Mannschaft legte sich kräftig in die Riemen, und schon nach wenigen Schlägen erreichten sie den um Hilfe Rufenden. Sie warfen ihm einen Rettungsring zu, an den er sich klammerte. Im näherschaukelnden Boot richtete sich im Bug einer auf, um den im Wasser Treibenden herauszufischen, doch verlor der Retter selber den Halt und fiel in die Fluten, während eine ungeahnte hohe Woge das Boot seitlich unterlief und umwarf. Der Kapitän gab Anweisung, auf die Schwimmenden und Schreienden mit dem Dampfer zuzufahren. Doch kaum hatte man damit begonnen, erschütterte ein Stoß das Schiff, das sich schon zur Seite legte, sterbensmüde, den stählernen Körper aufgerissen von einem zackigen Korallenriff, das sich knapp unter der Oberfläche verbarg. Der Kapitän versackte wie üblich zusammen mit dem tödlich verwundeten Schiff.

Er blieb nicht das einzige Opfer: Haie näherten sich und verschlangen, wen sie erwischten. Wenige der Seeleute gelangten in die Rettungsboote, um ein paar Tage auf der unübersehbaren Menge salziger Flüssigkeit zu verdursten. Der Matrose aber, der vom Dampfer gestürzt war, geriet unversehrt in eine Drift, die ihn zu einer Insel trug, auf deren Strand sie den Erschöpften warf; dort wurde er gefunden, gepflegt, gefeiert als der einzige Überlebende der Katastrophe, die er selber als die Folge einer Kesselexplosion schilderte, welche ihn weit in die Lüfte geschleudert habe, so daß er aus der Höhe zusehen konnte, wie die Trümmer mit Mann und Maus versanken.

Von dieser Geschichte konnte der einzig Überlebende auf jener Insel trefflich leben; Mitleid und das Hochgefühl, einen seines Schicksals zu kennen, ernährten ihn. Nur schien den Leuten, daß sein Verstand gelitten haben mußte: Wenn ein Fremder auftauchte, verschwand der Schiffbrüchige, erblassend und zitternd und erfüllt von einer Furcht, die keiner deuten konnte: ein stetes Geheimnis und daher ein steter Gesprächsstoff für die langen Stunden der Siesta.

Günter Kunert

1. Jemand sagt in der Diskussion: „Ich kann mit dieser Geschichte nichts anfangen, sie wirkt auf mich ganz und gar konstruiert!" Was meint ihr dazu?
2. Alt geworden, beschließt der ehemalige Matrose, ein Testament aufzusetzen, in dem er seinen Mitbürgern sein Geheimnis offenbart. Entwerft einen Text dafür.

Der Wassermaler

Er malte auf Wasser. Dies war seine Erfindung.
Er malte auf Wasser das heißt: er ließ nicht wie frühere Maler gefärbtes Wasser über Papier laufen. Er malte keine Bilder zum Aufhängen. Er malte überhaupt keine Bilder. Nicht das was man bis zu seiner Erfindung als Bild bezeichnete.
Er malte auf Wasser. Auf alle Arten von Wasser. Auf Regenpfützen auf Seeflächen auf die Wasserspiegel vollgelaufener Töpfe. Auf übergelaufenes Wasser rund um eine Blumenvase. Auf Meerwasser. Auf Badewasser. Er malte auf glattes Wasser. Er malte auf bewegtes Wasser. Auf klares Wasser und auf trübes Wasser voller Algen und Sinkstoffe. Schatten und Sonnenreflexe. Sogar auf gefärbtes Wasser wenn es zur Hand war. Niemals (was Außenstehende hätten vermuten können) auf eine andere Art von Flüssigkeit. Wasser mußte es sein.
Manchmal befriedigte ihn das was er zur Hand hatte nicht und er reiste lange bis er das richtige Wasser fand. Manchmal begnügte er sich mit dem nächsten besten. Es konnte sein daß eine fleckige überschwemmte Schreibtischplatte ihn bezauberte. Es konnte sein daß er gerade diesen einen Bergsee zwischen dunkel bewaldeten Hängen benötigte. Manchmal beschränkte er sich darauf vom Ufer im Kies kniend oder auf einem Landesteg liegend zu malen. Manchmal ruderte er stundenlang bis er die richtige Beleuchtung

die richtige Abgeschiedenheit fand. Eine Zeitlang benutzte er ein Floß das in der Mitte rechteckig ausgeschnitten war. Er wendete beim Malen verschiedene Methoden an.
Meist hatte er mehrere Arten von Stöcken. Daneben brauchte er Bretter Gummischeiben Bürsten Kämme Fliegenklatschen auch Pinsel. Gelegentlich Zirkel und Lineal. Gerade dies hatte eine Zeitlang einen gewissen Reiz für ihn. Man sah ihn in Brandungswellen oder auf Seeflächen die von Gewitterböen aufgeregt waren stundenlang sauber gezogene Geraden und weit ausgeschwungene Zirkelbögen anlegen. Er malte mit Fingern und gespreizten Händen. Mit Füßen ja mit dem ganzen Körper.
Selten malte er mit Farbe. Er tropfte dann die Farbe in fließendes Wasser oder zog sie mit Pinsel und Stöcken hindurch. Er schüttete Farbe töpfeweise ins Wasser. Einmal benützte er einen Füllfederhalter.
Seine Bilder. Wie gesagt es waren keine Bilder. Spiele aus Kurve Welle Reflex Schatten aus Spuren und Spuren von Spuren. Einmal als er die Wassermalerei (auch er wollte nicht stillstehn) durch Schattenplastik zu komplettieren versuchte erlebte er einen Rückfall. Nachdem er von einfachen Schatten zu kombinierten und farbigen Schatten übergegangen war ertappte er sich dabei wie er anfing die Schattenplastik in einem ihrer wechselnden Stadien zu photographieren. Dies war der Rückfall. Bewahren festhalten überliefern vorzeigen das war der Rückfall. Das war das Vergebliche.
Danach blieb er eine Weile untätig. Möglicherweise wollte er sich durch Enthaltung strafen. Vielleicht auch strebte etwas aus diesem Rückfall in ihm heraus zu einer noch reineren Imagination. Allerdings wäre dann dieser Fortschritt nicht sichtbar geworden. Sondern nach einer Pause voll scheinbarer oder wirklicher Apathie begann er wieder auf Wasser zu malen. Nur ein sehr genauer Beobachter (den es nicht gab) hätte vielleicht geringfügige Änderungen an ihm wahrgenommen. Ein leichtes Zögern mitten im Zug. Ein schnelleres Aufbrechen von Wasser zu Wasser. Ein Einhalten im kaum Begonnenen.

Helmut Heißenbüttel

1. „Heißenbüttels Erzählung ist eine Satire, der Autor belustigt sich über die ‚moderne Kunst'."
„Ich halte die Erzählung für ein Gleichnis. Heißenbüttel will z. B. zeigen, wie vergänglich Kunstwerke sind."
Das sind Vermutungen aus einem Gespräch über „Der Wassermaler". Habt ihr weitere? Und wie denkt ihr darüber?
2. Jemand schlägt dem Wassermaler vor, eine Ausstellung seiner Kunst zu organisieren. Erzählt, was daraus werden könnte.

Woher? Wohin?

Gibs auf!

Es war sehr früh am Morgen, die Straßen rein und leer, ich ging zum Bahnhof. Als ich eine Turmuhr mit meiner Uhr verglich, sah ich, daß es schon viel später war, als ich geglaubt hatte, ich mußte mich sehr beeilen, der Schrecken über diese Entdeckung ließ mich im Weg unsicher werden, ich kannte mich in dieser Stadt noch nicht sehr gut aus, glücklicherweise war ein Schutzmann in der Nähe, ich lief zu ihm und fragte ihn atemlos nach dem Weg. Er lächelte und sagte: „Von mir willst du den Weg erfahren?" „Ja", sagte ich, „da ich ihn selbst nicht finden kann." „Gibs auf, gibs auf", sagte er und wandte sich mit einem großen Schwunge ab, so wie Leute, die mit ihrem Lachen allein sein wollen.

Franz Kafka

1. Denkt euch eine passende Vorgeschichte zu dieser kleinen Erzählung aus. Wer ist der Ich-Erzähler? Was hat er in der Stadt zu suchen? Warum will er abreisen?

Schüler erzählen „Gibs auf!" aus der Sicht des Schutzmanns

1. Da kam er um die Ecke, eigentlich noch früher, als ich ihn erwartet hatte, und blickte ängstlich suchend umher. Zweimal streifte mich sein Blick; jedoch war er sichtlich unentschlossen und wollte es wohl zuerst doch noch einmal selbst versuchen, er irrte ein Stück weiter umher, kam dann schließlich auf mich zu und fragte hektisch, jedoch sehr höflich nach dem Weg. Ich lächelte und gab ihm zu verstehen, daß ich nicht der richtige Mann sei, der ihm diese wichtige Auskunft geben könnte. Ich lächelte und wandte mich schnell ab, um ihn alleine stehen zu lassen.

2. Es war ein Morgen wie jeder andere auch. Ich stand, zu so früher Stunde noch halb in meine Träume versunken, an der Straßenkreuzung des Friedrichplatzes, wie ich es jeden Morgen zu tun pflege. Zu dieser Stunde herrschte noch selige Ruhe, noch keine Blechlawine und Menschenströme zu sehen. Es ist eigentlich die schönste Zeit am Tag, niemand hetzt, nichts lärmt, es ist fast wie im schönsten Traum. Doch an diesem Morgen war ich nicht ganz allein, ein Mann, den ich offenbar lange nicht bemerkt hatte, tauchte urplötzlich vor mir auf.
Er sah so erregt aus, sein Gesicht schien fast zu glühen, und das schon um diese Uhrzeit. Mein Gott, habe ich bei mir gedacht, der arme, arme Mensch! Muß er doch jetzt schon herumeilen. Er bemerkt ja überhaupt nicht, wie friedlich und ruhig dieser Morgen ist. Als er mich dann auch noch nach irgendeinem Weg fragte, habe ich ihm klargemacht, daß diese Hetzerei doch keinen Sinn haben kann, indem ich einfach "Gib's auf" sagte, in der Hoffnung, daß er endlich die Ruhe, die wir Menschen brauchen, finden möge.

3. Ich sah, wie er ganz verstört und gehetzt in der Gegend herumlief, so daß es fast schon komisch aussah. Als er mich schließlich erblickte und nach dem Weg fragte, mußte ich unwillkürlich lächeln. So ein seltsamer Typ! Fragt mich nach <u>dem Weg</u>. Nach welchem Weg denn? Für wen hält er mich eigentlich? Bin doch bloß ein ganz normaler Schutzmann, der gerade wartet, bis sein Dienst anfängt. Also warf ich ihm nur ein leicht spöttisches "Gib's auf" hin und wandte mich ab.

4. Es war noch früh am Morgen; alles war noch ruhig und friedlich, die Straßen menschenleer. Wie meistens in solchen Situationen verfiel ich in tiefsinnige Grübelei über Sinn und Unsinn des Daseins, über Gott und die Welt. Ich fragte mich, wie alt ich denn noch werden müsse, bis ich endlich wüßte, wo's lang geht. Und ausgerechnet in diesem Moment fragt mich ein junger Mann nach dem Weg zum Bahnhof. Ich hatte ihn gar nicht kommen sehen und war einfach zu sehr mit meiner eigenen Suche nach meinem Weg beschäftigt, so daß ich ihm riet, es aufzugeben, und mich schnell davonmachte, dorthin, wo mich niemand mehr nach dem Weg fragen konnte.

5. Am frühen Morgen kam einer zu mir, der von mir den Weg erfahren wollte, da er ihn selbst nicht finden konnte. Doch ich sagte ihm, er solle es aufgeben. Ich fühlte mich dafür nicht zuständig, soll er es doch bei jemand anders versuchen. Bei mir nicht! Mir sagt ja auch niemand den Weg.

6. Die Leute denken doch alle, mit den Schutzmännern kann man es ja machen. Die rennen schon am frühen Morgen wie die Irren durch die Gegend und haben nichts Besseres im Kopf, als uns mit stumpfsinnigen Fragen zu löchern. Der soll doch alleine klarkommen.

7. Nach den Ereignissen der Nacht stürzte ich mich ins Straßengewirr. Lange Zeit ging ich völlig orientierungslos durch die Gassen. Ich mußte allein sein. Plötzlich lief so ein Herrchen auf mich zu und fragte mich kindlich-vertrauensvoll nach dem Weg. Ich mußte bei seinem Anblick lächeln, so eifrig und vertrauensselig stand er da vor mir. "Von mir willst du den Weg erfahren?" "Ja", sagte er, "da ich ihn selbst nicht finden kann." "Gibs auf, gibs auf!" (sagte ich) und wandte mich ab, in mir ein großes, höhnisches Lachen, ein Lachen darüber, daß es auf dieser Welt, die so böse ist, noch Menschen gibt, die Vertrauen haben können.

2. Vergleicht die Erzählungen und stellt dabei die wichtigsten Unterschiede heraus.
3. Welche Erzählungen haben euch besonders überzeugt? Gibt es auch Fälle, in denen man sagen kann, daß der Schutzmann nicht „richtig" erfaßt ist?
4. Wie kommt es, daß Kafkas kleine Erzählung so viele unterschiedliche Deutungen hervorruft?

Der Aufbruch

Ich befahl mein Pferd aus dem Stall zu holen. Der Diener verstand mich nicht. Ich ging selbst in den Stall, sattelte mein Pferd und bestieg es. In der Ferne hörte ich eine Trompete blasen, ich fragte ihn, was das bedeute. Er wußte nichts und hatte nichts gehört. Beim Tore hielt er mich auf und fragte: „Wohin reitest du, Herr?" „Ich weiß es nicht", sagte ich, „nur weg von hier, nur weg von hier. Immerfort weg von hier, nur so kann ich mein Ziel erreichen." „Du kennst also dein Ziel?" fragte er. „Ja", antwortete ich, „ich sagte es doch: ‚Weg-von-hier', das ist mein Ziel." „Du hast keinen Eßvorrat mit", sagte er. „Ich brauche keinen", sagte ich, „die Reise ist so lang, daß ich verhungern muß, wenn ich auf dem Wege nichts bekomme. Kein Eßvorrat kann mich retten. Es ist ja zum Glück eine wahrhaft ungeheuere Reise."   Franz Kafka

1. Vergleicht die Erzählungen „Gibs auf!" und „Der Aufbruch".
2. Erzählt die Geschichte des Dieners. Was wird er tun nach dem Abschied seines Herrn?

Heimkehr

Ich bin zurückgekehrt, ich habe den Flur durchschritten und blicke mich um. Es ist meines Vaters alter Hof. Die Pfütze in der Mitte. Altes, unbrauchbares Gerät, ineinanderverfahren, verstellt den Weg zur Bodentreppe. Die Katze lauert auf dem Geländer. Ein zerrissenes Tuch, einmal im Spiel um eine Stange gewunden, hebt sich im Wind. Ich bin angekommen. Wer wird mich empfangen? Wer wartet hinter der Tür der Küche? Rauch kommt aus dem Schornstein, der Kaffee zum Abendessen wird gekocht. Ist dir heimlich, fühlst du dich zu Hause? Ich weiß es nicht, ich bin sehr unsicher. Meines Vaters Haus ist es, aber kalt steht Stück neben Stück, als wäre jedes mit seinen eigenen Angelegenheiten beschäftigt, die ich teils vergessen habe, teils niemals kannte. Was kann ich ihnen nützen, was bin ich ihnen und sei ich auch des Vaters, des alten Landwirts Sohn. Und ich wage nicht, an der Küchentür zu klopfen, nur von der Ferne horche ich stehend, nicht so, daß ich als Horcher überrascht werden könnte. Und weil ich von der Ferne horche, erhorche ich nichts, nur einen leichten Uhrenschlag höre ich oder glaube ihn vielleicht nur zu hören, herüber aus den Kindertagen. Was sonst in der Küche geschieht, ist das Geheimnis der dort Sitzenden, das sie vor mir wahren. Je länger man vor der Tür zögert, desto fremder wird man. Wie wäre es, wenn jetzt jemand die Tür öffnete und mich etwas fragte. Wäre ich dann nicht selbst wie einer, der sein Geheimnis wahren will.   Franz Kafka

1. Warum verharrt der Heimkehrer vor dem Haus seines Vaters?
2. Entwerft eine mögliche Lebensgeschichte des Erzählers. Warum ist er von zu Hause weggegangen? Was ist aus ihm geworden? Warum kehrt er zurück?
3. Vergleicht die Erzählung mit dem biblischen Gleichnis vom verlorenen Sohn (Lukas 15,11–32).

Das Gleichnis vom verlorenen Sohn

11. Und er sprach: Ein Mensch hatte zwei Söhne.

12. Und der jüngste unter ihnen sprach zu dem Vater: Gib mir, Vater, das Teil der Güter, das mir gehört. Und er teilte ihnen das Gut.

13. Und nicht lange darnach sammelte der jüngste Sohn alles zusammen und zog ferne über Land; und daselbst brachte er sein Gut um mit Prassen.

14. Da er nun all das Seine verzehrt hatte, ward eine große Teuerung durch dasselbe ganze Land, und er fing an zu darben.

15. Und ging hin und hängte sich an einen Bürger des Landes; der schickte ihn auf seinen Acker, die Säue zu hüten.

16. Und er begehrte seinen Bauch zu füllen mit Trebern*, die die Säue aßen; und niemand gab sie ihm.

17. Da schlug er in sich und sprach: Wie viel Tagelöhner hat mein Vater, die Brot die Fülle haben, und ich verderbe im Hunger!

18. Ich will mich aufmachen und zu meinem Vater gehen und zu ihm sagen: Vater, ich habe gesündigt gegen den Himmel und vor dir ...

19. und bin hinfort nicht mehr wert, daß ich dein Sohn heiße; mache mich zu einem deiner Tagelöhner!

20. Und er machte sich auf und kam zu seinem Vater. Da er aber noch ferne von dannen war, sah ihn sein Vater, und es jammerte ihn, lief und fiel ihm um seinen Hals und küßte ihn.

21. Der Sohn aber sprach zu ihm: Vater, ich habe gesündigt gegen den Himmel und vor dir; ich bin hinfort nicht mehr wert, daß ich dein Sohn heiße.

22. Aber der Vater sprach zu seinen Knechten: Bringet das beste Kleid hervor und tut es ihm an, und gebet ihm einen Fingerreif an seine Hand, und Schuhe an seine Füße.

23. und bringet ein gemästet Kalb her und schlachtet's; lasset uns essen und fröhlich sein!

24. denn dieser mein Sohn war tot und ist wieder lebendig geworden; er war verloren und ist gefunden worden. Und sie fingen an, fröhlich zu sein.

25. Aber der älteste Sohn war auf dem Felde. Und als er nahe zum Hause kam, hörte er das Gesänge und den Reigen;

26. und rief zu sich der Knechte einen und fragte, was das wäre.

27. Der aber sagte ihm: Dein Bruder ist gekommen, und dein Vater hat ein gemästet Kalb geschlachtet, daß er ihn gesund wieder hat.

28. Da ward er zornig und wollte nicht hineingehen. Da ging sein Vater heraus und bat ihn.

29. Er aber antwortete und sprach zum Vater: Siehe, so viel Jahre diene ich dir und habe dein Gebot noch nie übertreten; und du hast mir nie einen Bock gegeben, daß ich mit meinen Freunden fröhlich wäre.

30. Nun aber dieser dein Sohn gekommen ist, der sein Gut mit Huren verschlungen hat, hast du ihm ein gemästet Kalb geschlachtet.

31. Er aber sprach zu ihm: Mein Sohn, du bist allezeit bei mir, und alles, was mein ist, das ist dein.

32. Du solltest aber fröhlich und gutes Muts sein; denn dieser dein Bruder war tot und ist wieder lebendig geworden; er war verloren und ist wieder gefunden.

---

* Trebern: Rückstände beim Weinkeltern, ausgepreßte Trauben.

Zu einem Holzschnitt von Edvard Munch

Grobe, doch nur schwach gewölbte Wolken staffeln sich über den gerundeten Linien einer Landschaft; sie umringt eine Bucht mit zwei Schiffen, Kreuzern oder Fischerbooten, das ist ungewiß.
Auf das Gewässer zu stößt ein geländerversehener Steg, etwas wie eine Lan-
5 dungsbrücke, endlos lang, auf der im Vordergrund ein Mensch, Mann oder Frau, beide Hände an den Kopf preßt: links und rechts von einem Mund, aufgerissen und überweit, nackter Trichter und Hieroglyphe des Schreiens. Zwischen diesem und den beiden bitterschwarzen Silhouettenmännern da hinten auf der Brücke soll ein Zusammenhang unleugbar sein. Aber ob die beiden dunklen Herren zum
10 Wasser hin davongehen, ob sie in den Vodergrund kommen werden, wo der Holzgedruckte lautlos gellt, ist nicht zu deuten. Sonst wüßte jeder, was der Schrei besagt.
Günter Kunert

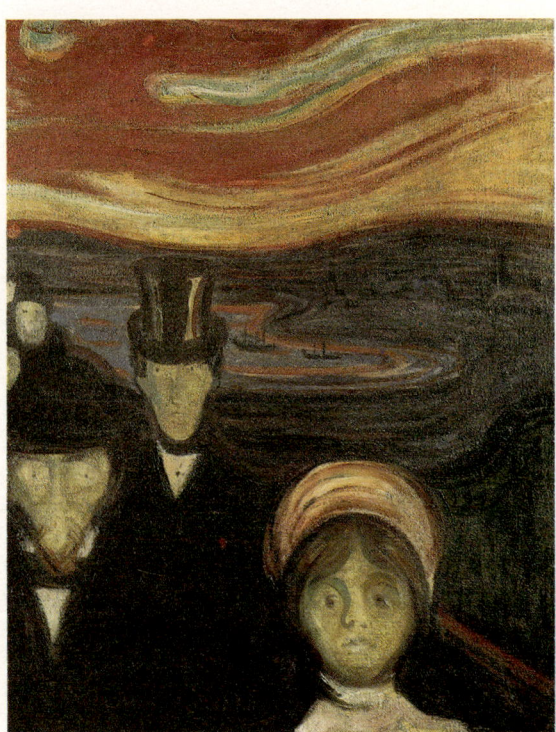

Edvard Munch: Der Schrei *Edvard Munch: Angst*

1. Ist Kunerts Text eine „Bildbeschreibung"?
2. Erzählt zum Holzschnitt von Munch eine Geschichte, aus der hervorgeht, „was der Schrei besagt".
3. Formuliert auch zu dem Bild „Angst" einen Text, der die Fragen aufwirft, die das Bild dem Betrachter stellt.

Redensarten. Redensarten?

Früher war das alles ganz anders

Früher war das alles ganz anders. Die Städte alle waren viel größer und die Dörfer waren noch Dörfer. Früher gab es noch Gerechtigkeit, und wer nicht hören wollte, mußte eben fühlen. Da waren unsere Lehrer noch die Lehrer unserer Eltern. Sonntags zogen wir noch Sonntagsanzüge an. Die Kirche stand noch im Dorf. Die
5 Wacht[1] stand noch am Rhein. Früher wußten wir, daß Gott mit uns ist. Früher kam auch noch Hans Muff. Wen wir fingen, der kam an den Marterpfahl. Die Sommer waren richtige Sommer. Die Ferien sahen immer endlos aus. Die Milch war noch gesund. Früher wußten wir, woran wir uns zu halten hatten. Da wurde noch gewandert. Wer im Wirtshaus saß, der saß auch bald im Klingelpütz[2]. Früher ging
10 man noch zu Fuß. Da schützte man seine Anlagen. Da gab's sowas nicht. Da gab es noch Feinde, bei denen man das Weiße im Auge erblicken konnte. Wohin man auch ging, man traf immer auf Gleichgesinnte. Wer es nicht besser wußte, der hielt auch den Mund, und wem es absolut nicht passen wollte, der konnte ja bleiben, wo der Pfeffer wächst. Früher gab es noch Mohren, Indianer und Chine-
15 sen. Früher ging das alles viel einfacher. Da wäre doch sowas nie passiert. Da gab es das doch alles nicht. Früher hörte man noch zu, wenn man von früher erzählte.

Jürgen Becker

1. Wen stellt ihr euch als Sprecher dieser Sätze vor? Und aus welchem Anlaß werden sie wohl gesprochen? Wer ist angesprochen?
2. Woran merkt man, daß der Verfasser nicht hinter diesen Sätzen steht?
3. Sammelt typische Redensarten einer bestimmten Gruppe (z. B. Sportreporter, Lehrer usw.) und „bastelt" daraus einen Text.

[1] Die Wacht am Rhein: Wachtposten, die früher die Grenze gegen Frankreich sicherten.   [2] Klingelpütz: Strafvollzugsanstalt in Köln.

Kalkulation über was alle gewußt haben

natürlich haben alle was gewußt der eine dies und der andere das aber niemand mehr als das und es hätte schon jemand sich noch mehr zusammenfragen müssen wenn er das gekonnt hätte aber das war schwer weil jeder immer nur an der oder der Stelle dies oder das zu hören kriegte heute weiß es jeder weil jeder es weiß aber da nützt es nichts mehr weil jeder es weiß heute bedeutet es nichts mehr als daß es damals etwas bedeutet hat als jeder nicht alles sondern nur dies oder das zu hören kriegte usw.
einige haben natürlich etwas mehr gewußt das waren die die sich bereit erklärt hatten mitzumachen und die auch insofern mitmachten als sie halfen die andern zu Mitmachern zu machen mit Gewalt oder mit Versprechungen denn wer geholfen hat hat natürlich auch was wissen müssen es hat zwar vor allen verheimlicht werden können aber nicht ganz vor allen usw.
und dann gab es natürlich welche die schon eine ganze Menge wußten die mittlere Garnitur die auf dem einen oder anderen Sektor was zu sagen hatten da haben sie zwar nur etwas verwalten können was organisiert war denen waren gewisse Einzelheiten bekannt sie hätten sich vielleicht auch das Ganze zusammenreimen können oder haben es vielleicht sogar getan aber sie trauten sich nicht und vor allem fehlte ihnen eins und das war der springende Punkt was sie hätten wissen müssen wenn sie wirklich usw.
die da oben wußten natürlich das meiste auch untereinander denn wenn sie nichts voneinander gewußt hätten hätten sie es nicht machen können und es hätte gar nichts geklappt denn so etwas mußte funktionieren und was nicht und wo einer nicht funktionierte da mußte er erledigt werden wie sich schon gleich zu Anfang und noch deutlicher später gegen Ende gezeigt hat usw.
und natürlich wußten die paar die fast alles wußten auch schon fast alles und wie es funktionierte und wie durch Mitwissen Mitwisser und Mitwisser zu Mittätern Mittäter zu Übelwissern Übelwisser zu Übeltätern usw. denn die fast alles wußten waren so mächtig daß sie fast alles tun konnten auch Mitwisser zu Mittätern Mittäter zu Übelwissern Übelwisser zu Übeltätern usw. die haben es schon gewußt und weil sie es gewußt haben sind sie bei der Stange geblieben denn es war ihre Angelegenheit usw. und weil man sagen kann daß die es schon gewußt haben sagt man heute oft daß die es waren die dies aber das das stimmt nicht völlig denn sie haben nicht gewußt obs auch funktioniert und das denn das hat natürlich nur ein einziger gewußt aber wenn er gewußt hat den springenden Punkt sozusagen daß es auch funktioniert und daß es weils funktioniert auch passiert und das ist ja auch genau passiert usw. das was alle gewußt haben das hat er natürlich nicht gewußt denn das konnte er nicht wissen er hatte ja keine Ahnung davon was alle dachten und sich überlegten usw. aber gerade daran lag es schließlich daß es funktionierte daß alle was gewußt haben

40 aber nur einer obs funktionierte aber nicht wußte daß es nur deshalb funktionierte weil er nicht wußte was alle wußten usw. die etwas mehr wußten konnten nichts machen ohne die die etwas wußten die schon eine ganze Menge wußten konnten nichts machen ohne die die etwas mehr wußten die fast alles wußten konnten nichts machen ohne die die schon eine ganze Menge wußten usw.
45 aber weil alle bis auf den einen nicht wußten obs auch wirklich funktionierte konnten sie nichts machen ohne den der schon wußte daß es funktionierte aber nicht wußte was alle wußten nämlich daß sie nicht wußten obs auch funktionierte

und so hat das funktioniert.

Helmut Heißenbüttel

1. „Der Verfasser spricht nicht selbst, er gibt die Reden anderer wieder." Womit läßt sich diese Aussage belegen? Gilt sie für den ganzen Text?
2. Verteilt einen Textabschnitt probeweise auf verschiedene Sprecher, so daß sich ein „Gespräch" ergibt. Was ist die Besonderheit dieses Gesprächs?
3. Heißenbüttel geht mit diesem Text der Frage nach, wie es zum staatlich organisierten Verbrechen kommen konnte. Welche Antwort gibt er darauf?

Protokoll 41

Am frühen Montagmorgen hörten sie Hilferufe und Schüsse. Sie versuchten festzustellen, in welcher Etage es geschehen war, sie hörten die Rufe und versuchten, sich zu erinnern, wem diese Stimme gehörte – etwas schwierig, denn die Zahl der Mieter ist in diesem Haus sehr groß, außerdem verbinden
5 keine engeren Beziehungen die Nachbarn miteinander – schließlich hörte man, deutlich, behaupten die meisten, wie zwei Personen eilig die Treppe herunterliefen. Dann wagte man, sich aus der Erstarrung zu lösen, den Morgenrock über die Schultern zu werfen, um den stolpernden und die Stufen herunterfallenden, bis zu einer halboffenen Tür sich schleppenden Mann zu identifizieren. Das ist
10 der Herr vom Dritten, der da kriecht, ihn hat es wirklich erwischt, vom Tod ist er geweckt worden, sein Unterhemd ist rot, das Blut rinnt unter der Pyjamahose bis auf die nackten Füße, ihn hat's bestimmt tödlich getroffen, er stolpert und fällt gegen die Wand und die Treppe 'runter, vielleicht haben ihn die Kugeln – es waren sechs oder fünf, jedenfalls viele – im Gesicht getroffen, der schreit nicht
15 mehr, der hustet nur, der hustet und rennt von einer Wand des Flurs an die andere und rollt die Treppe herab, findet immer wieder die Kraft, aufzustehen, schrecklich, wie er seinen blutigen Mund aufreißt, vielleicht die Namen der Mörder sagen will, ja, das waren zwei, jeder weiß, daß es zwei waren, jeder hat sie gehört, keiner hat gewagt, seinen Kopf durch den Türspalt zu schieben und sie
20 zu sehen, sie hatten die Pistolen noch in den Händen und Kugeln genug für die

Neugierigen, so etwas ist jedem bekannt, sie hätten denjenigen, der es gewagt hätte, sie nur anzusehen, wie ein Kaninchen abgeknallt, sie waren ja Mörder, Mörder vernichten jeden, der Zeuge ihrer Greueltaten hätte sein können, das waren bezahlte Verbrecher, möglicherweise mit Masken über dem Gesicht.
Schrecklich ist, wie er immer noch am Treppengeländer balanciert, an den halbgeöffneten Türen vorüberrast, sich wieder auf der Schwelle krümmt, kopfüber herunterfällt und schließlich erstarrt, in einer Stellung, die alle Bewohner des Hauses ermunterte, aus ihren Türen herauszuschleichen, sich der blutigen Leiche zu nähern und hohe, hysterische Schreie auszustoßen.

Vagelis Tsakiridis

1. An welchen Stellen im Text ändern sich Sprache und Perspektive? Beschreibt die Veränderungen.
2. Wie versteht ihr die Überschrift?
3. Nicht alle Teile der Erzählung sind im Stil des „Protokolls" gehalten. Schreibt den Mittelteil so um, daß auch er den Charakter eines „Protokolls" erhält.

Luft

P., der über Zuschauern auf einem Seil geht tagtäglich von Turm zu Turm, unter dem Seil ist eine Gasse freigehalten, hört einen Vorschlag von dem Festkomitee.
Daß die Zuschauer sehen, wie du Schritt für Schritt gehst, ist für Zuschauer zu fern, sagt Z. Sie sollen sehen auf der Erde, was du siehst in der Luft. Du wirst, während du gehst, sprechen. Die Zuschauer auf dem Platz hören es aus dem Lautsprecher. Du bist aber nicht allein. Auch du hörst etwas, nämlich, was ich dir sage. Und die Zuschauer hören es auch. So daß der Eindruck vollendet sein wird für alle unter dir.
P. zögert. Zwar spricht er öfter zu sich selbst bei dem Gang auf dem Seil. Aber es ist nichts, was er sieht für andere. Eher erteilt er sich Ratschläge.

Es ist leicht für dich, sagt Z. Mach dir keine Gedanken. Sprich zu dir selbst oder rede vor dich hin. Jedes Wort, das die Zuschauer hören von dir, ist ein Wort aus gefährlicher Lage. Das ist genug.
P. läßt es zu. Es ist auch spät; er prüft den Sitz der Schuhe und sieht in den Himmel, ob Regen herankommt.
Er setzt den rechten Fuß auf das Seil, die Zuschauer erblicken ihn.
Z. ruft in sein Ohr, Warum schweigst du?
Ich setze den linken Fuß auf das Seil, ich sehe die Stadt, wie sie klein ist, sagt P. Gesichter sehe ich keine. Ich setze den rechten Fuß vor den linken. Ich muß mich erinnern, daß alles, was ich sehe, sinnvoll ist, die Ordnung der Straßen und Häuser, die Bewegungen der Zuschauer. Das Seil ist beschlagen, ich muß damit rechnen.

Hast du Angst? ruft Z.
Ja, aber ehe sie zunimmt, tue ich einen Schritt.
Was siehst du, ruft Z.
Ich sehe eisige Kristalle. Sie schmelzen. Die Wasser schlagen in mein Gesicht. Die mich verfehlen, fallen nieder auf euch. Meine Schritte werden langsamer, das Seil ist glatt.
Geh weiter, ruft Z.
Der Wind verwirrt mich, sagt P.
Hier unten ist es still, sagt Z.
Er trifft meinen Rücken, sagt P. Er drängt mich, aber ich kann nicht Schritt halten mit ihm.
Versuch es, sagt Z., du schaffst es.
Meine Füße zittern, sagt P., ich muß einhalten.
Tu es nicht, ruft Z., du verlierst Kraft.
Fasse das Ende des Weges ins Auge.
Meine Hände erstarren, sagt P.
Denke an die Zuschauer, ruft Z. Sie stehen bei dir.
Ich gehe weiter, sagt P.
Du hast keine Wahl, ruft Z.
Ich gehe im Laufschritt, sagt P., die Geschwindigkeit hilft mir.
Ich verfehle das Seil, ruft P. Ich falle zur Seite. Regen und Wind vergesse ich. Ich sehe aber die Wolken. Die Zuschauer kommen näher. Ich erkenne die Steine der Gasse. Ich schlage auf! Mein Kopf ist geborsten, Arme und Beine zerbrochen, aus meinem Leib blute ich.
Warum sagt er das, fragen die Zuschauer. Wir sehen es.

Hans Joachim Schädlich (1978)

1. Wie beurteilt ihr das Schlußwort der Zuschauer?
2. Gestaltet nach Wahl
   – ein Gespräch zwischen heimkehrenden Zuschauern,
   – eine Live-Reportage von der Veranstaltung,
   – einen Zeitungsbericht.
3. Vergleicht diese Erzählung mit „Protokoll 41" von Tsakiridis.

Kapitel 7 Ansichten eines Schriftstellers: Heinrich Böll

Deutschland braucht keine Präzeptoren, deren hat es genug gehabt, es braucht kritische, aufmerksame Bürger, die nicht immer und unbedingt Autoren sein müssen. Was Autoren sind: *auch* Bürger, möglicherweise artikulierte; sonst nichts. Ich bin gegen Helden-Verehrung, Denkmäler, Images und Ikonen.

„Lauterkeit"*

Auszug aus einem Brief von Christa Wolf an Heinrich Böll zum 65. Geburtstag

> [...] Von vielen Ihrer Bücher weiß ich den Ort, an dem ich sie las: ein Garten, ein Krankenhauszimmer, Hotelzimmer, ein Zug-Abteil. Nichts, was Sie geschrieben haben, hat mich kalt gelassen, ungeachtet, welchen literarischen Rang es in Ihrem Werk einnimmt. Die Rheinländer kenne ich, ehe ich sie „in Wirklichkeit" kennenlernte, durch Sie. Köln: eine Stadt, die mir vertraut ist, durch Sie. Durch Sie die Lehre, daß man an Abstrakta wie Güte, Gewissen, Hoffnung genauso konkret nehmen und beschreiben kann und soll wie ein Haus, eine Landschaft, eine Familie. Und daß Güte, Gewissen, Hoffnung politische Tugenden sein können. Daß es doch menschenmöglich ist, in einer Person private, literarische, politische Tugenden zu vereinen, zu einer widersprüchlichen Einheit, die ich „Lauterkeit" nenne.
>
> Hier, verehrter Heinrich Böll, ich nutze den Anlaß Ihres Geburtstages schamlos aus, um Ihnen einmal zu sagen: Ich bin froh, daß es Sie gibt.
>
> Ihre
>
> Christa Wolf
>
> Berlin, am 3. Mai 1982

---

* Diese und die folgenden mit * versehenen Überschriften auf den Seiten 137–163 sind keine Originaltitel, sondern von den Herausgebern eingefügt. Vgl. dazu auch das Autoren- und Quellenverzeichnis S. 237 ff.

„Was soll aus dem Jungen bloß werden?" (1917–1945)

„Geboren in Köln"*

Geboren bin ich in Köln, wo der Rhein, seiner mittelrheinischen Lieblichkeit überdrüssig, breit wird, in die totale Ebene hinein auf die Nebel der Nordsee zufließt; wo weltliche Macht nie so recht ernst genommen worden ist, geistliche Macht weniger ernst, als man gemeinhin in deutschen Landen glaubt; wo man Hitler mit Blumentöpfen bewarf,
5 Göring öffentlich verlachte, den blutrünstigen Gecken, der es fertigbrachte, sich innerhalb einer Stunde in drei verschiedenen Uniformen zu präsentieren; ich stand zusammen mit Tausenden Kölner Schulkindern Spalier, als er in der dritten Uniform, einer weißen, durch die Stadt fuhr; ich ahnte, daß der bürgerliche Unernst der Stadt gegen die neu heraufziehende Mechanik des Unheils nichts ausrichten würde; geboren in Köln, das
10 seines gotischen Domes wegen berühmt ist, es aber mehr seiner romanischen Kirchen wegen sein müßte; das die älteste Judengemeinde Deutschlands beherbergte und sie preisgab; Bürgersinn und Humor richteten gegen das Unheil nichts aus, jener Humor, so berühmt wie der Dom, in seiner offiziellen Erscheinungsform schreckenerregend, auf der Straße manchmal von Größe und Weisheit.

Heinrich Böll

Raderberg*

Acht Jahre lang wohnten wir in dieser Straße, die von zwei „Lagern" bestimmt war, dem bürgerlichen und dem sozialistischen (das waren damals noch wirkliche Gegensätze!), oder von den „Roten" und den „besseren Leuten". Ich habe nie, bis heute nicht begriffen, was an den besseren Leuten besser gewesen wäre oder hätte sein können. Mich
5 zog's immer in die Siedlung, die wie unsere neu erbaut war, in der Arbeiter, Partei- und Gewerkschaftssekretäre wohnten; dort gab es die meisten Kinder und die besten Spielgenossen, immer genug Kinder, um Fußball, Räuber und Gendarm, später Schlagball zu spielen. Meine Eltern störte es nicht, daß ich die meiste Zeit bei den „Roten" verbrachte, sie wären nie auf den Gedanken gekommen, zu tun, was die Professoren,
10 Prokuristen, Architekten, Bankdirektoren taten: die verboten ihren Kindern, mit den „Roten" zu spielen. Der bürgerliche Teil war so offensichtlich der langweiligere, die Spiele dort in Gärten und Stuben ganz à la Trotzköpfchen: Teeparties, Pfänderspiele, die merkwürdig schwüle Früherotik, aus der man sich sentimentale Erinnerungen strickt. Auf der Straße, von den „roten" Kindern lernte ich, was ich bei den „besseren"
15 nie gelernt hätte: Reifenschlagen als Wettlauf, rund um den Park, rund um den Block, barfuß, mit einem Stock die kahle, rostige, aus dem Abfallhaufen herausgesuchte Fahrradfelge vor mir herzutreiben, sie, ohne viel Tempo zu verlieren, in die Kurve zu lenken, ihr vorne links, vorne rechts eins zu versetzen, dann mit dem Stock schleifend zu bremsen, rund um den Park, rund um den Block. Oder Reifenweitwurf oder -weitrollen: den
20 Reifen im Vorgebirgspark den Wiesenhang hinunterzuschleudern, auf Kommando, zuzusehen dann, wie die Reifen, erst nebeneinander, dann Tempo gewinnend, verlierend, auf die Nußbaumgruppe am Querweg zurollten, O-beinig eiernd schließlich ermatteten, ausschlugen, umfielen, während des Siegers Reifen sich stolz dem Querweg näherte.

Heinrich Böll

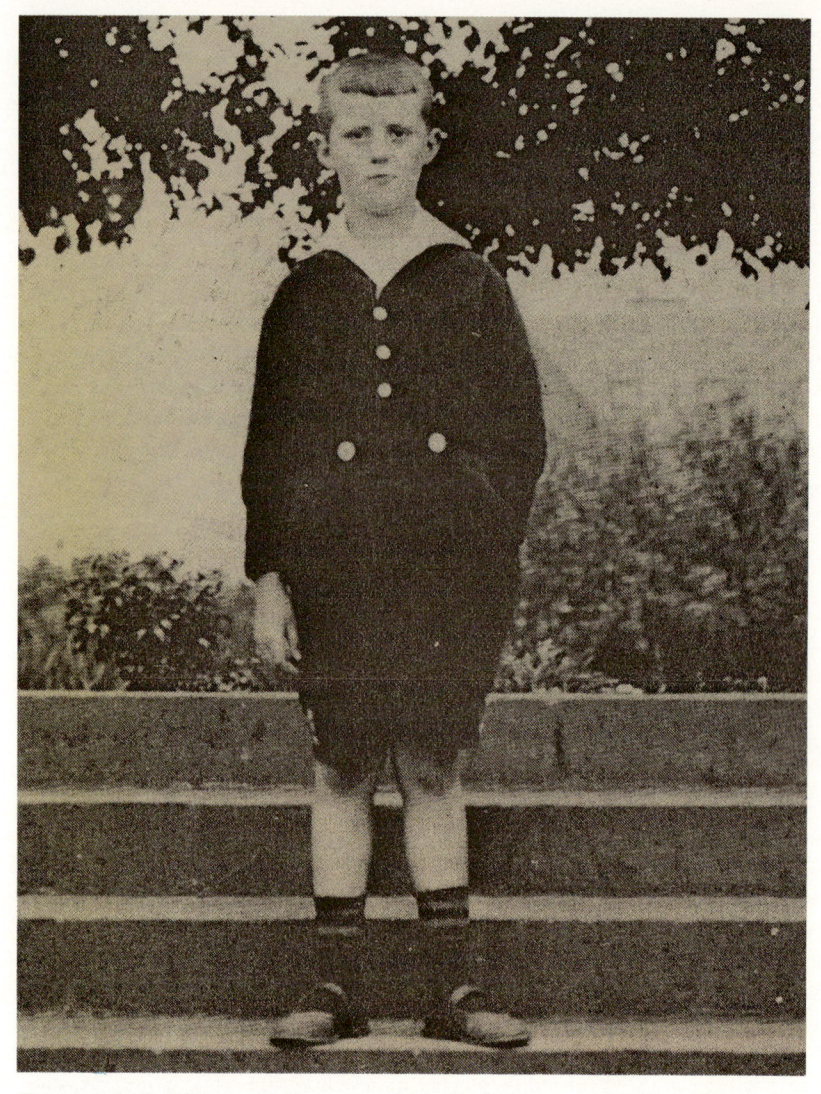

Heinrich Böll, 1926, im Volksgarten, Köln-Raderberg.

Krisenjahre*

Meine erste Erinnerung: Hindenburgs heimkehrende Armee, grau, ordentlich, trostlos
zog sie mit Pferden und Kanonen an unserem Fenster vorüber; vom Arm meiner Mutter
aus blickte ich auf die Straße, wo die endlosen Kolonnen auf die Rheinbrücken zumarschierten; später: die Werkstatt meines Vaters: Holzgeruch, der Geruch von Leim,
5 Schellack und Beize; der Anblick frischgehobelter Bretter, das Hinterhaus einer Mietskaserne, in der die Werkstatt lag; mehr Menschen, als in manchem Dorf leben, lebten

dort, sangen, schimpften, hängten ihre Wäsche auf die Recks; noch später: die klangvollen germanischen Namen der Straßen, in denen ich spielte: Teutoburger-, Eburonen-, Veledastraße, und die Erinnerung an Umzüge, wie mein Vater sie liebte, Möbelwagen, biertrinkende Packer, das Kopfschütteln meiner Mutter, die ihren Herd liebte, auf dem sie das Kaffeewasser immer kurz vor dem Siedepunkt zu halten verstand. Nie wohnten wir weit vom Rhein entfernt, spielten auf Flößen, in alten Festungsgräben, in Parks, deren Gärtner streikten; Erinnerung an das erste Geld, das ich in die Hand bekam, es war ein Schein, der eine Ziffer trug, die Rockefellers Konto Ehre gemacht hätte: 1 Billion Mark; ich bekam eine Zuckerstange dafür; mein Vater holte die Lohngelder für seine Gehilfen in einem Leiterwagen von der Bank; wenige Jahre später waren die Pfennige der stabilisierten Mark schon knapp, Schulkameraden bettelten mich in der Pause um ein Stück Brot an; ihre Väter waren arbeitslos; Unruhen, Streiks, rote Fahnen, wenn ich durch die am dichtesten besiedelten Viertel Kölns mit dem Fahrrad in die Schule fuhr; wieder einige Jahre später waren die Arbeitslosen untergebracht, sie wurden Polizisten, Soldaten, Henker, Rüstungsarbeiter – der Rest zog in die Konzentrationslager; die Statistik stimmte, die Reichsmark floß in Strömen; bezahlt wurden die Rechnungen später, von uns, als wir, inzwischen unversehens Männer geworden, das Unheil zu entziffern versuchten und die Formel nicht fanden; die Summe des Leidens war zu groß für die wenigen, die eindeutig als schuldig zu erkennen waren; es blieb ein Rest, der bis heute nicht verteilt ist.

Heinrich Böll

Vor Hitler gefeit *

Geboren bin ich in Köln am 21. 12. 1917, dort auch ging ich dreizehn Jahre zur Schule und machte 1937 mein Abitur: aber vorher war etwas geschehen, an das ich mich genau erinnere: 1933, als ich fünfzehn Jahre alt war, war Hitler an die Macht gekommen: Deutschland – niemand hat bisher davon gesprochen – wurde im Dezember 1932 und Januar 1933 von einer Grippeepidemie heimgesucht: die Schulen waren geschlossen, das öffentliche Leben ziemlich lahmgelegt, und die Schnapsbrennereien florierten: Arbeitslosigkeit herrschte, fast niemand hatte Geld, und manchmal, wenn ich zur Schule ging – der Weg führte mich durch ein großes Arbeiterviertel –, waren die Straßen gesperrt, es gab Schießereien, und ich sah zum erstenmal in meinem Leben Panzerwagen, deren ich später sehr viele sehen sollte! Jedenfalls: Hitler kam an die Macht, und ich sehe noch vor mir das Gesicht eines Schulkameraden, der mich besuchte (auch ich lag mit Grippe im Bett) und mir freudestrahlend dieses Ereignis mitteilte.

Merkwürdigerweise wurde ich davor bewahrt, den politischen Irrtümern zu erliegen, obwohl ich generationsmäßig dazu ausersehen war. Meine Eltern, meine Geschwister, viele Freunde und Freundinnen meiner Geschwister – und mancher meiner Lehrer: sie alle zusammen bewahrten mich davor: meine Eltern hatten immer ein offenes Haus, obwohl wir wenig Geld hatten, und es wurde tagelang, Nächte hindurch bei uns diskutiert: sehr oft und in sehr großem Kreis. Eine von den vielen Freunden und Freundinnen, die bei uns verkehrten, wurde später meine Frau (ist es heute noch).

Heinrich Böll

"Was soll aus dem Jungen bloß werden?"

Beurteilung des Oberprimaners Heinrich Böll für die Reifeprüfung

Oberprimaner(in) _Heinrich Böll_

Allgemeine Beurteilung des Oberprimaners Heinrich Böll für die Reifeprüfung durch das Kollegium des Kaiser-Wilhelm-Gymnasiums

Körperbeschaffenheit: Breit und groß, doch wenig leistungsfähig, durch häufiges Kranksein vom Turnen auf Grund eines ärztlichen Attestes befreit und in seiner körperlichen Ausbildung stark gehemmt.

Familienverhältnisse: Geordnetes Familienleben, doch sehr dürftige Verhältnisse. Der Vater, Bildhauer, ist seit langem arbeitslos. 6 Kinder.

Begabung:	*gut begabt*
Leistungen:	*Im allgemeinen genügend, teilweise, besonders in Mathematik und Physik gut. Seinen Anlagen nach könnten seine Erfolge besser sein. Daß sie nicht durchweg gut sind, ist wohl auf Krankheit und häufiges Fehlen zurückzuführen.*
Betätigung in n.s. Verbänden:	*Ist wegen seiner Krankheit nicht organisiert.*
Charakter:	*Schwerblütig, verträglich, vielleicht nicht energisch genug. Fügt sich anscheinend mit Gelassenheit in seine dürftigen Verhältnisse, die er durch eigenes Verdienen zu bessern sucht.*
Berufswünsche:	*Verlagsbuchhändler. Er ist für diesen Beruf besonders durch seine Zuneigung zur Literatur geeignet.*

„Sieben Jahre Zwangsgemeinschaft"*

Ich begann eine Lehre als Buchhändler, wurde damit automatisch Mitglied der Arbeitsfront, besuchte keine einzige Versammlung. Aber im Herbst 1938 war meine Einziehung zum Reichsarbeitsdienst nicht mehr hinauszuschieben, und ich machte meine erste Bekanntschaft mit dem Nazismus aus der Nähe: gleich gründlich für 7 Monate Stumpfsinn,
5 Brutalität und schwere körperliche Arbeit, dazu ein sehr zynischer und intelligenter Oberstfeldmeister (Lagerführer) und jeden Tag stundenlang das Singen von Naziliedern, das Repertoire war unerschöpflich. Es folgten – mit einer kleinen Unterbrechung von 3 Monaten, während derer ich Germanistik und Kleinkaliberschießen an der Universität Köln studierte – 7 Jahre Stumpfsinn, Brutalität und das Singen jener Lieder aus dem
10 unerschöpflichen Repertoire. Was vom Elternhaus, von unseren Freunden her eine theoretische Abneigung gewesen war (Abneigung gegen die Nazis und gegen Gemeinschaftsgesang, der unmittelbar damit zusammenhängt), vertiefte sich in den Jahren 1938 bis 1945 gründlich. Den Krieg machte ich als Infanterist mit, auf verschiedenen Kriegsschauplätzen zwischen Kap Gris Nez und der Straße von Kertsch, und obwohl ich ihn
15 interessant genug erlebte (ich wurde viermal verwundet und war einige Mal „da vorne", was man „Front" nannte), so erschien mir der Krieg doch wie eine ungeheure Maschinerie der Langeweile, die durch die Nazis noch langweiliger gemacht wurde, als sie von Natur schon ist: blutige, unendliche Langeweile, die durch nichts unterbrochen wurde als durch Briefe von meiner Frau und meinen Eltern, und die Verwundung, die ich
20 begrüßte, weil sie immerhin einen Urlaub einbrachte. Einen weiteren Eindruck vom Krieg: den der Stümperei. [...]
Es kam das entsetzliche Ende des Krieges, das ich, mit gefälschten Papieren versehen, bei meiner Frau erlebte: Hinrichtungen Fahnenflüchtiger, Befehle, deren Unmenschlichkeit nicht mehr zu überbieten war, und ich schloß mich, um der drohenden Verhaf-
25 tung und dem Todesurteil zu entgehen, einer Infanteriedivision an und erlebte hier die Auflösung der Wehrmacht, die eine komplette Auflösung von innen heraus war: Horden – wie sie seit dem 30jährigen Krieg nicht mehr gesehen worden waren, durchzogen das

Land, Brücken wurden gesprengt, und ein Rausch der Vernichtung war über alle gekommen: Soldaten wurden erhängt, erschossen, zwei Minuten vor Kriegsende, und irgendwo in einem Bunker in Berlin saß Hitler, die Ratte des Untergangs, und kaute an den Fingernägeln, während Generäle und Feldmarschälle den Willen der Ratte vollzogen. [...]

Heinrich Böll

Das „zweite Köln"*

Die Kamera hat festgehalten, bringt wieder in Erinnerung, was das Auge der Zeitgenossen vergessen hat: dieses zweite Köln. Was nicht sichtbar gemacht werden kann, vielleicht aber spürbar wird: der Staub und die Stille. Staub, Puder der Zerstörung, drang durch alle Ritzen, setzte sich in Bücher, Manuskripte, auf Windeln, aufs Brot und in die Suppe; er war vermählt mit der Luft, sie waren ein Leib und eine Seele; jahrelang die tödliche Qual, gegen alle Vernunft, gegen alle Hoffnung als Sisyphus und Herakles diese Unermeßlichkeit des Staubs zu bekämpfen, wie ihn eine zerstörte Stadt von den Ausmaßen Kölns hervorbringt; er klebte auf Wimpern und Brauen, zwischen den Zähnen, auf Gaumen und Schleimhäuten, in Wunden – jahrelang dieser Kampf gegen die Atomisierung unermeßlicher Mengen von Mörtel und Stein. Das andere war die Stille, sie war so unermeßlich wie der Staub; nur die Tatsache, daß sie nicht total war, machte sie glaubwürdig und erträglich; irgendwo in diesen unermeßlich stillen Nächten bröckelten lose Steine ab oder stürzte ein Giebel ein; die Zerstörung vollzog sich nach dem Gesetz umgekehrter Statik, mit der Dynamik im Kern getroffener Strukturen; offenbar kann man auch den statischen Kern eines Gebäudes spalten. Oft konnte einer es am hellen Tag beobachten, wie ein Giebel sich langsam, fast feierlich senkte, Mörtelfugen sich lösten, weiteten wie ein Netz – und es prasselte Steine. Die Zerstörung einer großen Stadt ist kein abgeschlossener Vorgang wie eine Operation, sie schreitet fort wie eine Paralyse[1], es bröckelt allenthalben, bricht dann zusammen. Der freiwillige, weder durch Sprengung noch sonstige akute Gewalt bewirkte Einsturz einer hohen Giebelmauer ist ein unvergeßlicher Anblick; in irgendeiner nicht voraussehbaren, schon gar nicht berechenbaren Sekunde gibt dieses schön geordnete, in Zuversicht und Lust zusammengefügte Gebilde nach; es zählt, fast hörbar tickend, knisternd, vom Datum seiner Entstehung auf Null zurück – auch beim Abschuß von Raketen wird auf Null und Nichts zurückgezählt – und gibt sich auf.

Heinrich Böll

Ein Autor erinnert sich: Prüft in den voranstehenden Texten, woran er sich jeweils erinnert und wie er die Erlebnisse und Erfahrungen bewertet.

[1] Paralyse: Gehirnerweichung; vollständige Lähmung.

Biographische Übersicht 1917–1945

1917 21. Dezember: Heinrich Böll als sechstes Kind des Schreinermeisters und Bildhauers Viktor Böll und seiner Frau Maria in Köln geboren

1921 Umzug der Familie von der Teutoburger Straße in der Kölner Südstadt in den ländlichen Vorort Köln-Raderberg

1924–1928 Besuch der katholischen Volksschule in Köln-Raderthal

1928 Eintritt in das Kaiser-Wilhelm-Gymnasium in Köln

1930 Verkauf des Hauses in Raderberg durch die Familie als Folge einer Bankpleite. Umzug zurück in die Stadt in eine Wohnung am Ubierring.

1937 Abitur und Beginn einer Buchhändlerlehre

1938–1939 Arbeitsdienst

1939 Einschreibung an der Universität Köln

1939 Einberufung zur Wehrmacht

1939–1945 Teilnahme am Zweiten Weltkrieg als Infanterist in Frankreich, Polen, Rußland, Rumänien und Deutschland

1942 Heirat mit Annemarie Cech

1945 Böll in amerikanischer Kriegsgefangenschaft (9. April). Entlassung im September und Rückkehr nach Köln

Die Kölner Rheinbrücke nach 1947

„Ich bin ein Clown ... und sammle Augenblicke"

An einem Montag des Jahres 1962 kehrt Hans Schnier, Titelfigur und Erzähler des Romans „Ansichten eines Clowns", in seine Bonner Wohnung zurück. Der 27jährige Clown ist in einer schwierigen Lage: Seine Geliebte, Marie, mit der er seit fünf Jahren zusammenlebte, hat ihn verlassen. Nach einem Sturz auf der Bühne ist er verletzt und zur Zeit ohne Engagement und daher finanziell am Ende. In dieser Notlage sucht er Hilfe bei Verwandten und Bekannten, mit denen er am Abend Telefongespräche führt. Sie werden durch den Besuch seines Vaters unterbrochen. Diese „Handlungen", die sich über einen Zeitraum von etwa vier Stunden erstrecken, sind die Erzählgegenwart des Romans. In seiner Verlassenheit kehren die Gedanken des Erzählers immer wieder in die Vergangenheit zurück; die Jahre von 1945 bis 1962 vergegenwärtigt er in Rückblenden.

„Marie hat mich verlassen"*

Es war schon dunkel, als ich in Bonn ankam, ich zwang mich, meine Ankunft nicht mit der Automatik ablaufen zu lassen, die sich in fünfjährigem Unterwegssein herausgebildet hat: Bahnsteigtreppe runter, Bahnsteigtreppe rauf, Reisetasche abstellen, Fahrkarte aus der Manteltasche nehmen, Reisetasche aufnehmen, Fahrkarte abgeben, zum Zei-
5 tungsstand, Abendzeitungen kaufen, nach draußen gehen und ein Taxi heranwinken. Fünf Jahre lang bin ich fast jeden Tag irgendwo abgefahren und irgendwo angekommen, ich ging morgens Bahnhofstreppen rauf und runter und nachmittgas Bahnhofstreppen runter und rauf, winkte Taxis heran, suchte in meinen Rocktaschen nach Geld, den Fahrer zu bezahlen, kaufte Abendzeitungen an Kiosken und genoß in einer Ecke meines
10 Bewußtseins die exakt einstudierte Lässigkeit dieser Automatik. Seitdem Marie mich verlassen hat, um Züpfner, diesen Katholiken, zu heiraten, ist der Ablauf noch mechanischer geworden, ohne an Lässigkeit zu verlieren. Für die Entfernung vom Bahnhof zum Hotel, vom Hotel zum Bahnhof gibt es ein Maß: den Taxameter. Zwei Mark, drei Mark, vier Mark fünfzig vom Bahnhof entfernt. Seitdem Marie weg ist, bin ich manchmal aus
15 dem Rhythmus geraten, habe Hotel und Bahnhof miteinander verwechselt, nervös an der Portierloge nach meiner Fahrkarte gesucht oder den Beamten an der Sperre nach meiner Zimmernummer gefragt, irgend etwas, das Schicksal heißen mag, ließ mir wohl meinen Beruf und meine Situation in Erinnerung bringen. Ich bin ein Clown, offizielle Berufsbezeichnung: Komiker, keiner Kirche steuerpflichtig, siebenundzwanzig Jahre alt,
20 und eine meiner Nummern heißt: Ankunft und Abfahrt, eine (fast zu) lange Pantomime, bei der der Zuschauer bis zuletzt Ankunft und Abfahrt verwechselt; da ich diese Nummer meistens im Zug noch einmal durchgehe (sie besteht aus mehr als sechshundert Abläufen, deren Choreographie ich natürlich im Kopf haben muß), liegt es nahe, daß ich hin und wieder meiner eigenen Phantasie erliege: in ein Hotel stürze, nach der Abfahrts-
25 tafel ausschaue, diese auch entdecke, eine Treppe hinauf- oder hinunterrenne, um meinen Zug nicht zu versäumen, während ich doch nur auf mein Zimmer zu gehen und mich auf die Vorstellung vorzubereiten brauche. Zum Glück kennt man mich in den meisten Hotels; innerhalb von fünf Jahren ergibt sich ein Rhythmus mit weniger Variationsmöglichkeiten, als man gemeinhin annehmen mag – und außerdem sorgt mein Agent, der
30 meine Eigenheiten kennt, für eine gewisse Reibungslosigkeit. Was er „die Sensibilität

der Künstlerseele" nennt, wird voll respektiert, und eine „Aura des Wohlbefindens" umgibt mich, sobald ich auf meinem Zimmer bin: Blumen in einer hübschen Vase, kaum habe ich den Mantel abgeworfen, die Schuhe (ich hasse Schuhe) in die Ecke geknallt, bringt mir ein hübsches Zimmermädchen Kaffee und Kognak, läßt mir ein Bad einlaufen, das mit grünen Ingredienzien wohlriechend und beruhigend gemacht wird. In der Badewanne lese ich Zeitungen, lauter unseriöse, bis zu sechs, mindestens aber drei, und singe mit mäßig lauter Stimme ausschließlich Liturgisches: Choräle, Hymnen, Sequenzen, die mir noch aus der Schulzeit in Erinnerung sind. Meine Eltern, strenggläubige Protestanten, huldigten der Nachkriegsmode konfessioneller Versöhnlichkeit und schickten mich auf eine katholische Schule. Ich selbst bin nicht religiös, nicht einmal kirchlich, und bediene mich der liturgischen Texte und Melodien aus therapeutischen Gründen: sie helfen mir am besten über die beiden Leiden hinweg, mit denen ich von Natur belastet bin: Melancholie und Kopfschmerz. Seitdem Marie zu den Katholiken übergelaufen ist (obwohl Marie selbst katholisch ist, erscheint mir diese Bezeichnung angebracht), steigerte sich die Heftigkeit dieser beiden Leiden, und selbst das *Tantum Ergo*[1] oder die Lauretanische Litanei[2], bisher meine Favoriten in der Schmerzbekämpfung, helfen kaum noch. Es gibt ein vorübergehend wirksames Mittel: Alkohol –, es gäbe eine dauerhafte Heilung: Marie, Marie hat mich verlassen. Ein Clown, der ans Saufen kommt, steigt rascher ab, als ein betrunkener Dachdecker stürzt.

Heinrich Böll

Mit dieser Passage beginnt Bölls Roman. Welches Bild bekommt der Leser von der Titelfigur?

„Ich kam mir fast verheiratet vor" *

Im Gegensatz zu Hans Schnier, der aus einer rheinischen Großindustriellenfamilie stammt, kommt Marie Derkum aus einfachen Verhältnissen. Sie ist die Tochter eines Süßwarenhändlers, der nur über ein geringes Einkommen verfügt. Er fühlt sich der Arbeiterschicht zugehörig. Aus der Kirche ist er zwar ausgetreten, aber er zeigt Respekt gegenüber seiner Tochter, die sich für die katholische Jugend engagiert. Als Marie Hans Schnier kennenlernt, steht sie kurz vor dem Abitur. Sie stellt ihre religiösen Bedenken zunächst zurück und folgt dem Geliebten.

Ihre Hände in meinen Achselhöhlen wurden warm, und je wärmer ihre Hände wurden, desto schläfriger wurde ich. Bald waren es ihre Hände, die mich wärmten, und als sie mich wieder fragte, ob ich sie denn liebe und schön fände, sagte ich, das sei doch selbstverständlich, aber sie meinte, sie höre das Selbstverständliche so gern, und ich murmelte schläfrig, ja, ja, ich fände sie schön und liebte sie.
Ich wurde wach, als Marie aufstand, sich wusch und anzog. Sie schämte sich nicht, und mir war es selbstverständlich, ihr dabei zuzusehen. Es war noch deutlicher als eben: wie ärmlich sie gekleidet war. Während sie alles zuband und zuknöpfte, dachte ich an die vielen hübschen Dinge, die ich ihr kaufen würde, wenn ich Geld hätte. Ich hatte schon oft vor Modegeschäften gestanden und mir Röcke und Pullover, Schuhe und Taschen

[1] Tantum Ergo: Teil der kath. Liturgie. [2] Lauretanische Litanei: im 16. Jh. in Loreto entstandenes Gebet zu Ehren der Muttergottes.

angesehen und mir vorgestellt, wie ihr das alles stehen würde, aber ihr Vater hatte so strikte Vorstellungen von Geld, daß ich nie gewagt hätte, ihr etwas mitzubringen. Er hatte mir einmal gesagt: „Es ist schrecklich, arm zu sein, schlimm ist aber auch, so gerade hinzukommen, ein Zustand, in dem sich die meisten Menschen befinden." –
15 „Und reich zu sein?" hatte ich gefragt, „wie ist das?" Ich war rot geworden. Er hatte mich scharf angesehen, war auch rot geworden und hatte gesagt: „Junge, das kann schlimm werden, wenn du das Denken nicht aufgibst. Wenn ich noch Mut und den Glauben hätte, daß man in dieser Welt etwas ausrichten kann, weißt du, was ich tun würde?" – „Nein", sagte ich. „Ich würde", sagte er und wurde wieder rot, „irgendeine
20 Gesellschaft gründen, die sich um die Kinder reicher Leute kümmert. Die Dummköpfe wenden den Begriff asozial immer nur auf die Armen an."
Mir ging viel durch den Kopf, während ich Marie beim Ankleiden zusah. Es machte mich froh und auch unglücklich, wie selbstverständlich für sie ihr Körper war. [...]
25 Marie zog das dunkelgrüne Kleid an, und obwohl sie Schwierigkeiten mit dem Reißverschluß hatte, stand ich nicht auf, ihr zu helfen: es war so schön anzusehen, wie sie sich mit den Händen auf den Rücken griff, ihre weiße Haut, das dunkle Haar und das dunkelgrüne Kleid; ich war auch froh zu sehen, daß sie nicht nervös dabei wurde; sie kam schließlich ans Bett, und ich richtete mich auf und zog den Reißverschluß zu. Ich fragte
30 sie, warum sie denn so schrecklich früh aufstehe, und sie sagte, ihr Vater schliefe erst gegen Morgen richtig ein und würde bis neun im Bett bleiben, und sie müsse die Zeitungen unten reinnehmen und den Laden aufmachen, denn manchmal kämen die Schulkinder schon vor der Messe, um Hefte zu kaufen, Bleistifte, Bonbons, und „Außerdem", sagte sie, „ist es besser, wenn du um halb acht aus dem Haus bist. Ich mache jetzt
35 Kaffee, und in fünf Minuten kommst du leise in die Küche runter."
Ich kam mir fast verheiratet vor, als ich in die Küche runterkam, Marie mir Kaffee einschenkte und mir ein Brötchen zurechtmachte. Sie schüttelte den Kopf und sagte: „Nicht gewaschen, nicht gekämmt, kommst du immer so zum Frühstück?" und ich sagte ja, nicht einmal im Internat hätten sie es fertiggebracht, mich zum regelmäßigen
40 Waschen am frühen Morgen zu erziehen. [...]
An diesem Morgen kam mir die Küche, die ich so gut kannte, zum ersten Mal alltäglich vor. Vielleicht erlebte ich zum ersten Mal, was Alltag ist: Dinge tun müssen, bei denen nicht mehr die Lust dazu entscheidet. Ich hatte keine Lust, dieses enge Haus je wieder zu verlassen und draußen irgendwelche Pflichten auf mich zu nehmen; die Pflicht, für das,
45 was ich mit Marie getan hatte, einzustehen, bei den Mädchen, bei Leo, sogar meine Eltern würden es irgendwo erfahren. Ich wäre am liebsten hier geblieben und hätte bis an mein Lebensende Bonbons und Sütterlinhefte verkauft, mich abends mit Marie oben ins Bett gelegt und bei ihr geschlafen, richtig geschlafen bei ihr, so wie die letzten Stunden vor dem Aufstehen, mit ihren Händen unter meinen Achseln. Ich fand es furchtbar
50 und großartig, diesen Alltag, mit Kaffeetopf und Brötchen und Maries verwaschener, blauweißer Schürze über dem grünen Kleid, und mir schien, als sei nur Frauen der Alltag so selbstverständlich wie ihr Körper. Ich war stolz darauf, daß Marie meine Frau war, und fühlte mich selbst nicht ganz so erwachsen, wie ich mich von jetzt an würde verhalten müssen.

Heinrich Böll

Und welches Bild zeichnet der Erzähler von Marie?

„Ich fühlte mich als ‚Künstler' " *

Hans Schnier ist ein Aussteiger. Er löst sich von seinem Elternhaus, tritt aus der protestantischen Kirche aus und hat eine Geliebte, die er nicht heiratet. Auch ist Clown, wie seine Eltern finden, kein richtiger Beruf.

Später schrieb meine Mutter sogar, sie habe mich „verstoßen". Sie kann bis zur Idiotie geschmacklos sein, denn sie zitierte den Ausdruck aus einem Roman von Schnitzler, der *Herz im Zwiespalt* heißt. In diesem Roman wird ein Mädchen von seinen Eltern „verstoßen", weil es sich weigert, ein Kind zur Welt zu bringen, das ein „edler, aber schwacher Künstler", ich glaube ein Schauspieler, ihr gezeugt hat. Mutter zitierte wörtlich einen Satz aus dem achten Kapitel des Romans: „Mein Gewissen zwingt mich, dich zu verstoßen." Sie fand, daß dies ein passendes Zitat war. Jedenfalls „verstieß" sie mich. Ich bin sicher, sie tat es nur, weil es ein Weg war, der sowohl ihrem Gewissen wie ihrem Konto Konflikte ersparte. Zu Hause erwarteten sie, daß ich einen heroischen Lebenslauf beginnen würde: in eine Fabrik gehen oder auf den Bau, um meine Geliebte zu ernähren, und sie waren alle enttäuscht, als ich das nicht tat. Sogar Leo und Anna drückten ihre Enttäuschung deutlich aus. Sie sahen mich schon mit Stullen und Henkelmann im Morgengrauen losziehen, eine Kußhand zu Maries Zimmer hinaufwerfen, sahen mich abends „müde, aber befriedigt" heimkehren, Zeitung lesen und Marie beim Stricken zuschauen. Aber ich machte nicht die geringste Anstrengung, aus dieser Vorstellung ein lebendes Bild zu machen. Ich blieb bei Marie, und Marie war es viel lieber, wenn ich bei ihr blieb. Ich fühlte mich als „Künstler" (viel mehr als jemals später), und wir verwirklichten unsere kindlichen Vorstellungen von Bohème: mit Chiantiflaschen und Sackleinen an den Wänden und buntem Bast. Ich werde heut noch rot vor Rührung, wenn ich an dieses Jahr denke. Wenn Marie am Wochenende zu unserer Wirtin ging, um Aufschub für die Mietzahlung zu erlangen, fing die Wirtin jedesmal Streit an und fragte, warum ich denn nicht arbeiten ginge. Und Marie sagte mit ihrem wunderbaren Pathos: „Mein Mann ist ein Künstler, ja, ein Künstler." Ich hörte sie einmal von der dreckigen Treppe aus ins offene Zimmer der Wirtin hinunterrufen: „Ja, ein Künstler", und die Wirtin rief mit ihrer heiseren Stimme zurück: „Was, ein Künstler? Und Ihr Mann ist er auch? Da wird sich das Standesamt aber gefreut haben."

Heinrich Böll

„Das tust du jetzt nur aus Faulheit"*

Das Zusammenleben mit Hans Schnier ohne standesamtliche und kirchliche Trauung belastet die überzeugte Katholikin Marie immer mehr. Vertreter des offiziellen Katholizismus wie der Prälat Sommerwild und der Jurist Kinkel appellieren an ihr christliches Gewissen und fordern sie auf, sich endlich von Schnier zu trennen.

Wir hatten noch gar keine Kinder, sprachen aber dauernd darüber, wie wir sie anziehen, wie wir mit ihnen sprechen, wie wir sie erziehen wollten, und wir waren uns in allen Punkten einig, bis auf die katholische Erziehung. Ich war einverstanden, sie taufen zu lassen. Marie sagte, ich müsse es schriftlich geben, sonst würden wir nicht kirchlich
5 getraut. Als ich mich mit der kirchlichen Trauung einverstanden erklärte, stellte sich heraus, daß wir auch standesamtlich getraut werden mußten – und da verlor ich die Geduld, und ich sagte, wir sollten doch noch etwas warten, jetzt käme es ja wohl auf ein Jahr nicht mehr an, und sie weinte und sagte, ich verstünde eben nicht, was es für sie bedeute, in diesem Zustand zu leben und ohne die Aussicht, daß unsere Kinder christ-
10 lich erzogen würden. Es war schlimm, weil sich herausstellte, daß wir in diesem Punkt fünf Jahre lang aneinander vorbeigeredet hatten. Ich hatte tatsächlich nicht gewußt, daß man sich staatlich trauen lassen muß, bevor man kirchlich getraut wird. Natürlich hätte ich das wissen müssen, als erwachsener Staatsbürger und „vollverantwortliche männliche Person", aber ich wußte es einfach nicht, so wie ich bis vor kurzem nicht wußte, daß man
15 Weißwein kalt und Rotwein angewärmt serviert. Ich wußte natürlich, daß es Standesämter gab und dort irgendwelche Trauungszeremonien vollzogen und Urkunden ausgestellt wurden, aber ich dachte, das wäre eine Sache für unkirchliche Leute und für solche, die sozusagen dem Staat eine kleine Freude machen wollten. Ich wurde richtig böse, als ich erfuhr, daß man dorthin mußte, bevor man kirchlich getraut werden konnte, und als
20 Marie dann noch davon anfing, daß ich mich schriftlich verpflichten müsse, unsere Kinder katholisch zu erziehen, bekamen wir Streit. Das kam mir wie Erpressung vor, und es gefiel mir nicht, daß Marie so ganz und gar einverstanden mit dieser Forderung nach schriftlicher Abmachung war. Sie konnte ja die Kinder taufen lassen und sie so erziehen, wie sie es für richtig hielt.
25 Es ging ihr schlecht an diesem Abend, sie war blaß und müde, sprach ziemlich laut mit mir, und als ich dann sagte, ja, gut, ich würde alles tun, auch diese Sachen unterschreiben, wurde sie böse und sagte: „Das tust du jetzt nur aus Faulheit, und nicht, weil du von der Berechtigung abstrakter Ordnungsprinzipien überzeugt bist", und ich sagte ja, ich tät es tatsächlich aus Faulheit und weil ich sie gern mein ganzes Leben lang bei mir haben
30 möchte, und ich würde sogar regelrecht zur katholischen Kirche übertreten, wenn es nötig sei, um sie zu behalten. Ich wurde sogar pathetisch und sagte, ein Wort wie „abstrakte Ordnungsprinzipien" erinnere mich an eine Folterkammer. Sie empfand es als Beleidigung, daß ich, um sie zu behalten, sogar katholisch werden wollte. Und ich hatte geglaubt, ihr auf eine Weise geschmeichelt zu haben, die fast zu weit ging. Sie sagte, es
35 ginge jetzt nicht mehr um sie und um mich, sondern um die „Ordnung".

Heinrich Böll

Der Roman „Ansichten eines Clowns" ist die Geschichte einer schwierigen Liebe. Was belastet die Beziehung zwischen den beiden Liebenden?

Hans Schnier denkt an Züpfners Frau*

Das Verhältnis zu Hans Schnier wird so schwierig, der Druck auf ihrem Gewissen so stark, daß Marie schließlich ihren früheren Verehrer Züpfner heiratet. Er gehört dem „Kreis fortschrittlicher Katholiken" an.

Ich sah sie im Dunkel nach Haus kommen. Der scharf gebürstete Rasen sah im Mondlicht fast blau aus. Neben der Garage abgeschnittene Zweige, vom Gärtner dort aufgehäuft. Zwischen Ginster und Rotdornbusch der Abfalleimer, zum Abholen bereit. Freitagabend. Schon würde sie wissen, wonach es in der Küche roch, nach Fisch, sie würde
5 auch wissen, welche Zettel sie finden würde, den einen von Züpfner auf dem Fernsehapparat: „Mußte noch dringend zu F. Kuß. Heribert", den anderen vom Mädchen auf dem Eisschrank: „Bin ins Kino, um zehn zurück. Grete (Luise, Birgit)."
Garagentor öffnen, Licht anknipsen: an der weißgetünchten Wand der Schatten eines Rollers und einer ausrangierten Nähmaschine. In Züpfners Box der Mercedes bewies,
10 daß Züpfner zu Fuß gegangen war. „Luft schnappen, ein bißchen Luft schnappen, Luft." Dreck an Reifen und Kotflügeln kündete von Eifelfahrten, nachmittäglichen Reden vor der Jungen Union („zusammenhalten, zusammenstehen, zusammen leiden").
Ein Blick nach oben: auch im Kinderzimmer alles dunkel. Die Nachbarhäuser durch
15 zweispurige Einfahrten und breite Rabatten getrennt. Kränklich der Widerschein der Fernsehapparate. Da wird der heimkehrende Gatte und Vater als störend empfunden, wäre die Heimkehr des verlorenen Sohnes als Störung empfunden worden; kein Kalb wäre geschlachtet, nicht einmal Hähnchen gegrillt worden – man hätte schnell auf einen Leberwurstrest im Eisschrank verwiesen.
20 An Samstagnachmittagen gab es Verbrüderungen, wenn Federbälle über Hecken flogen, junge Katzen oder Welpen wegliefen, Federbälle zurückgeworfen, junge Katzen – „oh, wie süß" – oder junge Welpen – „oh, wie süß" – an Gartentoren oder durch Heckenlücken zurückgereicht wurden. Gedämpft die Gereiztheit in den Stimmen, nie persönlich; sie riß nur manchmal aus der gleichmäßigen Kurve aus und kratzte Zacken in den Nach-
25 barschaftshimmel, immer aus nichtigen, nie aus den wahren Anlässen: wenn eine Untertasse klirrend zerbrach, ein rollender Ball Blumen knickte, Kinderhand Kieselsteine auf Autolack schleuderte, Frischgewaschenes, Frischgebügeltes von Gartenschläuchen genetzt wird – werden die Stimmen schrill, die wegen Betrug, Ehebruch, Abtreibung nicht schrill werden dürfen. „Ach, du hast einfach überempfindliche Ohren, nimm was
30 dagegen."
Nimm nichts, Marie.
Die Haustür geöffnet: still und angenehm warm. Das kleine Mariechen oben schläft. So rasch geht das: Hochzeit in Bonn, Flitterwochen in Rom, Schwangerschaft, Entbindung – braune Locken auf schneeweißem Kinderkopfkissen. Erinnerst du dich,
35 wie er uns das Haus zeigte und vital verkündete: Hier ist für zwölf Kinder Platz – und wie er dich jetzt morgens beim Frühstück mustert, das unausgesprochene Na auf den Lippen, und wie unkomplizierte Konfessions- und Parteifreunde nach dem dritten Glas Kognak ausrufen: „Von eins bis zwölf, da fehlen nach Adam Riese noch elf!"

40 Es wird geflüstert in der Stadt. Du bist schon wieder im Kino gewesen, an diesem strahlenden, sonnigen Nachmittag im Kino. Und schon wieder im Kino – und wieder.

Heinrich Böll

Hans Schnier stellt sich vor, welches Leben Marie mit Züpfner führt. Wie denkt er darüber?

Hans Schnier wird verhaftet*

Hans Schnier hält seine Mutter für mitverantwortlich am Tod der Schwester Henriette, die sich freiwillig zur Flak gemeldet hat, um im Sinne der Mutter die „jüdischen Yankees von der deutschen Erde zu vertreiben". Sein Verhältnis zu ihr ist außerdem durch ein Ereignis belastet, in das er selbst verwickelt war.

Erst ein paar Tage später erfuhr ich, wer auf die „jüdischen Yankees" Urheberrecht hätte anmelden können: Herbert Kalick, damals vierzehn, mein Jungvolkführer, dem meine Mutter großzügigerweise unseren Park zur Verfügung stellte, auf daß wir alle in der Handhabung von Panzerfäusten ausgebildet würden. Mein achtjähriger Bruder Leo
5 machte mit, ich sah ihn mit einer Übungspanzerfaust auf der Schulter am Tennisplatz vorbeimarschieren, im Gesicht einen Ernst, wie ihn nur Kinder haben können. Ich hielt ihn an und fragte ihn: „Was machst du da?" Und er sagte mit todernstem Gesicht: „Ich werde ein Werwolf[1], du vielleicht nicht?" „Doch", sagte ich und ging mit ihm am Tennisplatz vorbei zum Schießstand, wo Herbert Kalick gerade die Geschichte von dem Jungen
10 erzählte, der mit zehn schon das Eiserne Kreuz erster Klasse bekommen hatte, irgendwo im fernen Schlesien, wo er mit Panzerfäusten drei russische Panzer erledigt hatte. Als einer der Jungen fragte, wie dieser Held geheißen habe, sagte ich: „Rübezahl." Herbert Kalick wurde ganz gelb im Gesicht und schrie: „Du schmutziger Defätist." Ich bückte mich und warf Herbert eine Handvoll Asche ins Gesicht. Sie fielen alle über mich her,
15 nur Leo verhielt sich neutral, weinte, half mir aber nicht, und in meiner Angst schrie ich Herbert ins Gesicht: „Du Nazischwein." Ich hatte das Wort irgendwo gelesen, an einen Bahnübergang auf die Schranke geschrieben. Ich wußte gar nicht genau, was es bedeutete, hatte aber das Gefühl, es könne hier angebracht sein. Herbert Kalick brach sofort die Schlägerei ab und wurde amtlich: er verhaftete mich, ich wurde im Schießstand-
20 schuppen zwischen Schießscheiben und Anzeigestöcken eingesperrt, bis Herbert meine Eltern, den Lehrer Brühl und einen Parteimenschen zusammengetrommelt hatte. Ich heulte vor Wut, zertrampelte die Schießscheiben und schrie den Jungen draußen, die mich bewachten, immer wieder zu: „Ihr Nazischweine." Nach einer Stunde wurde ich in unser Wohnzimmer zum Verhör geschleppt. Der Lehrer Brühl war kaum zu halten. Er
25 sagte immer wieder: „Mit Stumpf und Stiel ausrotten, ausrotten mit Stumpf und Stiel", und ich weiß bis heute nicht genau, ob er das körperlich oder sozusagen geistig meinte. Ich werde ihm demnächst an die Adresse der Pädagogischen Hochschule schreiben

[1] Werwolf: sagenhafte Mann-Wolf-Gestalt; 1945 Freischärlerbewegung als letztes Kampfaufgebot von Jugendlichen und Kindern.

und ihn um der historischen Wahrheit willen um Aufklärung bitten. Der Parteimensch, der stellvertretende Ortsgruppenleiter Lövenich, war ganz vernünftig. Er sagte immer: „Bedenken Sie doch, der Junge ist noch keine elf", und weil er fast beruhigend auf mich wirkte, beantwortete ich sogar seine Frage, woher ich das ominöse Wort kenne: „Ich habe es gelesen, auf der Bahnschranke an der Annaberger Straße." „Es hat dir nicht jemand gesagt", fragte er, „ich meine, du hast es nicht gehört, mündlich?" „Nein", sagte ich. „Der Junge weiß ja gar nicht, was er sagt", sagte mein Vater und legte mir die Hand auf die Schulter. Brühl warf meinem Vater einen bösen Blick zu, blickte dann ängstlich zu Herbert Kalick. Offenbar galt Vaters Geste als gar zu arge Sympathiekundgebung. Meine Mutter sagte weinend mit ihrer sanften, dummen Stimme: „Er weiß ja nicht, was er tut, er weiß es nicht – ich müßte ja sonst meine Hand von ihm zurückziehen." – „Zieh sie nur zurück", sagte ich. Alles das spielte sich in unserem Riesenwohnzimmer ab mit den pompösen, dunkel gebeizten Eichenmöbeln, mit Großvaters Jagdtrophäen oben auf dem breiten Eichenbord, Humpen, und den schweren, bleiverglasten Bücherschränken. Ich hörte die Artillerie oben in der Eifel, kaum zwanzig Kilometer entfernt, manchmal sogar ein Maschinengewehr. Herbert Kalick, blaß, blond, mit seinem fanatischen Gesicht als eine Art Staatsanwalt fungierend, schlug dauernd mit den Knöcheln auf die Anrichte und forderte: „Härte, Härte, unnachgiebige Härte." Ich wurde dazu verurteilt, unter Herberts Aufsicht im Garten einen Panzergraben auszuwerfen, und noch am Nachmittag wühlte ich, der Schnierschen Tradition folgend, die deutsche Erde auf, wenn auch – was der Schnierschen Tradition widersprach – eigenhändig. Ich grub den Graben quer durch Großvaters Lieblingsrosenbeet, genau auf die Kopie des Apoll von Belvedere zu, und ich freute mich schon auf den Augenblick, wo die Marmorstatue meinem Wühleifer erliegen würde; ich freute mich zu früh; sie wurde von einem kleinen, sommersprossigen Jungen erlegt, der Georg hieß. Er sprengte sich selbst und den Apoll in die Luft durch eine Panzerfaust, die er irrtümlich zur Explosion brachte. Herbert Kalicks Kommentar zu diesem Unfall war lakonisch. „Zum Glück war Georg ja ein Waisenkind."

Heinrich Böll

Hans Schnier kann bestimmte Augenblicke in seinem Leben nicht vergessen. Welche Bedeutung haben diese Erlebnisse für ihn?

„Der geborene Spurer"*

Lange Jahre nach dem Krieg sieht Hans Schnier den ehemaligen Jungvolkführer Kalick wieder.

Ich schlug das Telefonbuch auf und suchte Kalicks Nummer. Ich war in der rechten Laune, mich mit ihm am Telefon zu unterhalten. Mir fiel ein, daß ich ihn später noch einmal bei einem *jour fixe* zu Hause getroffen, er mich flehend und kopfschüttelnd angesehen hatte, während er sich mit einem Rabbiner über „jüdische Geistigkeit" unterhielt.
5 Mir tat der Rabbiner leid. Er war ein sehr alter Mann, mit weißem Bart und sehr gütig und auf eine Weise harmlos, die mich beunruhigte. Natürlich erzählte Herbert jedem, den er kennenlernte, daß er Nazi und Antisemit gewesen sei, daß die „Geschichte ihm aber die Augen geöffnet" habe. Dabei hatte er noch am Tag, bevor die Amerikaner in Bonn einmarschierten, mit den Jungen in unserem Park geübt und ihnen gesagt: „Wenn
10 ihr das erste Judenschwein seht, dann drauf mit dem Ding." Was mich an diesen *jours fixes* bei meiner Mutter aufregte, war die Harmlosigkeit der zurückgekehrten Emigranten. Sie waren so gerührt von all der Reue und den laut hinausposaunten Bekenntnissen zur Demokratie, daß es dauernd zu Verbrüderungen und Umarmungen kam. Sie begriffen nicht, daß das Geheimnis des Schreckens im Detail liegt. Große Sachen zu bereuen
15 ist ja kinderleicht: Politische Irrtümer, Ehebruch, Mord, Antisemitismus – aber wer verzeiht einem, wer versteht die Details? Wie Brühl und Herbert Kalick meinen Vater angesehen hatten, als er mir die Hand auf die Schulter legte, und wie Herbert Kalick, außer sich vor Wut, mit den Knöcheln auf unseren Tisch schlug, mit seinen toten Augen mich ansah und sagte: „Härte, unerbittliche Härte", oder wie er Götz Buchel am Kragen
20 packte, ihn vor die Oberklasse stellte, obwohl der Lehrer leise protestierte, und sagte: „Seht Euch den an – wenn das kein Jude ist!" Ich habe zuviel Augenblicke im Kopf, zuviel Details, Winzigkeiten – und Herberts Augen haben sich nicht geändert. Mir wurde bange, als ich ihn da bei dem alten, etwas dummen Rabbiner stehen sah, der so versöhnlich gestimmt war, sich von Herbert einen Cocktail holen und etwas über jüdi-
25 sche Geistigkeit vorschwätzen ließ. Die Emigranten wissen auch nicht, daß nur wenige Nazis an die Front geschickt wurden, gefallen sind fast nur die anderen, Hubert Knieps, der im Haus neben Wienekens wohnte, und Günther Cremer, der Sohn des Bäckers, sie wurden, obwohl sie Hitlerjugendführer waren, an die Front geschickt, weil sie „politisch nicht spurten", die ganze ekelhafte Schnüffelei nicht mitmachten. Kalick wäre nie an die
30 Front geschickt worden, der spurte, so wie er heute spurt. Er ist der geborene Spurer. Die Sache war ja ganz anders, als die Emigranten glauben. Sie können natürlich nur in Kategorien wie schuldig, nicht schuldig – Nazis, Nichtnazis denken.

Heinrich Böll

Leute wie Herbert Kalick begegnen Hans Schnier auch später, in den fünfziger und sechziger Jahren. Wie sieht er ihre Rolle in der Gesellschaft der Bundesrepublik Deutschland?

„Auf der Bahnhofstreppe" *

An jenem Montag des Jahres 1962 verläßt Hans Schnier am späten Abend wieder seine Wohnung. Er ist ohne Hoffnung, daß sein Agent Zohnerer ihm zu einem neuen Engagement verhelfen könnte. Die Gitarre unter dem Arm, macht er sich auf zum Bahnhof, um dort für Geld zu spielen und zu singen und Marie vielleicht wiederzusehen.

Es war kühl draußen, Märzabend, ich schlug den Rockkragen hoch, setzte den Hut auf, tastete nach meiner letzten Zigarette in der Tasche. Mir fiel die Kognakflasche ein, sie hätte sehr dekorativ gewirkt, aber doch die Mildtätigkeit behindert, es war eine teure Marke, am Korken erkennbar. Das Kissen unter den linken, die Guitarre unter den
5 rechten Arm geklemmt, ging ich zum Bahnhof zurück. Auf dem Weg erst bemerkte ich Spuren der Zeit, die man hier die „närrische" nennt. Ein als Fidel Castro maskierter betrunkener Jugendlicher versuchte, mich anzurempeln, ich wich ihm aus. Auf der Bahnhofstreppe wartete eine Gruppe von Matadoren und spanischen Donnas auf ein Taxi. Ich hatte vergessen, es war Karneval. Das paßte gut. Nirgendwo ist ein Professio-
10 neller besser versteckt als unter Amateuren. Ich legte mein Kissen auf die dritte Stufe von unten, setzte mich hin, nahm den Hut ab und legte die Zigarette hinein, nicht genau in die Mitte, nicht an den Rand, so, als wäre sie von oben geworfen worden, und fing an zu singen: „Der arme Papst Johannes", niemand achtete auf mich, das wäre auch nicht gut gewesen: nach einer, nach zwei, drei Stunden würden sie schon anfangen, aufmerk-
15 sam zu werden. Ich unterbrach mein Spiel, als ich drinnen die Stimme des Ansagers hörte. Er meldete einen Zug aus Hamburg – und ich spielte weiter. Ich erschrak, als die erste Münze in meinen Hut fiel: es war ein Groschen, er traf die Zigarette, verschob sie zu sehr an den Rand. Ich legte sie wieder richtig hin und sang weiter.

Heinrich Böll

Vergleicht den Schluß des Romans mit dem Anfang.

Aus Beobachtungen werden Pantomimen*

Was mich so unruhig macht, ist die Unfähigkeit, mich zu beschränken, oder, wie mein Agent Zohnerer sagen würde, zu konzentrieren. Meine Nummern sind zu sehr gemischt aus Pantomime, Artistik, Clownerie – ich wäre ein guter Pierrot[1], könnte aber auch ein guter Clown sein, und ich wechsle meine Nummern zu oft. Wahrscheinlich hätte ich mit den Nummern katholische und evangelische Predigt, Aufsichtsratssitzung, Straßenverkehr und ein paar anderen jahrelang leben können, aber wenn ich eine Nummer zehn- oder zwanzigmal gezeigt habe, wird sie mir so langweilig, daß ich mitten im Ablauf Gähnanfälle bekomme, buchstäblich, ich muß meine Mundmuskulatur mit äußerster Anspannung disziplinieren. Ich langweile mich über mich selbst. Wenn ich mir vorstelle, daß es Clowns gibt, die dreißig Jahre lang dieselben Nummern vorführen, wird mir so bang ums Herz, als wenn ich dazu verdammt wäre, einen ganzen Sack Mehl mit einem Löffel leerzuessen. Mir muß eine Sache Spaß machen, sonst werde ich krank. Plötzlich fällt mir ein, ich könnte möglicherweise auch jonglieren oder singen: alles Ausflüchte, um dem täglichen Training zu entfliehen. Mindestens vier, möglichst sechs Stunden Training, besser noch länger. Ich hatte auch das in den vergangenen sechs Wochen vernachlässigt und mich täglich mit ein paar Kopfständen, Handständen und Purzelbäumen begnügt und auf der Gummimatte, die ich immer mit mir herumschleppe, ein bißchen Gymnastik gemacht. Jetzt war das verletzte Knie eine gute Entschuldigung, auf der Couch zu liegen, Zigaretten zu rauchen und Selbstmitleid zu inhalieren. Meine letzte neue Pantomime Ministerrede war ganz gut gewesen, aber ich war es leid, zu karikieren, und kam doch über eine bestimmte Grenze nicht hinaus. Alle meine lyrischen Versuche waren gescheitert. Es war mir noch nie gelungen, das Menschliche darzustellen, ohne furchtbaren Kitsch zu produzieren. Meine Nummern Tanzendes Paar und Schulgang und Heimkehr aus der Schule waren wenigstens artistisch noch passabel. Als ich aber dann Lebenslauf eines Mannes versuchte, fiel ich doch wieder in die Karikatur. Marie hatte recht, als sie meine Versuche, Lieder zur Guitarre zu singen, als Fluchtversuch bezeichnete. Am besten gelingt mir die Darstellung alltäglicher Absurditäten: ich beobachte, addiere diese Beobachtungen, potenziere sie und ziehe aus ihnen die Wurzel, aber mit einem anderen Faktor als mit dem ich sie potenziert habe.

Heinrich Böll

1. Ein Reporter macht mit Hans Schnier ein Interview und befragt ihn über seine künstlerische Arbeit. Verfaßt dieses Interview mit dem Clown.
2. Böll läßt diese Geschichte vom Clown selbst erzählen. Was würde sich ändern, wenn sie aus einer anderen Perspektive erzählt würde, z. B. von einer anderen Romanfigur oder von einem Erzähler in der 3. Person?

[1] Pierrot (frz.): „Peterchen", lustige Figur in der Commedia dell'arte.

„Schreiben als Zeitgenossenschaft"

„Beruf und Tätigkeit standen für mich seit dem siebzehnten Lebensjahr fest: Schriftsteller." Wenig später, mit zwanzig Jahren, unternahm Böll die ersten Schreibversuche. Es entstanden Gedichte, Erzählungen und Romane. Was der Gymnasiast und Buchhandelslehrling in den dreißiger Jahren schrieb, blieb freilich unveröffentlicht. Der Wunsch, Schriftsteller zu werden, hängt unmittelbar mit Bölls Lebensgeschichte zusammen. Wie er selbst bekannte, trafen ihn die Auswirkungen der Weltwirtschaftskrise wie ein Schock. Die kleinbürgerliche Familie, deren Leben bislang im Zeichen der Sicherheit und Ordnung stand, geriet in wirtschaftliche Not. Das Gefühl der Hilflosigkeit und Angst, das den Schüler Böll erfüllte, drängte nun nach Ausdruck. In den folgenden Jahren verstärkten einschneidende geschichtliche Erfahrungen dieses Bedürfnis. Böll litt unter den Nationalsozialisten, unter den Schrecken des Krieges und unter dem wirtschaftlichen Elend in der Nachkriegszeit. Seine Antwort auf solche Herausforderungen hieß: „Schreiben als Zeitgenossenschaft".

Als Böll 1945 mit seiner Frau in das zerstörte Köln zurückkehrte, schrieb er in rascher Folge zahlreiche Kurzgeschichten, die in Zeitungen und Zeitschriften gedruckt wurden: Kriegs-, Heimkehr- und Trümmerliteratur. Da er von den geringen Honoraren nicht leben konnte, arbeitete er ein Jahr lang als Volkszähler beim Statistischen Amt der Stadt Köln. Erst der finanzielle Erfolg des Romans „Und sagte kein einziges Wort" (1953) erlaubte es ihm, künftig als freier Schriftsteller zu leben. Bis zum Erscheinen von „Ansichten eines Clowns" (1963) veröffentlichte er Erzählungen, Hörspiele und weitere Romane, in denen er die Wirklichkeit der fünfziger Jahre literarisch verarbeitete. Durch den engen zeitgeschichtlichen Bezug seines Werkes wurde Böll zum literarischen Chronisten der Bundesrepublik Deutschland, zu einem Geschichtserzähler freilich mit eigenem künstlerischem und moralischem Anspruch.

„Ich bin nicht der Clown"*

Ich glaube, daß ein Autor im gesamten Werk vorhanden ist und daß man das ganze Werk immer vor Augen haben muß, in seiner ganzen Entwicklung, auch in seinen Widersprüchen. Ich bin nicht der Clown, vielleicht bin ich sogar eher der Vater des Clowns, verstehen Sie. Diese oberflächliche Art, zunächst mal auf den Haupthelden zu tippen,
5 wenn man den Autor sucht, ist ganz töricht, auch unsensibel, sprachlich falsch, intellektuell falsch. Darauf geht diese Äußerung. Und natürlich ist das Schreiben eines Romans und das Zusammensetzen von Figuren, die sich um eine Hauptfigur gruppieren, Konflikte, Situationen, ein Vorgang, der nicht komplett bewußt zu machen ist. Es bleibt ein Rest von Intuition oder Spontaneität oder auch Zufall, Phantasie, der nicht kontrollier-
10 bar ist.

Ich glaube, das Interesse, das ein Schriftsteller außerhalb des Landes erweckt, liegt in der allgemeinen Menschlichkeit der Probleme. Ich kann es nur an Beispielen erklären, was mich betrifft. Zum Beispiel der Roman *Ansichten eines Clowns*, extrem provinziell, sehr rheinisch, sehr konfessionell, mit einem ganz bestimmten, sehr speziellen deutschen Pro-
15 blem beschäftigt, nämlich mit dem deutschen Nachkriegskatholizismus, also, wenn man das inhaltlich so kurz zusammenfaßt, extrem provinziell, hat zu meiner Überraschung in

der Sowjetunion einen Riesenerfolg gehabt. Es kommt, glaube ich, auf die Sensibilität des Lesers an, der nicht nur die Probleme transponiert, also in dem Falle das Problem der Isolation, sondern auch das Provinzielle einfach als Information nimmt, im Sinne von: ach so leben die da. Vollkommen nebensächlich, aber zum Stoff gehörend.

Heinrich Böll

Böll beteuert, er sei nicht der Clown Hans Schnier. Dennoch könnt ihr einige Bezüge zwischen den autobiographischen Texten (S. 137 ff.) und den Romanauszügen herstellen.

Verwandelte Wirklichkeit*

Ich habe Grund genug zu der Annahme, daß viele sich Wirklichkeit ungefähr so vorstellen wie eine große Regentonne, die ein Autor vor dem Haus stehen hat, aus der er nach Belieben abzapft: wenig – eine Kurzgeschichte; mehr – eine Novelle; sehr viel – einen Roman.
Daß selbst in den primitivsten Formen der Literatur, in allem Geschriebenen, in jeder Reportage (es gibt deren von höchstem Rang) Verwandlungen stattfinden, Zusammensetzung (Komposition) stattfindet, daß ausgewählt, weggelassen, Ausdruck gesucht (und nicht immer gefunden) wird – solche Binsenwahrheiten scheinen fast unbekannt zu sein. Wirklichkeitsgetreu ist nicht einmal eine Fotografie: Sie ist ausgewählt, hat einige chemische Prozesse hinter sich, wird reproduziert. Wenn einer in einem Roman Wirklichkeitstreue, Lebensnähe entdeckt, entdeckt er verwandelte und geschaffene Wirklichkeit und Lebensnähe. Wer Spannung vermißt oder sucht, sei daran erinnert, daß Romane mit viel Spannung, Handlung, Inhalt meistens gelesen werden, wenn einer einschlafen möchte, während die von der Handlung unabhängige geistige Spannung einen weiterlesen, gar nicht mehr ans Schlafen denken läßt.

Heinrich Böll

„Versteck für den Widerhaken"*

Nicht aus bloßer Spielerei und nicht nur, um zu schockieren, haben Kunst und Literatur immer wieder ihre *Formen* gewandelt, im Experiment neue entdeckt. Sie haben auch in diesen Formen etwas verkörpert, und es war fast nie die Bestätigung des Vorhandenen und Vorgefundenen; und wenn man sie ausmerzt, begibt man sich einer weiteren Möglichkeit: der List. Immer noch ist die Kunst ein gutes Versteck: nicht für Dynamit, sondern für geistigen Explosivstoff und gesellschaftliche Spätzünder. Warum wohl sonst hätte es die verschiedenen Indices gegeben? Und gerade in ihrer verachteten und manchmal sogar verächtlichen Schönheit und Undurchsichtigkeit ist sie das beste Versteck für den Widerhaken, der den plötzlichen Ruck oder die plötzliche Erkenntnis bringt.

Heinrich Böll

„Verwandelte und geschaffene Wirklichkeit" – inwieweit könnt ihr diese Formel auf den Roman „Ansichten eines Clowns" beziehen?

„Einmischung erwünscht"

„Ich bin Schriftsteller und Bürger der Bundesrepublik." Böll, der sich 1969 so selbst charakterisierte, war zu diesem Zeitpunkt bereits eine Person, die in der Öffentlichkeit Gehör fand. Er setzte sich mit Fragen der Politik auseinander, wo immer er sich als Bürger herausgefordert fühlte. Die Anfänge seines politischen Engagements fallen in die Zeit der Gründung der Bundesrepublik Deutschland, doch mehr als ein Jahrzehnt lang kam Bölls Zeitkritik vor allem im erzählerischen Werk zum Ausdruck. Erst in den sechziger Jahren, als sich die innenpolitischen Spannungen in der Bundesrepublik Deutschland verschärften, nahmen seine politischen Aktivitäten deutlich zu.
Der katholisch erzogene Böll entwickelte früh ein distanziertes Verhältnis gegenüber der Amtskirche und ihren politischen Interessenvertretern. Er warf dem Klerus vor, er habe sich während des Dritten Reiches zu sehr den Machthabern angepaßt und nach 1945 einseitig an die CDU/CSU als seine politische Interessenvertretung gebunden. Die Kirche, so fand er, müsse sich aber auf die Seite der Unterdrückten und Bedürftigen schlagen. Trotz seiner oft massiven Kritik am politischen Katholizismus blieb Böll noch lange Mitglied der Kirche: „Ich brauche die Sakramente, ich brauche die Liturgie, aber ich brauche den Klerus nicht – grob gesagt – als Institution." Besonders heftig mißbilligte er den Einzug der Kirchensteuer durch den Staat; diese Praxis war der Anlaß für seinen Austritt aus der Kirche Ende 1976.

Veränderungen*

Das Versäumnis nach 1945 bestand darin, daß die Christen sich standhaft und bis zum Stadium „Schaum vor dem Mund" vor dem Sozialismus gefürchtet und ihn als himmelschreiendes Abschreckungsmittel verketzert haben. Deutschland hatte die einmalige Chance, den verlorenen Krieg, die durch Bomben, allgemeine Verarmung, eine fast
5 schon demokratische Gleichheit der Chancen und Existenz entstandene Situation als „geschenkte Revolution" wahrzunehmen. Ob es Deutschland von den Alliierten gestattet worden wäre, die Chance wirklich wahrzunehmen, diese Frage ist heute hypothetisch, da die Realitäten sich in der Bundesrepublik und der DDR unerbittlich anders entwickelt haben. Christen und Marxisten hätten möglicherweise gemeinsam und ohne
10 dem Interessendruck der jeweiligen Besatzungsmacht zu erliegen, eine dritte Kraft entwickeln können, notfalls auch gegen den Widerstand der jeweiligen Besatzungsmacht. Statt dessen haben sich beide Teile Deutschlands „diktierten" Gesellschaftsformen gebeugt. Die Jugend im Osten und Westen Europas fängt an, das Diktat zu spüren und sich dagegen aufzulehnen, um Veränderungen dort herbeizuführen, wo sie die bisherigen
15 Formen und Inhalte für überholt, unaufrichtig oder falsch hält.
Veränderungen der Welt und der Gesellschaft sind immer durch Minderheiten bewirkt worden, die das, was ihnen einfach vorgesetzt wurde, prüften und der Achtung nicht für wert hielten.

Heinrich Böll

„Einmischung erwünscht"

Gespräch mit der SPD-Wählerinitiative, 1975. Von rechts Günter Grass, Heinrich Böll, Marie Schlei und Minister Rohde

Uta Ranke-Heinemann, William Born, Heinrich Albertz, Heinrich Böll und Robert Jungk bei der Friedensdemonstration in Bonn am 10. Oktober 1981

Die beiden Staaten, die nach 1945 auf deutschem Boden entstanden, sind nach Bölls Ansicht aus den gegnerischen Bündnisblöcken kurzfristig nicht herauszulösen. Wenn die politischen Systeme der Bundesrepublik Deutschland und der DDR sich stark auseinanderentwickelten, so hält er dies für bedauerlich. Böll macht den von Konrad Adenauer geführten Regierungen den Vorwurf, diese Kluft durch ihre gegen den Sozialismus gerichtete und vor allem an Sicherheit und Wohlstand orientierte Politik noch vergrößert zu haben. Als 1966 CDU/CSU und SPD die Große Koalition bildeten, gehörte Böll wiederum zu den Kritikern der Regierung. Er vermißte durchgreifende Reformen und sah in den 1968 verabschiedeten Notstandsgesetzen eine Gefahr für die Demokratie. Deshalb beteiligte er sich an der Abschlußkundgebung des Sternmarsches nach Bonn und hielt am 11. Mai 1968 im Hofgarten eine Rede.

Heinrich Böll im Mai 1968 bei der Demonstration gegen die Notstandsgesetze.

Böll stand damals der Außerparlamentarischen Opposition nahe und sprach sich für gewaltfreie Demonstrationen als demokratisches Recht aus. Nach 1969 befürwortete er die Bildung der Kleinen Koalition zwischen SPD und FDP mit Willy Brandt als Bundeskanzler. Böll unterstützte die neue Ostpolitik und setzte sich für weitere soziale Reformen ein. Er arbeitete in sozialdemokratischen Wählerinitiativen mit und war 1972 Gastredner auf dem Dortmunder Parteitag der SPD und 1974 vor der sozialdemokratischen Bundestagsfraktion.
In den letzten Jahren seines Lebens wandte Böll sich der Friedensbewegung und den Grünen zu. 1983 beteiligte er sich in Mutlangen an der Blockade einer amerikanischen Kaserne.

„Einmischung erwünscht"

Im Gespräch mit Schülern, Wien, 1982

Bei der Blockade des amerikanischen Raketen-Depots in Mutlangen, 1983.

„Worte können töten" *

1959 hielt Böll in Wuppertal eine Rede über die Gewalt der Sprache. Es waren prophetische Worte. Die Gewalt, von der er damals sprach, erfuhr er später am eigenen Leibe. Sein am 10. Januar 1972 im „Spiegel" erschienener Artikel, in dem er sich kritisch mit der Berichterstattung von „Bild" im Zusammenhang mit einem Terroranschlag auseinandersetzte, löste eine wochenlange Pressekampagne gegen Böll aus. Er wurde als Sympathisant der Terroristen angefeindet. Die Polizei durchsuchte Bölls Haus in der Eifel, um nach politischen Kriminellen zu fahnden. Nach einer zweiten Welle terroristischer Gewalttaten in der Bundesrepublik Deutschland im Jahre 1977 nahm die Polizei wiederum Haussuchungen bei Böll vor. Er war darüber tief verletzt, reagierte heftig und zog sich verbittert einige Jahre aus dem öffentlichen Leben zurück.

Es ist kein Zufall, daß immer da, wo der Geist als eine Gefahr angesehen wird, als erstes die Bücher verboten, die Zeitungen und Zeitschriften, Rundfunkmeldungen einer strengen Zensur ausgeliefert werden; zwischen zwei Zeilen, auf dieser winzigen weißen Schußlinie des Druckers, kann man Dynamit genug anhäufen, um Welten in die Luft zu
5 sprengen. In allen Staaten, in denen Terror herrscht, ist das Wort fast noch mehr gefürchtet als bewaffneter Widerstand, und oft ist das letzte die Folge des ersten. Die Sprache kann der letzte Hort der Freiheit sein. Wir wissen, daß ein Gespräch, daß ein heimlich weitergereichtes Gedicht kostbarer werden kann als Brot, nach dem in allen Revolutionen die Aufständischen geschrien haben.
10 So wird Ihnen vielleicht verständlich, daß ich hier, als freier Bürger von dieser freien Stadt geehrt als einer, der mit Worten umgeht, eine Instanz zitierte, die mit Kunst anscheinend nichts zu tun hat: das Gewissen, nicht das künstlerische Gewissen, das im stillen Kämmerlein jeder Künstler jeden Tag zu konsultieren hat, ob er sich nicht durch jenen nur haarbreiten Abgrund von seiner Kunst getrennt hat, sondern das Gewissen des
15 Menschen als gesellschaftlichen Wesens. Worte wirken, wir wissen es, haben es am eigenen Leib erfahren. Worte können Krieg vorbereiten, ihn herbeiführen, nicht immer sind es Worte, die Frieden stiften. Das Wort, dem gewissenlosen Demagogen ausgeliefert, dem puren Taktiker, dem Opportunisten, es kann zur Todesursache für Millionen werden, die meinungsbildenden Maschinen können es ausspucken wie ein Maschinengewehr
20 seine Geschosse: vierhundert, sechshundert, achthundert in der Minute; eine beliebig zu klassifizierende Gruppe von Mitbürgern kann durch Worte dem Verderben ausgeliefert werden. Ich brauche nur ein Wort zu nennen: Jude. Es kann morgen ein anderes sein: das Wort Atheist oder das Wort Christ oder das Wort Kommunist, das Wort Konformist und Nonkonformist. Der Spruch: Wenn Worte töten könnten, ist längst aus dem Irrealis
25 in den Indikativ geholt worden: Worte können töten, und es ist einzig und allein eine Gewissensfrage, ob man die Sprache in Bereiche entgleiten läßt, wo sie mörderisch wird. Manche Worte aus unserem politischen Vokabularium sind mit einem Bann belegt, der wie ein Fluch auf unseren frei und fröhlich heranwachsenden Kindern liegt; ich nenne zwei dieser Worte: Oder-Neiße, eine Wortverbindung, die, einem Demagogen ausge-
30 liefert, den meinungsbildenden Maschinen anheimgegeben, eine schlimmere Wirkung haben könnte als viele Lastzüge Nitroglyzerin.

Es mag Ihnen merkwürdig erscheinen, daß einer, der sich als leidenschaftlicher Liebhaber der Sprache bekannt hat, hier eine Rede hält, die nur düstere politische Prognosen zu enthalten scheint, aus Vergangenheit und Gegenwart Worte auswählt, die tödlich gewirkt haben oder tödlich wirken können, die Zukunft aus Worten beschwört; aber der politische Akzent solcher Beschwörungen und Erinnerungen, das Mahnende und Drohende, kommt aus dem Wissen, daß Politik mit Worten gemacht wird, daß es Worte sind, die den Menschen zum Gegenstand der Politik machen und ihn Geschichte erleiden lassen, Worte, die geredet, gedruckt werden, und es kommt aus dem Wissen, daß Meinungsbildung, Stimmungsmache sich immer des Wortes bedienen. Heinrich Böll

„Der letzte Hort der Freiheit" – das ist für Böll die Sprache. Wie erläutert und begründet er diese Auffassung?

„Die geborenen Einmischer"*

Als Böll 1973 den Essay „Einmischung erwünscht" veröffentlichte, war er Präsident des internationalen PEN-Clubs*. Er erfüllte die Aufgaben, die mit diesem Amt verbunden sind, mit großem Verantwortungsbewußtsein. Sein Ansehen im In- und Ausland, das durch die Verleihung des Nobelpreises im Jahre 1972 noch gestiegen war, nutzte er bewußt, um sich für verfolgte Schriftsteller in Ost und West einzusetzen.
Auch als Privatmann kümmerte sich Böll um Autoren, die der Hilfe bedurften. Als Alexander Solschenizyn 1974 und Lew Kopelew 1980 von der Sowjetunion ausgebürgert wurden, nahm Böll sie einige Zeit in seinem Haus auf. 1983 schrieb Böll einen Brief an den sowjetischen Parteichef Andropow mit der Bitte, die Verbannung des Atomphysikers und Nobelpreisträgers Sacharow aufzuheben. Da Böll keine Antwort erhielt, machte er seinen Appell über die Medien einer breiten Öffentlichkeit bekannt.

Schon nicht mehr nur monatlich, immer mehr wöchentlich gehen Amnesty International, dem Internationalen PEN, der Vereinigung Writers and Scholars Informationen über verhaftete, zensurierte, angeklagte Schriftsteller und Intellektuelle zu, von denen jede einzelne Information einen Protest notwendig machen würde.
Es fragt sich nur, ob diese Appelle und Resolutionen, die für Freiheiten plädieren, die als die konventionellen gelten und verfassungsmäßig in den meisten Ländern garantiert sind – ob diese Appelle und Resolutionen in ihrer Einsamkeit noch sinnvoll sind, wenn die Politiker diesen drei Organisationen und den zahlreichen anderen Gruppen und Kreisen, die sich mit Verfolgung und Unterdrückung auf dieser Erde beschäftigen, nicht an die Seite treten.
Immerhin repräsentieren diese Organisationen und Gruppen jene merkwürdig schwer zu definierende Instanz, die man das Gewissen zu nennen pflegt. Es besteht die Gefahr, daß dieses Gewissen zu einer abgestorbenen Blume im Knopfloch verschiedener Ideolo-

---

* PEN-Club: internationale Vereinigung von Dichtern (Poets), Essayisten (Essayists), und Romanschriftstellern (Novelists) seit 1921.

gien wird, wenn die Politiker nicht begreifen wollen, daß nur sie es sind, die den moralischen Druck in einen politischen verwandeln können, und wenn sie nicht endlich das heuchlerische Konzept der Nichteinmischung in die inneren Angelegenheiten anderer Staaten aufgeben. [...]

Wir Autoren sind die geborenen Einmischer, wir mischen uns ein in die Rechtsprechung und Kulturpolitik der Sowjetunion, der CSSR, Spaniens, Indonesiens, Brasiliens und Portugals, und wir mischen uns ein in die erschreckende Entwicklung in Jugoslawien, wo wieder einmal Sündenböcke gesucht werden und eine Hoffnung begraben werden soll. Wir werden uns auch in die Volksrepublik China einmischen, in Kuba und in Mexiko. Das klingt idealistisch, ist es aber nicht. Einmischung ist die einzige Möglichkeit, realistisch zu bleiben.

Heinrich Böll

„Gewissen der Nation"*

Versuchen wir zunächst, uns von dem dummen Klischee zu befreien, wir, Intellektuelle und Schriftsteller, wären die Moralisten oder das Gewissen der Nation. Wir sind nichts weiter als in diesem Land arbeitende und Steuer zahlende Staatsbürger, die sich möglicherweise – ich betone: möglicherweise – gelegentlich besser artikulieren als irgendein Staatsbürger, der ebenso das Gewissen der Nation verkörpert, sei er Arbeiter, Bankdirektor, Lehrer, Abgeordneter. Der Beichtspiegel der Nation, falls Sie Ihr Gewissen prüfen möchten, ist das Grundgesetz; und da Gesetze, Politik, Rechtsprechung zunächst aus Worten bestehen, kommt uns Autoren, die wir mit Worten einen gewissen Umgang pflegen, vielleicht die Rolle der Interpreten zwischen den verschiedenen Wortbereichen zu, die immer wieder aneinandergeraten, wodurch Reibung und auch Gewalt entstehen.

Ich halte solche Titulierungen, auch in ihren leisesten Anklängen, für lebensgefährlich. Moral und Gewissen einer Nation finden ihren Ausdruck in Politikern, Publizisten, Journalisten, Juristen; sie ergeben sich aus der permanent notwendigen Reibung und Konfrontation zwischen der Verbalität ihrer Verfassungen und der Wirklichkeit ihres Rechts-, Straf- und Sozialvollzugs.

Wenn ein Schriftsteller gelegentlich tut, was jeder Politiker, Publizist, Kommentator gelegentlich ebenfalls tun muß: das „Gewissen der Nation aufrütteln", so könnte er das gar nicht mehr, wenn er selbst der Sitz dieses Gewissens wäre. Er müßte ja dann sich selbst „aufrütteln": eine peinliche Turnübung im stillen Kämmerlein, und ich hab' nun mal was gegen's stille Kämmerlein. Etwas, das so umfangreich ist, wie es das Gewissen einer Nation sein sollte, kann in der Brust eines Schriftstellers nicht untergebracht werden: sie wäre zu klein – und zu unzuverlässig. Das Gewissen einer Nation muß aus sehr vielen, einander korrigierenden Instrumenten bestehen, die gelegentlich in offenen Konflikt geraten können.

Heinrich Böll

Christa Wolf nennt im ersten Teil ihres Geburtstagsbriefes Böll eine Instanz, auf die man höre. Vergleicht diese Einschätzung mit Bölls Aussagen über seine Rolle als „Gewissen der Nation" und mit dem Zitat auf der Titelseite. Welcher Meinung seid ihr?

Werke von Heinrich Böll

Das Gesamtwerk Heinrich Bölls umfaßt neben Erzählungen und Romanen zahlreiche Hörspiele, Essays, Reden, Interviews, verschiedene autobiographische, literarhistorische und politische Schriften sowie auch einige Gedichte und Theaterstücke. Zusammen mit seiner Frau übersetzte er unter anderem Werke von G. B. Shaw, Brendan Behan und J. D. Salinger. Seine internationale Anerkennung verdankte er vor allem dem erzählerischen Werk. Er wurde vielfach geehrt und erhielt literarische Auszeichnungen wie den Georg-Büchner-Preis (1967) und den Nobelpreis (1972).
1982 wurde ihm der Professorentitel des Landes Nordrhein-Westfalen verliehen und 1983 die Ehrenbürgerschaft der Stadt Köln.
Eine Auswahl aus dem erzählerischen Werk:

Erzählungen
Der Zug war pünktlich (1949)
Wanderer, kommst du nach Spa... (1950)
Nicht nur zur Weihnachtszeit (1952)
Das Brot der frühen Jahre (1955)
So ward Abend und Morgen (1955)
Unberechenbare Gäste (1956)
Im Tal der donnernden Hufe (1957)
Entfernung von der Truppe (1964)
Ende einer Dienstfahrt (1966)
Die verlorene Ehre der Katharina Blum (1974)
Du fährst zu oft nach Heidelberg (1979)
Das Vermächtnis (geschrieben 1948) (1982)
Die Verwundung und andere frühe Erzählungen (1983)

Romane
Wo warst du, Adam? (1951)
Und sagte kein einziges Wort (1953)
Haus ohne Hüter (1954)
Billard um halbzehn (1959)
Ansichten eines Clowns (1963)
Gruppenbild mit Dame (1971)
Fürsorgliche Belagerung (1979)
Frauen vor Flußlandschaft (1985)

Kapitel 8 Verzerrte Gespräche

Wir hören die Schreie

Als die Nationalsozialisten am 30. Januar 1933 die Macht übernahmen, hatte sich der „Stückeschreiber" und Regisseur Bertolt Brecht (1898 bis 1956) in Deutschland längst einen Namen gemacht. Die Berliner Uraufführung seiner „Dreigroschenoper" war 1928 als großes Theater-Ereignis gefeiert worden. Brecht galt als Verfasser provozierender Theaterstücke und als respektloser Neuerer auf der Bühne. Zudem bekannte er sich öffentlich zum Marxismus. Von den neuen Machthabern hatte Brecht das Schlimmste zu befürchten. Am 28. Februar 1933, einen Tag nach dem Reichstagsbrand, floh er mit Familie und Freunden nach Prag. Am 10. Mai 1933 verbrannte man in Deutschland seine Bücher.

Über Österreich, die Schweiz und Frankreich gelangte Brecht schließlich nach Dänemark, wo er in Svendborg ein Bauernhaus am Strand bewohnte. Dort schrieb er die Verse*:

> Unruhig sitzen wir so, möglichst nahe den Grenzen
> Wartend des Tags der Rückkehr, jede kleinste Veränderung
> Jenseits der Grenze beobachtend, jeden Ankömmling
> Eifrig befragend, nichts vergessend und nichts aufgebend
> Und auch verzeihend nichts, was geschah, nichts verzeihend.
> Ach, die Stille der Sunde täuscht uns nicht! Wir hören die Schreie
> Aus ihren Lagern bis hierher. Sind wir doch selber
> Fast wie Gerüchte von Untaten, die da entkamen
> Über die Grenzen. Jeder von uns
> Der mit zerrissenen Schuhn durch die Menge geht
> Zeugt von der Schande, die jetzt unser Land befleckt.

Auf Berichten und Nachrichten aus Deutschland fußend, entstand in der Svendborger Zeit die Szenenfolge „Furcht und Elend des Dritten Reiches". Sie wurde erstmals 1937 in Paris aufgeführt, Brecht selbst war der Regisseur. Er wollte die Weltöffentlichkeit auf die Zustände in Deutschland aufmerksam machen.

Auch heute noch werden diese Szenen oft gespielt. Sie zeigen, wie sich Zwangsherrschaft und Gewalt auf die Gespräche der Menschen untereinander auswirken. Denn wo Gewalt herrscht, leidet das Gespräch.

---

* Das vollständige Gedicht „Über die Bezeichnung Emigranten" steht auf S. 92.

Gespräche ohne Worte

Was geht in einem Gespräch vor sich? Oft kann man es schon am äußeren Verhalten der Gesprächspartner erkennen. Ja, Gespräche lassen sich darstellen, ohne daß es dazu eines einzigen Wortes bedarf. Ihr könnt es selbst überprüfen. Die folgende Aufzählung von Gesprächsformen kann euch dabei gute Dienste leisten (sie ist alphabetisch geordnet):
Aussprache – Beichte – Belehrung – Interview – Streitgespräch – Verhandlung – Verhör – Zurechtweisung.

1. Ein Spielvorschlag: Jeweils zwei von euch stellen in einer stummen Pantomime eine dieser Gesprächsformen dar. Die Klasse muß herausbekommen, um welche es sich handelt. Versucht hinterher, die Erkennungsmerkmale zu bestimmen.
2. Welchen Gesprächsformen lassen sich die folgenden Bilder zuordnen?

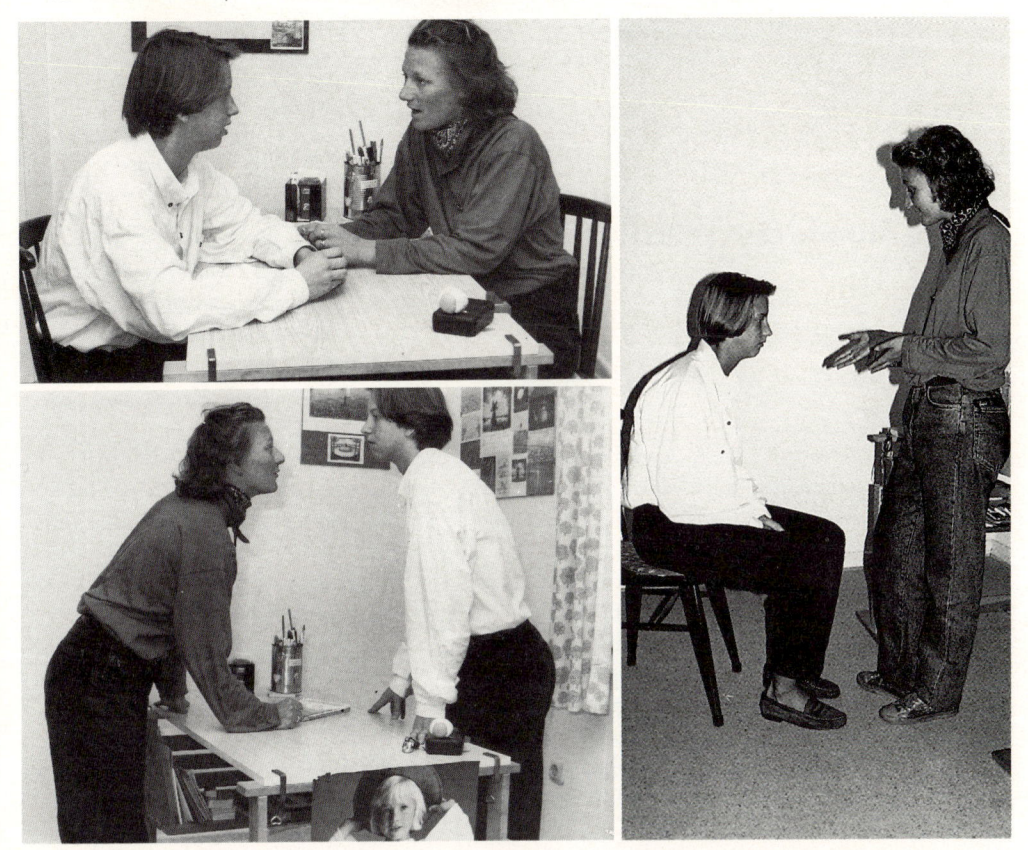

Überlegt, was das Sitzen oder Stehen der Gesprächspartner jeweils über die Rollenverteilung im Gespräch aussagt.
3. Es gibt Gespräche, in denen beide Partner die gleiche oder eine ähnliche Rolle spielen, und andere, in denen verschiedene Gesprächsrollen einander ergänzen. Darüber hinaus ist es ein Unterschied, ob ein Gesprächspartner seine Rolle freiwillig wählt oder ob sie ihm aufgezwungen wird.
Wie sieht es damit in den verschiedenen Gesprächsformen aus?

Ein Interview – oder was sonst?

Eine der Szenen aus „Furcht und Elend des Dritten Reiches" hat äußerlich die Form eines Interviews. Ihr könnt sie noch besser beurteilen, wenn ihr zuvor noch einige Überlegungen über das Wesen dieser Gesprächsform anstellt.

1. Vergleicht die Gesprächsformen Interview und Verhör. Was haben sie gemeinsam, worin unterscheiden sie sich?
2. Führt im Stegreifspiel verschiedene Interviews auf, z. B.
   – mit einem Sportler oder Trainer nach einem wichtigen Spiel,
   – mit einem Politiker nach einer Wahl,
   – ein Werbe-Interview mit einer Hausfrau.
   Besprecht die Vorführungen. Gibt es typische Verhaltensweisen, typische Gesten, typische Bewegungen des Befragers und des Befragten?
3. Habt ihr etwas beobachtet, was ihr als „Regelverstoß" empfindet?
   Versucht, Regeln für den Befrager und den Befragten zu formulieren.

Die Stunde des Arbeiters

Es kommen die Goebbelsorgane
Und drücken die Membrane
Dem Volk in die schwielige Hand.
Doch weil sie dem Volk nicht trauen
Halten sie ihre Klauen
Zwischen Lipp' und Kelchesrand.

Leipzig, 1934. Büro des Werkmeisters in einer Fabrik. Ein Radioansager mit einem Mikrophon unterhält sich mit einem Arbeiter in mittleren Jahren, einem alten Arbeiter und einer Arbeiterin. Im Hintergrund ein Herr vom Büro und ein vierschrötiger Mensch in SA-Uniform.

DER ANSAGER Wir stehen mitten im Getriebe der Schwungräder und Treibriemen, umgeben von emsig und unverdrossen arbeitenden Volksgenossen, die das Ihrige dazu beitragen, daß unser liebes Vaterland mit all dem versehen wird, was es braucht. Wir sind heute vormittag in der Spinnerei Fuchs AG. Und wiewohl die Arbeit schwer ist
5 und jeden Muskel anspannt, sehen wir doch um uns nur lauter fröhliche und zufriedene Gesichter. Aber wir wollen unsere Volksgenossen selber sprechen lassen. *Zu dem alten Arbeiter:* Sie sind einundzwanzig Jahre im Betrieb, Herr . . .
DER ALTE ARBEITER Sedelmaier.
DER ANSAGER Herr Sedelmaier. Nun, Herr Sedelmaier, wie kommt es, daß wir hier lau-
10 ter so freudige und unverdrossene Gesichter sehen?
DER ALTE ARBEITER *nach einigem Nachdenken:* Die machen ja immer Witze.
DER ANSAGER So. Ja und so geht unter muntern Scherzworten die Arbeit leicht von der Hand, wie? Der Nationalsozialismus kennt keinen lebensfeindlichen Pessimismus, meinen Sie. Früher war das anders, wie?
15 DER ALTE ARBEITER Ja, ja.

DER ANSAGER In der Systemzeit gab's für die Arbeiter nichts zu lachen, meinen Sie. Da hieß es: wofür arbeiten wir!
DER ALTE ARBEITER Ja, da gibt's schon einige, die das sagen.
DER ANSAGER Wie meinen? Ach so, Sie deuten auf die Meckerer hin, die es immer mal zwischendurch gibt, wenn sie auch immer weniger werden, weil sie einsehen, daß alles nicht hilft, sondern alles aufwärts geht im Dritten Reich, seit wieder eine starke Hand da ist. Das wollen Sie – *zur Arbeiterin* – doch auch sagen, Fräulein . . .
DIE ARBEITERIN Schmidt.
DER ANSAGER Fräulein Schmidt. An welchem unserer stählernen Maschinengiganten arbeiten denn Sie?
DIE ARBEITERIN *auswendig*. Und da ist ja auch die Arbeit bei der Ausschmückung des Arbeitsraums, die uns viel Freude bereitet. Das Führerbild ist auf Grund einer freiwilligen Spende zustande gekommen, und sind wir sehr stolz darauf. Wie auch auf die Geranienstöcke, die eine Farbe in das Grau des Arbeitsraums hineinzaubern, eine Anregung von Fräulein Kinze.
DER ANSAGER Da schmücken Sie also die Arbeitsstätte mit Blumen, den lieblichen Kindern des Feldes? Und sonst ist wohl auch allerhand anders geworden im Betrieb, seit sich Deutschlands Geschick gewendet hat?

»... und auch hier freudig arbeitende Menschen, helle Räume – Blumen an den Fenstern – Schönheit der Arbeit!«

DER HERR VOM BÜRO *sagt ein:* Waschräume.
DIE ARBEITERIN Die Waschräume sind ein Gedanke des Herrn Direktors Bäuschle persönlich, wofür wir herzlichen Dank abstatten möchten. Wer will, kann sich in den schönen Waschräumen waschen, wenn es nicht zu viel sind und Gedränge.
DER ANSAGER Ja, da will wohl jeder zuerst ran, wie? Da ist immer ein lustiges Gebalge?
DIE ARBEITERIN Es sind nur sechs Hähne für fünfhundertzweiundfünfzig. Da ist immer ein Krakeel. Manche sind unverschämt.
DER ANSAGER Aber alles geht in bestem Einvernehmen vor sich. Und jetzt will uns noch Herr, wie ist doch gleich der Name, etwas sagen.
DER ARBEITER Mahn.
DER ANSAGER Mahn also. Herr Mahn. Wie ist das nun, Herr Mahn, haben die vielen Neueinstellungen in der Fabrik sich auf den Geist der Arbeitskollegen ausgewirkt?
DER ARBEITER Wie meinen Sie das?
DER ANSAGER Nun, freut ihr euch, daß wieder alle Räder sich drehen und alle Hände Arbeit haben?
DER ARBEITER Jawohl.
DER ANSAGER Und daß jeder wieder am Ende der Woche seine Lohntüte nach Hause nehmen kann, das wollen wir doch auch nicht vergessen.
DER ARBEITER Nein.
DER ANSAGER Das war ja nicht immer so. In der Systemzeit mußte so mancher Volksgenosse den bittern Gang zur Wohlfahrt antreten. Und sich mit einem Almosen abfinden.
DER ARBEITER Achtzehn Mark fünfzig. Abzüge keine.
DER ANSAGER *lacht künstlich:* Hahaha! Famoser Witz! Da war nicht viel abzuziehen.
DER ARBEITER Nein, jetzt ist's mehr.
Der Herr vom Büro tritt nervös vor, ebenso der Vierschrötige in SA-Uniform.
DER ANSAGER Ja, so sind alle wieder zu Arbeit und Brot gekommen im Dritten Reich, Sie haben ganz recht, Herr, wie war doch der Name? Kein Rad steht mehr still, kein Arm braucht mehr zu rosten im Deutschland Adolf Hitlers. *Er schiebt den Arbeiter brutal vom Mikrophon.* In freudiger Zusammenarbeit gehen der Arbeiter der Stirn und der Arbeiter der Faust an den Wiederaufbau unseres lieben deutschen Vaterlandes. Heil Hitler!

Bertolt Brecht

4. Welche Regelverstöße fallen euch auf?
5. Angenommen, ihr wollt das Gespräch inszenieren. Mit welchen typischen Verhaltensweisen, typischen Bewegungen, typischen Gesten lassen sich der Befrager und die einzelnen Befragten kennzeichnen?
6. Bereitet mit einer Stellprobe eine szenische Lesung vor. Wie verteilen sich die Personen im Raum? Soll der Befrager auf die Befragten zugehen oder umgekehrt?
7. Wie würdet ihr die Gesprächsform bezeichnen, die sich hinter der Fassade dieses „Interviews" verbirgt? Eine Belehrung, ein Verhör, eine Zurechtweisung? oder was sonst?
8. Die Szene hat zweierlei „Publikum": die wirklichen Zuschauer, die der Aufführung beiwohnen, und die gedachten Zuhörer, für die das Rundfunk-Interview bestimmt ist. Worin unterscheiden sich ihre Wahrnehmungen? Wie wirkt die Szene auf den Zuschauer?

Ein Unterrichtsgespräch?

Hier geht es um die Belehrung eines Hitlerjungen durch seinen Scharführer.

Das Mahnwort

Sie holen die Jungen und gerben
Das Für-die-Reichen-Sterben
Wie das Einmaleins ihnen ein.

Das Sterben ist wohl schwerer.
Doch sie sehen die Fäuste der Lehrer
Und fürchten sich, furchtsam zu sein.

Chemnitz, 1937. Ein Raum der Hitlerjugend. Ein Haufen Jungens, die meisten haben Gasmasken umgehängt. Eine kleine Gruppe sieht zu einem Jungen ohne Maske hin, der auf einer Bank allein sitzt und rastlos die Lippen bewegt, als lerne er.

DER ERSTE JUNGE Er hat immer noch keine.
DER ZWEITE JUNGE Seine Alte kauft ihm keine.
DER ERSTE JUNGE Aber sie muß doch wissen, daß er da geschunden wird.
DER DRITTE JUNGE Wenn sie den Zaster nicht hat ...
5 DER ERSTE JUNGE Wo ihn der Dicke so schon auf dem Strich hat!
DER ZWEITE JUNGE Er lernt wieder. Das Mahnwort.
DER VIERTE JUNGE Jetzt lernt er es seit fünf Wochen, und es sind nur zwei Strophen.
DER DRITTE JUNGE Er kann es doch schon lang.
DER ZWEITE JUNGE Er bleibt doch nur stecken, weil er Furcht hat.
10 DER VIERTE JUNGE Das ist immer scheußlich komisch, nicht?
DER ERSTE JUNGE Zum Platzen. *Er ruft hinüber:* Kannst du's, Pschierer?
Der fünfte Junge blickt gestört auf, versteht und nickt dann. Darauf lernt er weiter.
DER ZWEITE JUNGE Der Dicke schleift ihn nur, weil er keine Gasmaske hat. [...]
DER ERSTE JUNGE Obacht, der Dicke!
15 *Die Jungens stellen sich stramm in zwei Reihen auf. Herein kommt ein dicklicher Scharführer. Hitlergruß.*
DER SCHARFÜHRER Abzählen! – *Es wird abgezählt.*
DER SCHARFÜHRER GM – auf! – *Die Jungens setzen die Gasmasken auf. Einige haben jedoch keine. Sie machen nur die einexerzierten Bewegungen mit.*
20 DER SCHARFÜHRER Zuerst das Mahnwort. Wer sagt uns denn das auf? *Er blickt sich um, als sei er unschlüssig, dann plötzlich:* Pschierer! Du kannst es so schön.
Der fünfte Junge tritt vor und stellt sich vor der Reihe auf. Er ist sehr blaß.
DER SCHARFÜHRER Kannst du es, du Hauptkünstler?
DER FÜNFTE JUNGE Jawohl, Herr Scharführer!
25 DER SCHARFÜHRER Dann loslegen! Erste Strophe!
DER FÜNFTE JUNGE
  Lern dem Tod ins Auge blicken
  Ist das Mahnwort unsrer Zeit.
  Wird man dich ins Feld einst schicken
30 Bist du gegen jede Furcht gefeit.
DER SCHARFÜHRER Pisch dir nur nicht in die Hose! Weiter! Zweite Strophe!
DER FÜNFTE JUNGE
  Und dann schieße, steche schlage!
  Das erfordert unser ...
35 *Er bleibt stecken und wiederholt die Worte. Einige Jungens halten mühsam das Losprusten zurück.*

DER SCHARFÜHRER Du hast also wieder nicht gelernt?
DER FÜNFTE JUNGE Jawohl, Herr Scharführer!
DER SCHARFÜHRER Du lernst wohl was andres zu Haus, wie? – *Brüllend:* Weitermachen!
40 DER FÜNFTE JUNGE
    Das erfordert unser ... Sieg.
    Sei ein Deutscher ... ohne Klage ... ohne Klage
    Sei ein Deutscher, ohne Klage
    Dafür stirb ... dafür stirb und dafür gib.
45 DER SCHARFÜHRER Als ob das schwer wäre!   Bertolt Brecht

1. Wie beurteilt ihr das Klima innerhalb der HJ-Gruppe und die „pädagogischen" Methoden des Scharführers?
2. Formuliert Anweisungen für den Schauspieler, der die Rolle des „Dicken" spielt. Sammelt dazu zunächst die Fragen, die ihr beantworten wollt, z. B.: Wie soll er hereinkommen? An wen wendet er sich zunächst? Wann nimmt er Kenntnis von Pschierer? Was spricht er laut, was leise? Wie nahe geht er an Pschierer heran? usw.
3. Die Gasmasken sind in dieser Szene ein wichtiges Requisit. Welche Bedeutung haben sie für die Figuren auf der Bühne? Wie wirken sie auf den Zuschauer?

4. Die letzten Worte des „Dicken" werden vom Publikum anders verstanden, als sie vom Scharführer gemeint sind. Beschreibt den Unterschied. Wie müssen diese Worte eurer Meinung nach gesprochen werden? An wen sind sie zu richten?

Seelsorge?

Wie sehr im Dritten Reich auch das privateste Gespräch von den politischen Verhältnissen betroffen war, zeigt Brecht in der Szene „Die Bergpredigt". Sie handelt von der Seelsorge um einen Sterbenden.

Die Bergpredigt

> Es müssen die Christen mit Schrecken
> Ihre zehn Gebote verstecken
> Sonst hagelt es Prügel und Spott.
> Sie können nicht Christen bleiben.
> Neue Götter vertreiben
> Ihren jüdischen Friedensgott.

Lübeck, 1937, Wohnküche eines Fischers. Der Fischer liegt im Sterben. An seinem Lager seine Frau und, in SA-Uniform, sein Sohn. Der Pfarrer ist da.

DER STERBENDE Sagen Sie, gibt es wirklich was danach?
DER PFARRER Quälen Sie sich denn mit Zweifeln?
DIE FRAU In den letzten Tagen hat er immer gesagt, es wird soviel geredet und versprochen, was soll man da glauben. Sie dürfen es ihm nicht übelnehmen, Herr Pfarrer.
5 DER PFARRER Danach gibt es das ewige Leben.
DER STERBENDE Und das ist besser?
DER PFARRER Ja.
DER STERBENDE Das muß es auch sein.
DIE FRAU Er hat sich so gefrettet, wissen Sie.
10 DER PFARRER Glauben Sie mir, Gott weiß das.
DER STERBENDE Meinen Sie? *Nach einer Pause:* Da oben kann man dann vielleicht wieder das Maul aufmachen, wie?
DER PFARRER *etwas verwirrt:* Es steht geschrieben: Der Glaube versetzt Berge. Sie müssen glauben. Es wird Ihnen leichter dann.
15 DIE FRAU Sie dürfen nicht meinen, Herr Pfarrer, daß es ihm am Glauben fehlt. Er hat immer das Abendmahl genommen. *Zu ihrem Mann, dringlich:* Der Herr Pfarrer meint, du glaubst gar nicht. Aber du glaubst doch, nicht?
DER STERBENDE Ja ... – *Stille.*
DER STERBENDE Da ist doch sonst nichts.
20 DER PFARRER Was meinen Sie damit? Da ist doch sonst nichts?
DER STERBENDE Na, da ist doch sonst nichts. Nicht? Ich meine, wenn es irgendwas gegeben hätte ...
DER PFARRER Aber was hätte es denn geben sollen?
DER STERBENDE Irgendwas.
25 DER PFARRER Aber Sie haben doch Ihre liebe Frau und Ihren Sohn gehabt.
DIE FRAU Uns hast du doch gehabt, nicht?
DER STERBENDE Ja ... – *Stille.*
DER STERBENDE Ich meine, wenn irgendwas los gewesen wäre im Leben ...
DER PFARRER Ich verstehe Sie vielleicht nicht ganz. Sie meinen doch nicht, daß Sie nur
30 glauben, weil Ihr Leben Mühsal und Arbeit gewesen ist?
DER STERBENDE *blickt sich suchend um, bis er seinen Sohn sieht:* Und wird es jetzt besser für die?

DER PFARRER Sie meinen für die Jugend? Ja, das hoffen wir.
DER STERBENDE Wenn wir einen Motorkutter hätten . . .
35 DIE FRAU Aber mach dir doch nicht noch Sorgen!
DER PFARRER Sie sollten jetzt nicht an solche Dinge denken.
DER STERBENDE Ich muß.
DIE FRAU Wir kommen doch durch.
DER STERBENDE Aber vielleicht gibt's Krieg?
40 DIE FRAU Red doch jetzt nicht davon. *Zum Pfarrer:* In der letzten Zeit hat er immer mit dem Jungen über den Krieg geredet. Sie sind aneinandergeraten darüber.
Der Pfarrer blickt auf den Sohn.
DER SOHN Er glaubt nicht an den Aufstieg.
DER STERBENDE Sagen Sie, will der da oben denn, daß es Krieg gibt?
45 DER PFARRER *zögernd:* Es heißt, selig sind die Friedfertigen.
DER STERBENDE Aber wenn es Krieg gibt . . .
DER SOHN Der Führer will keinen Krieg!
Der Sterbende macht ein große Bewegung mit der Hand, die das wegschiebt.
DER STERBENDE Wenn es also Krieg gibt . . .
50 *Der Sohn will etwas sagen.*
DIE FRAU Sei still jetzt.
DER STERBENDE *zum Pfarrer, auf seinen Sohn zeigend:* Sagen Sie dem das von den Friedfertigen!
DER PFARRER Wir stehen alle in Gottes Hand, vergessen Sie das nicht.
55 DER STERBENDE Sagen Sie es ihm?
DIE FRAU Aber der Herr Pfarrer kann doch nichts gegen den Krieg machen, sei doch vernünftig! Darüber soll man gar nicht reden in diesen Zeiten, nicht, Herr Pfarrer?
DER STERBENDE Sie wissen doch, es sind alles Schwindler. Ich kann für mein Boot keinen Motor kaufen. In ihre Flugzeuge bauen sie Motoren ein. Für den Krieg, für die
60 Schlächterei. Und ich kann bei Unwetter nicht hereinkommen, weil ich keinen Motor habe. Diese Schwindler! Krieg machen sie! *Er sinkt erschöpft zurück.*
DIE FRAU *holt erschrocken eine Schüssel mit Wasser und wischt ihm mit einem Tuch den Schweiß ab:* Das müssen Sie nicht hören. Er weiß nicht mehr, was er sagt.
DER PFARRER Beruhigen Sie sich doch, Herr Claasen.
65 DER STERBENDE Sagen Sie ihm das von den Friedfertigen?
DER PFARRER *nach einer Pause:* Er kann es selber lesen. Es steht in der Bergpredigt.
DER STERBENDE Er sagt, das ist alles von einem Juden und gilt nicht.
DIE FRAU Fang doch nicht wieder damit an! Er meint es doch nicht so. Das hört er eben bei seinen Kameraden!
70 DER STERBENDE Ja. *Zum Pfarrer:* Gilt es nicht?
DIE FRAU *mit einem ängstlichen Blick auf ihren Sohn:* Bring den Herrn Pfarrer nicht ins Unglück, Hannes. Du sollst ihn das nicht fragen.
DER SOHN Warum soll er ihn nicht fragen?
DER STERBENDE Gilt es oder nicht?
75 DER PFARRER *nach einer langen Pause, gequält:* In der Schrift steht auch: Gebt Gott, was Gottes ist, und dem Kaiser, was des Kaisers ist.
Der Sterbende sinkt zurück. Die Frau legt ihm das nasse Tuch auf die Stirn.

„Untertexte" zu dieser Szene

1. Versetzt euch in die Figur des Pfarrers und versucht, zu irgendeiner Partie im Text seine unausgesprochenen Gedanken und Gefühle auszudrücken.
2. Vergleicht eure eigenen Ausarbeitungen mit den folgenden Lösungsbeispielen. Sie setzen in dem Augenblick ein, als der Pfarrer in den Konflikt zwischen Vater und Sohn hineingezogen wird (Regieanweisung: Der Pfarrer blickt auf den Sohn).

Rainer schreibt

Der Pfarrer sagt:	Der Pfarrer denkt:
- Frage des Sterbenden -	Ob er das will? Glaube kaum, aber irgendwas muß ich jetzt sagen, auch wenn es falsch ist.
Es heißt, selig sind die Friedfertigen.	Momentan könnte das ja auch noch so sein, doch irgendwie ist mir schon klar, daß ich
- Der Sohn -	mich hier mit diesem Regime anlege.. Lächerlich, der Führer will keinen Krieg... Mensch, der Sohn hält aber schwer zu denen, Vorsicht ist geboten... Dem was von Friedfertigkeit zu erzählen, hieße dem Tod in die Arme laufen.
Wir stehen alle in Gottes Hand, vergessen Sie das nicht.	Ah, auf den Spruch kann man alles abwimmeln, an dem gibt's nichts zu rütteln. Aber hoffentlich hört der endlich auf seine Frau. Mein Leben ist mir schon was wert, und der Fischer bringt mich noch in Verlegenheit. Der Sohn spuckt's aus, und ich bin fällig, und es reicht doch, wenn der Fischer stirbt, oder?
- Sterbender redet vom Motor -	Jetzt fängt der noch eine offene Hetzkampagne an, das kann er, er stirbt sowieso. Ganz ruhig bleiben, vielleicht läßt er davon ab.
Beruhigen Sie sich doch, Herr Claasen.	Ich kann ihm nichts erzählen, da geht mein Wohl vor dieser Art von Glaubensverkündigung. Und jetzt fragt er schon wieder. Nein, ich gebe keine Antwort, nein!! Aber Pfarrer, du schwitzt ja schon! Ich brauche jetzt eine ausweichende Antwort.
Er kann es selbst lesen. Es steht in der Bergpredigt.	Jetzt auch noch Juden. Schließlich sind dies auch Menschen. Und somit schon die nächste Falle. Ruhig bleiben, Mensch. Du zitterst ja am ganzen Leib. Warum muß mir das passieren? Jedes falsche Wort bedeutet deinen Untergang... Gott sei Dank, die gute Frau versucht mir zu helfen. Wenigstens ein Lichtblick...

Seelsorge?

- Sohn: Warum soll er ihn nicht fragen? -	Der Kerl regt mich auf...der scheint mein Ende herbeizusehnen. Jagt ihn raus, der macht mich fertig. Wie will man da noch klar denken? Hinaus, du Satan, versuche mich nicht, und du da oben, steh mir bloß bei. Bis jetzt hast du mir in diesem Gespräch auch nicht geholfen, und was bring ich dir als Toter? Der Alte fragt noch einmal. Jetzt muß ich es sagen.. Ende..aus. Jetzt setzt der Panther schon zum Sprung an..Luft, hier ist furchtbare Luft.. Tod..Panther..Gott..Friedfertigkeit..Tod..Hitler. Kaiser..Kaiser? Das ist es, Kaiser, dann ist wenigstens etwas gesagt. Los. Stimme, erhebe dich!
In der Schrift steht auch: Gebt Gott...	Es läßt nach, der Druck verschwindet. Jetzt noch einmal tief Luft holen, und dann weg hier, alles vergessen..vergessen..v-e-r-g-e-s-s-e-n !

Und so lautet Barbaras Entwurf:

Der Pfarrer sagt:	Der Pfarrer denkt:
	So, ich eigentlich auch nicht. Aber das kann man solchen wie dir ja gar nicht klarmachen. Dein Vater hat schon recht. Wenn du nicht ganz so fanatisch wärst, könntest du das auch begreifen. Aber euch Jungen hat man ja die Augen verdreht. Nein, natürlich nicht. Als ob Gott sowas wollte. Nur, was sage ich jetzt bloß, daß ich nicht in die Klemme komme. Ach ja, ein Bibelwort wäre vielleicht das Beste. Das steht ja drin! Darauf kann mich keiner festnageln.
Es heißt, selig sind die Friedfertigen.	Hoffentlich fragt er nicht weiter. Ja, der Alte hat berechtigte Zweifel. Ganz schön hitzig, der Junge. Da heißt es aufgepaßt, sonst sitze ich bald selbst in der Falle. Ein Glück, daß die Frau da ist. Wenigstens eine vernünftige Seele! Was kann ich dem schon sagen? Der Alte begreift einfach nicht, in welche Gefahr er mich bringt mit seinen Forderungen. Dem Sohn das zu erklären ist zu heikel. Da sage ich lieber etwas Neutrales. Stimmen tut es ja auch, und vielleicht hilft es dem Alten.
Wir stehen alle in Gottes Hand, vergessen Sie das nicht.	Ja, das sollte ich selbst eigentlich auch nicht vergessen.
- Sterbender: Sagen Sie es ihm? -	Ach, er hat immer noch nicht begriffen. Das kann ich nicht wagen. Ich darf nicht. Bitte versteh doch, es geht wirklich nicht! Aber ehrlich gesagt, ich würde es deinem Jungen gerne einmal erklären. Nein, es geht nicht, das kannst du doch nicht wagen. Die Zeiten sind nicht dazu geschaffen.

Verzerrte Gespräche

- Frau: Darüber soll man gar nicht	Recht hat sie. Man "soll" nicht darüber reden. Obwohl es bitter nötig ist. Mensch, paß auf! Der Junge beobachtet dich ja wie ein Luchs. Wehe dir, wenn der deine Gedanken errät. Alles Schwindler, der hat gut reden, wo er so oder so bald stirbt. Da kann er einmal nur, ohne Angst, die Wahrheit sagen. Oh Frau, das weiß er nur zu gut. Aber weghören kann ich auch nicht einfach, so wie der verstockte "Herr Sohn". Daß der so erhaben über alles weggehen kann! Armer Mann, du bist ja schon ganz erhitzt, das tut dir wirklich nicht gut. Ich muß dich doch wenigstens zur Ruhe bringen.
Beruhigen Sie sich doch, Herr Claasen.	Was, immer noch die gleiche Frage? Begreif doch endlich, es geht nicht, wirklich nicht. Und außerdem:
Er kann es selber lesen. Es steht in der Bergpredigt.	Stimmt ja auch. Nur schade, daß er gar so verstockt ist. Als ob der sich überhaupt dafür interessieren würde. So sieht er nun wirklich nicht aus. Ach, sowas sagt er auch noch? Na, daran muß man sich gewöhnen. Von der Sorte gibt es genug! Sowas lernt er bei seinen Kameraden, nichts Gescheites!
- Sterbender: Gilt er nicht? -	Was? Die Schrift? Aber selbstverständlich gilt sie. Nur, so offen darf man das heute nicht mehr sagen. Die Frau hat schon recht, der bringt mich noch ins Unglück, wenn er so weitermacht. Da siehst du es. Der Sohn wartet ja nur auf den günstigen Augenblick, dich hinter Schloß und Riegel zu bringen. Oder sogar ins Kazett, wo schon so viele Pfarrer sitzen. Aber da will ich nicht hin. Da sage ich dem Sohn lieber mal was, was ihm paßt. Sonst bin ich wirklich dran. Aber damit betrüge ich den Alten. Auf, entscheide dich, KZ, ja oder nein? Nein, lieber nicht, bitte verzeih, ich kann nicht anders.
In der Schrift steht auch: Gebt Gott...	Du Schuft, jetzt hast du ihm das letzte bißchen Hoffnung geraubt. Wie kannst du nur so ausweichend antworten! Stehst du überhaupt noch hinter deinem Glauben, wenn du so betrügst? Aber es geht nicht anders. Ich war gezwungen. Schade, jetzt ist er fertig, restlos erledigt. Wie konntest du nur so feig sein!

3. Worin unterscheiden sich die beiden Entwürfe? Welcher überzeugt euch mehr?
4. Formuliert zu jedem Entwurf die passenden Anweisungen für den Darsteller des Pfarrers. Ihr könnt dabei auch Vorgänge miteinbeziehen, die unmittelbar vor oder nach der Szene zu denken sind: Wie z. B. kommt der Pfarrer herein, wie begrüßt er die Anwesenden, wie verabschiedet er sich, wie geht er hinaus?
5. Brecht hat die einzelnen Szenen jeweils mit einem gereimten Vorspruch versehen. Manche Regisseure lassen sie bei der Aufführung einfach weg, andere suchen nach Möglichkeiten, sie miteinzubeziehen. Wie würdet ihr verfahren?

Die Verabredung einer Reise?

Die Verfolgung und Vernichtung der jüdischen Mitbürger durch den Nationalsozialismus begann damit, daß sie zu minderwertigen Menschen gestempelt wurden. In der Szene „Die jüdische Frau" führt uns Brecht das Schicksal einer deutschen Jüdin vor Augen, die mit einem „arischen" Arzt verheiratet ist.

Die jüdische Frau

Und dort sehn wir jene kommen
Denen er ihre Weiber genommen
Jetzt werden sie arisch gepaart.
Da hilft kein Fluchen und Klagen
Sie sind aus der Art geschlagen
Er schlägt sie zurück in die Art.

Frankfurt, 1935. Es ist Abend. Eine Frau packt Koffer. Sie wählt aus, was sie mitnehmen will. Mitunter nimmt sie wieder etwas aus dem Koffer und gibt es an seinen Platz im Zimmer zurück, um etwas anderes einpacken zu können. Lange schwankt sie, ob sie eine große Photographie ihres Mannes, die auf der Kommode steht, mitnehmen soll. Dann läßt sie das Bild stehen. Sie wird müde vom Packen und sitzt eine Weile auf einem Koffer, den Kopf in die Hand gestützt. Dann steht sie auf und telefoniert.

DIE FRAU Hier Judith Keith. Doktor, sind Sie es? – Guten Abend. Ich wollte nur eben mal anrufen und sagen, daß ihr euch jetzt doch nach einem neuen Bridgepartner umsehen müßt, ich verreise nämlich. – Nein, nicht für so sehr lange, aber ein paar Wochen werden es schon werden. – Ich will nach Amsterdam. – Ja, das Frühjahr soll
5   dort ganz schön sein. – Ich habe Freunde dort. – Nein, im Plural, wenn Sie es auch nicht glauben. – Wie ihr da Bridge spielen sollt? – Aber wir spielen doch schon seit zwei Wochen nicht. – Natürlich, Fritz war auch erkältet. Wenn es so kalt ist, kann man eben nicht mehr Bridge spielen, das sagte ich auch! – Aber nein, Doktor, wie sollte ich? – Thekla hatte doch auch ihre Mutter zu Besuch. – Ich weiß. – Warum
10 sollte ich so was denken? – Nein, so plötzlich kam es gar nicht, ich habe nur immer verschoben, aber jetzt muß ich ... Ja, aus unserm Kinobesuch wird jetzt auch nichts mehr, grüßen Sie Thekla. – Vielleicht rufen Sie ihn sonntags mal an? – Also, auf Wiedersehen! – Ja, sicher, gern! – Adieu!
Sie hängt ein und ruft eine andere Nummer an.
15 Hier Judith Keith. Ich möchte Frau Schöck sprechen. – Lotte? – Ich wollte rasch Adieu sagen, ich verreise auf einige Zeit. – Nein, mir fehlt nichts, nur um mal ein paar neue Gesichter zu sehen. – Ja, was ich sagen wollte, Fritz hat nächsten Dienstag den Professor hier zu Abend, da könntet ihr vielleicht auch kommen, ich fahre, wie gesagt, heute nacht. – Ja Dienstag. – Nein, ich wollte nur sagen, ich fahre heute
20 nacht, es hat gar nichts zu tun damit, ich dachte, ihr könntet dann auch kommen. – Nun, sagen wir also: obwohl ich nicht da bin, nicht? – Das weiß ich doch, daß ihr nicht so seid, und wenn, das sind doch unruhige Zeiten, und alle Leute passen so auf, ihr kommt also? – Wenn Max kann? Er wird schon können, der Professor ist auch da, sag's ihm. – Ich muß jetzt abhängen. Also, Adieu!
25 *Sie hängt ein und ruft eine andere Nummer an.*

Bist du es, Gertrud? Hier Judith. Entschuldige, daß ich dich störe. – Danke. Ich wollte dich fragen, ob du nach Fritz sehen kannst, ich verreise für ein paar Monate. – Ich denke, du, als seine Schwester ... Warum möchtest du nicht? – So wird es aber doch nicht aussehen, bestimmt nicht für Fritz. – Natürlich weiß er, daß wir nicht so – gut standen, aber ... Dann wird er eben dich anrufen, wenn du willst. – Ja, das will ich ihm sagen. – Es ist alles ziemlich in Ordnung, die Wohnung ist ja ein bißchen zu groß. – Was in seinem Arbeitszimmer gemacht werden soll, weiß Ida, laß sie da nur machen. – Ich finde sie ganz intelligent, und er ist gewöhnt an sie. – Und noch was, ich bitte dich, das nicht falsch aufzunehmen, aber er spricht nicht gern vor dem Essen, könntest du daran denken? Ich hielt mich da immer zurück. – Ich möchte nicht gern darüber diskutieren jetzt, mein Zug geht bald, ich habe noch nicht fertig gepackt, weißt du. – Sieh auf seine Anzüge und erinnere ihn, daß er zum Schneider gehen muß, er hat einen Mantel bestellt, und sorg, daß in seinem Schlafzimmer noch geheizt wird, er schläft immer bei offenem Fenster, und das ist zu kalt. – Nein, ich glaube nicht, daß er sich abhärten soll, aber jetzt muß ich Schluß machen. – Ich danke dir sehr, Gertrud, und wir schreiben uns ja immer mal wieder. – Adieu.
Sie hängt ein und ruft eine andere Nummer an.
Anna? Hier ist Judith, du, ich fahre jetzt. – Nein, es muß schon sein, es wird zu schwierig. – Zu schwierig! – Ja, nein, Fritz will es nicht, er weiß noch gar nichts, ich habe einfach gepackt. – Ich glaube nicht. – Ich glaube nicht, daß er viel sagen wird. Es ist einfach zu schwierig für ihn, rein äußerlich. – Darüber haben wir nichts verabredet. – Wir sprachen doch überhaupt nie darüber, nie! – Nein, er war nicht anders, im Gegenteil. – Ich wollte, daß ihr euch seiner ein wenig annehmt, die erste Zeit. – Ja, sonntags besonders, und redet ihm zu, daß er umzieht. – Die Wohnung ist zu groß für ihn. – Ich hätte dir gern noch Adieu gesagt, aber du weißt ja, der Portier! – Also, Adieu, nein, komm nicht auf die Bahn, auf keinen Fall! – Adieu, ich schreib mal. – Sicher.
Sie hängt ein und ruft keine andere Nummer mehr an. Sie hat geraucht. Jetzt zündet sie das Büchlein an, in dem sie die Telefonnummern nachgeschlagen hat. Ein paarmal geht sie auf und ab. Dann beginnt sie zu sprechen. Sie probt die kleine Rede ein, die sie ihrem Mann halten will. Man sieht, er sitzt in einem bestimmten Stuhl.
Ja, ich fahre jetzt also, Fritz. Ich bin vielleicht schon zu lange geblieben, das mußt du entschuldigen, aber ...
Sie bleibt stehen und besinnt sich, fängt anders an.
Fritz, du solltest mich nicht mehr halten, du kannst es nicht ... Es ist klar, daß ich dich zugrunde richten werde, ich weiß, du bist nicht feig, die Polizei fürchtest du nicht, aber es gibt Schlimmeres. Sie werden dich nicht ins Lager bringen, aber sie werden dich nicht mehr in die Klinik lassen, morgen oder übermorgen, du wirst nichts sagen dann, aber du wirst krank werden. Ich will dich nicht hier herumsitzen sehen, Zeitschriften blätternd, es ist reiner Egoismus von mir, wenn ich gehe, sonst nichts. Sage nichts ...
Sie hält wieder inne. Sie beginnt wieder von vorn.
Sage nicht, du bist unverändert, du bist es nicht! Vorige Woche hast du ganz objektiv gefunden, der Prozentsatz der jüdischen Wissenschaftler sei gar nicht so groß. Mit der Objektivität fängt es immer an, und warum sagst du mir jetzt fortwährend, ich sei

nie so nationalistisch jüdisch gewesen wie jetzt. Natürlich bin ich das. Das steckt ja so an. Oh, Fritz, was ist mit uns geschehen!
Sie hält wieder inne. Sie beginnt wieder von vorn.

Ich habe es dir nicht gesagt, daß ich fort will, seit langem fort will, weil ich nicht reden kann, wenn ich dich ansehe, Fritz. Es kommt mir dann so nutzlos vor, zu reden. Es ist doch alles schon bestimmt. Was ist eigentlich in sie gefahren? Was wollen sie in Wirklichkeit? Was tue ich ihnen? Ich habe mich doch nie in die Politik gemischt. War ich für Thälmann? Ich bin doch eines von diesen Bourgeoisweibern, die Dienstboten halten usw., und plötzlich sollen nur noch die Blonden das sein dürfen? In der letzten Zeit habe ich oft daran gedacht, wie du mir vor Jahren sagtest, es gäbe wertvolle Menschen und weniger wertvolle, und die einen bekämen Insulin, wenn sie Zucker haben, und die andern bekämen keins. Und das habe ich eingesehen, ich Dummkopf! Jetzt haben sie eine neue Einteilung dieser Art gemacht, und jetzt gehöre ich zu den Wertloseren. Das geschieht mir recht.
Sie hält wieder inne. Sie beginnt wieder von vorn.

Ja, ich packe. Du mußt nicht tun, als ob du das nicht gemerkt hättest die letzten Tage. Fritz, alles geht, nur eines nicht: daß wir in der letzten Stunde, die uns bleibt, einander nicht in die Augen sehen. Das dürfen sie nicht erreichen, die Lügner, die alle zum Lügen zwingen. Vor zehn Jahren, als jemand meinte, das sieht man nicht, daß ich eine Jüdin bin, sagtest du schnell: doch, das sieht man. Und das freut einen. Das war Klarheit. Warum jetzt um das Ding herumgehen? Ich packe, weil sie dir sonst die Oberarztstelle wegnehmen. Und weil sie dich schon nicht mehr grüßen in deiner Klinik und weil du nachts schon nicht mehr schlafen kannst. Ich will nicht, daß du mir sagst, ich soll nicht gehen. Ich beeile mich, weil ich dich nicht noch sagen hören will, ich soll gehen. Das ist eine Frage der Zeit. Charakter, das ist eine Zeitfrage. Er hält soundso lange, genau wie ein Handschuh. Es gibt gute, die halten lange. Aber sie halten nicht ewig. Ich bin übrigens nicht böse. Doch, ich bin's. Warum soll ich alles einsehen? Was ist schlecht an der Form meiner Nase und der Farbe meines Haares? Ich soll weg von der Stadt, wo ich geboren bin, damit sie keine Butter zu geben brauchen. Was seid ihr für Menschen, ja, auch du! Ihr erfindet die Quantentheorie[1] und den Trendelenburg[2] und laßt euch von Halbwilden kommandieren, daß ihr die Welt erobern sollt, aber nicht die Frau haben dürft, die ihr haben wollt. Künstliche Atmung und jeder Schuß ein Ruß! Ihr seid Ungeheuer oder Speichellecker von Ungeheuern! Ja, das ist unvernünftig von mir, aber was hilft in einer solchen Welt die Vernunft? Du sitzt da und siehst deine Frau packen und sagst nichts. Die Wände haben Ohren, wie? Aber ihr sagt ja nichts! Die einen horchen, und die andern schweigen. Pfui Teufel. Ich sollte auch schweigen. Wenn ich dich liebte, schwiege ich. Ich liebe dich wirklich. Gib mir die Wäsche dort. Das ist Reizwäsche. Ich werde sie brauchen. Ich bin sechsunddreißig, das ist nicht zu alt, aber viel experimentieren kann ich nicht mehr. Mit dem nächsten Land, in das ich komme, darf es nicht mehr so gehen. Der nächste Mann, den ich kriege, muß mich behalten dürfen. Und sage nicht, du wirst Geld schicken, du weißt, das kannst du nicht. Und du sollst auch nicht tun, als wäre es nur für vier Wochen. Das hier dauert nicht nur vier Wochen. Du weißt es, und ich weiß es auch. Sage also nicht: es sind schließlich nur ein paar Wochen, während du mir den Pelzmantel gibst, den ich doch erst im Winter brauchen werde. Und reden wir nicht von Unglück. Reden wir von Schande. O Fritz!

Sie hält inne. Eine Tür geht. Sie macht sich hastig zurecht. Ihr Mann tritt ein.

DER MANN Was machst du denn? Räumst du?

DIE FRAU Nein.

DER MANN Warum packen?

DIE FRAU Ich möchte weg.

DER MANN Was heißt das?

DIE FRAU Wir haben doch gesprochen, gelegentlich, daß ich für einige Zeit weggehe. Es ist doch nicht mehr sehr schön hier.

DER MANN Das ist doch Unsinn.

DIE FRAU Soll ich denn bleiben?

DER MANN Wohin willst du denn?

DIE FRAU Nach Amsterdam. Eben weg.

DER MANN Aber dort hast du doch niemanden.

DIE FRAU Nein.

DER MANN Warum willst du denn nicht hierbleiben? Meinetwegen mußt du bestimmt nicht gehen.

DIE FRAU Nein.

---

[1] Quantentheorie: physikalische Beschreibung des Verhaltens von Atomen und Molekülen, hauptsächlich durch Werner Heisenberg.   [2] Trendelenburg, Friedrich: Chirurg; nach ihm Operationsmethode mit künstlicher Beatmung bei Lungenembolie benannt.

Die Verabredung einer Reise?

DER MANN Du weißt, daß ich unverändert bin, weißt du das, Judith?
DIE FRAU Ja.
Er umarmt sie. Sie stehen stumm zwischen den Koffern.
DER MANN Und es ist nichts sonst, was dich weggehen macht?
140 DIE FRAU Das weißt du.
DER MANN Vielleicht ist es nicht so dumm. Du brauchst ein Aufschnaufen. Hier erstickt man. Ich hole dich. Wenn ich nur zwei Tage jenseits der Grenze bin, wird mir schon besser sein.
DIE FRAU Ja, das solltest du.
145 DER MANN Allzulang geht das hier überhaupt nicht mehr. Von irgendwoher kommt der Umschwung. Das klingt alles wieder ab wie eine Entzündung. – Es ist wirklich ein Unglück.
DIE FRAU Sicher. Hast du Schöck getroffen?
DER MANN Ja, das heißt, nur auf der Treppe. Ich glaube, er bedauert schon wieder, daß
150 sie uns geschnitten haben. Er war direkt verlegen. Auf die Dauer können sie uns Intellektbestien doch nicht so ganz niederhalten. Mit völlig rückgratlosen Wracks können sie auch nicht Krieg führen. Die Leute sind nicht mal so ablehnend, wenn man ihnen fest gegenübertritt. Wann willst du denn fahren?
DIE FRAU Neun Uhr fünfzehn.
155 DER MANN Und wohin soll ich das Geld schicken?
DIE FRAU Vielleicht hauptpostlagernd Amsterdam.
DER MANN Ich werde mir eine Sondererlaubnis geben lassen. Zum Teufel, ich kann doch nicht meine Frau mit zehn Mark im Monat wegschicken! Schweinerei, das Ganze. Mir ist scheußlich zumute.
160 DIE FRAU Wenn du mich abholen kommst, das wird dir guttun.
DER MANN Einmal eine Zeitung lesen, wo was drin steht.
DIE FRAU Gertrud habe ich angerufen. Sie wird nach dir sehen.
DER MANN Höchst überflüssig. Wegen der paar Wochen.
DIE FRAU *die wieder zu packen begonnen hat:* Jetzt gib mir den Pelzmantel herüber, willst
165 du?
DER MANN *gibt ihn ihr:* Schließlich sind es nur ein paar Wochen.

Bertolt Brecht

1. Die jüdische Frau führt eine Reihe von Telefonaten. Entwerft die fehlenden Gesprächsbeiträge der jeweiligen Partner. In welcher Beziehung stehen diese Partner zu Judith Keith?
   Wie verändern sich Judiths Gestik und Mimik im Laufe der Telefonate?
2. Vergleicht die Abfolge der Telefonate mit der Reihe der „Probegespräche", die Judith mit ihrem Mann führt. Was ist beiden Abläufen gemeinsam?
3. Die Probegespräche bilden ein „Spiel im Spiel". Wie kann die Darstellerin der Judith dem Publikum deutlich machen, daß sie diese Gespräche lediglich „spielt"?
4. Nehmen wir an, ein Regisseur käme auf die Idee, das Spiel im Spiel aus dieser Szene „herauszustreichen". Was würde sich für das Publikum ändern?

Kapitel 9 In Herzensdingen

„Zu spät!"

Die deutsche Schriftstellerin Hedwig Courths-Mahler (1861–1950) schrieb bereits mit 17 Jahren den ersten Roman, dem über 200 weitere folgen sollten. Die massenhaft verlegten Werke handeln alle vom Traum der sozial Benachteiligten von Reichtum und Glück.

Die Trauung fand in der kleinen Hüttenfelder Kirche statt, die Ollys Vater für seine Arbeiter hatte bauen lassen. Graf Harald erschien erst am Vorabend der Hochzeit. Zur Trauung trug er zum letzten Male seine Offiziersuniform. Sein Abschied war inzwischen bewilligt worden.

Olly war in diesen beiden Tagen inmitten ihrer Gäste gar nicht sie selbst. Sie kam kaum zur Besinnung und erschien sich selbst wie ein Automat, der aufgezogen war.

Während der Trauung in der Kirche hatte sie das Gefühl, als stände statt ihrer eine fremde Person neben Graf Harald am Altar. Sie hörte kein Wort von dem, was der Pastor sagte, wenigstens fand keines Einlaß in ihre Gedankenwelt. Mechanisch sprach sie das bindende Ja. Es war nur ein Gefühl in ihr, als sei sie krank, als müsse jeden Augenblick der Boden unter ihren Füßen weichen.

Sie ließ sich von ihrer Schwiegermutter und Baron Senden umarmen, nachdem sie ihr Bruder, der sie unruhig forschend betrachtet hatte, herzlich umarmt hatte. Sie faßte Gildas Hand, die selbst so bleich und geistesabwesend war wie die Braut, und lächelte seelenlos zu den Glückwünschen der Hochzeitsgäste. Und dabei dachte sie mit einem kalten, bewußtlosen Interesse: „Wie lange werde ich mich noch aufrechthalten können? Ich habe ja keinen festen Boden mehr unter den Füßen."

Dann tauchte in der Menge der Glückwünschenden ein blasses, ernstes Männergesicht auf. Dr. Valberg stand vor ihr. Da durchzuckte es ihren Körper wie ein elektrischer Schlag.

Valberg neigte sich über ihre Hand. Sie fühlte seine heißen Lippen mit einem brennenden Druck auf ihrer Hand und hörte seine Stimme rauh und unsicher sagen: „Gott schenke Ihnen Glück, Frau Gräfin – ein reines, *volles* Glück."

Da schrak sie auf aus dem Banne, der auf ihr lastete und sie nicht zur Klarheit hatte kommen lassen. Er fiel plötzlich von ihr ab. Valberg richtete sich auf und sah sie an mit einem einzigen, wehen Blick. Aber dieser Blick riß jäh einen Schleier von ihrer Seele und machte sie sehend. Wie ein Blitz fuhr die Erkenntnis durch die Seele: „Du liebst ihn – und du wirst von ihm geliebt!" Das kam so stark und plötzlich über sie, daß sie haltlos taumelte. Sie hatte die Macht über ihren Körper verloren; doch ihr Geist war wach und klar. Sicher wäre sie zu Boden gesunken, wenn sie Valberg nicht schnell umfaßt und gehalten hätte.

Einen Moment ruhte sie an seinem Herzen. Es schlug laut und stark gegen das ihre. Sie fühlte es und erschauerte. Und sie sah zu ihm auf wie eine Verzweifelnde. Ihre Augen baten ihn: „Verzeihe mir – ich wußte nicht, was ich tat! Warum ließest du mich diesen Weg gehen, ohne mich zu wecken?"

Er verstand sie, ohne daß sie ein Wort sagte. „Zu spät", stieß er heiser zwischen den Zähnen hervor, die sich wie im Krampf aufeinanderpreßten.
Da schwanden ihr die Sinne.
Zugleich wurde ihr Gatte auf sie aufmerksam, der seine Mutter umarmt hatte. Die Hochzeitsgäste umringten die ohnmächtige junge Gräfin.
„Was ist geschehen?" fragten sie erschrocken, als sie Olly in Valbergs Armen sahen, bleich und bewußtlos.
„Frau Gräfin ist unwohl geworden", sagte Valberg hart und laut, als müsse er seine eigene Angst übertönen. Er war so bleich wie die Ohnmächtige selbst. Doch schon kam Olly wieder zu sich.
Nur einen Moment hatte sie das Bewußtsein verloren. Sie fühlte, daß der Arm zitterte, in dem sie ruhte. Da richtetete sie sich, alle Kraft zusammenraffend, empor – und lächelte.
„Es ist nichts, Herrschaften – ein leichter Schwindel – die Luft ist hier so dumpf. – Ich bin schon wieder ganz wohl."
Es war eine fremde, tonlose Stimme, mit der sie das sagte. Sie vermied es, Valberg anzusehen. Sie nahm den Arm ihres Gatten, der sich besorgt über sie neigte.
„Bitte, führe mich hinaus ins Freie!" hauchte sie.
Ohne Valberg noch einmal anzusehen, ging sie langsam hinaus. Die Hochzeitsgäste folgten. Nur Valberg blieb in der Kirche zurück, bis sie leer war.
Er lehnte sich an einen Pfeiler und biß die Zähne zusammen. So starrte er eine Weile vor sich hin.
Und als er endlich wieder zu sich kam, brach es noch einmal wie ein heiserer Laut über seine Lippen: „Zu spät!"
Ja, zu spät hatte Olly erkannt, was in ihrem Herzen lebendig geworden war, seit sie Georg Valberg kennengelernt hatte. Und zu spät hatte auch er erkannt, daß sie ihn liebte wie er sie, daß er sie hätte erringen können, wenn er nur ernstlich gewollt hätte, er, der Arbeitersohn, das feine, zarte Herrenkind.
Ihm war, als müsse er jetzt noch dem Hochzeitszuge nachstürzen und die blasse Braut vom Arme des Gatten reißen – in seine Arme. Aber seine Füße lösten sich nur schwer vom Boden. „Zu spät!"

Hedwig Courths-Mahler

Erste Begegnung

Der amerikanische Literaturprofessor Erich Segal schrieb mit „Love Story" in den 60er Jahren (deutsch 1971) einen der großen Erfolgsromane unserer Zeit. In der ersten Szene lernt sich das spätere Liebespaar kennen.

Im Herbst vor meinem Examen hatte ich mir angewöhnt, in der Bibliothek von Radcliffe College zu arbeiten. Nicht bloß, um mir all die Puppen dort anzusehen, obschon ich zugebe, ich schaute ganz gern hin. Dort war es ruhig, keiner kannte mich, und die Bücher aus der Präsenzbibliothek wurden nicht soviel verlangt. Am Tag vor einem meiner Geschichtsexamen war ich noch immer nicht dazu gekommen, das erste Buch von meiner Liste durchzulesen, ein typisches Leiden an der Harvard-Universität. Ich schlenderte zum Bestelltisch, um mir einen von den Wälzern zu holen, mit Hilfe deren ich morgen wohl mit Ach und Krach noch durchrutschen würde. Dort arbeiteten zwei Mädchen. Eine große, von der Sorte, die mit jedem sofort Tennis spielen will, und die andere vom Typ Brillenschlange. Ich entschied mich für die Brillenschlange.
„Haben Sie vielleicht den *Herbst des Mittelalters?*"
Sie warf mir von unten her einen Blick zu.
„Habt ihr nicht eure eigene Bibliothek?" fragte sie.
„Hören Sie, Harvard darf die Bibliothek von Radcliffe mitbenutzen!"
„Ich spreche nicht über die Rechtslage, Sie Preppie, Sie Internatspinkel, sondern über die moralische! Ihr Kerle habt fünf Millionen Bände, und wir haben armselige paar tausend!"
Ach du liebes Christkindchen! Der Typ höheres Wesen! Von der Sorte, die meint, weil das Verhältnis Radcliffe-Harvard fünf zu eins ist, müßten die Mädchen fünfmal so gescheit sein! Normalerweise laß ich solche Typen ja am gestreckten Arm verhungern, aber im Moment brauchte ich das verdammte Buch sehr dringend.
„Hören Sie, ich brauche das verdammte Buch!"
„Hier wird nicht geflucht, Preppie!"
„Wie kommen Sie auf die Idee, daß ich im Internat war?"
„Sie sehen so aus, als seien Sie reich, aber dämlich", sagte sie und nahm die Brille ab.
Ich widersprach. „Da irren Sie sich. In Wirklichkeit bin ich gescheit und arm!"
„Oh, nein, Preppie! Gescheit und arm bin *ich*!"
Sie sah mir direkt ins Gesicht. Ihre Augen waren braun. Na, meinetwegen, vielleicht seh ich so aus, als sei ich reich, aber ich laß mir von keiner dieser Radcliffe-Schnepfen – auch nicht von einer mit hübschen Augen – sagen, daß ich dämlich bin.
„Woran merkt man denn zum Teufel, daß Sie so gescheit sind?" fragte ich.
„Mit Ihnen würde ich nicht mal eine Tasse Kaffee trinken gehen", antwortete sie.
„Ich würde Sie auch gar nicht dazu einladen."
„Eben deshalb", antwortete sie, „sind Sie ja so dumm."

Ich muß erklären, wieso ich sie dann doch zum Kaffee eingeladen habe. Durch listiges Kapitulieren im entscheidenden Augenblick, das heißt, ich tat so, als ob ich es plötzlich wollte – bekam ich mein Buch. Und weil sie nicht weggehen konnte, bevor die Bibliothek zumachte, hatte ich massenhaft Zeit, um mir ein paar markige Sätze darüber einzuverleiben, daß sich im 11. Jahrhundert die Abhängigkeit des Königtums vom Kleriker zum Rechtsgelehrten verschoben hatte. Ich bestand die Prüfung mit A minus, zufällig der gleichen Zensur, die ich Jennys Beinen gab, als sie zum erstenmal hinter dem Ausleihtisch hervorkam. Ich kann jedoch nicht behaupten, daß ich auch ihrer Aufmachung eine Auszeichnung verliehen hätte, sie war für meinen Geschmack zu salopp. Besonders widerwärtig fand ich dieses indianische Dingsda, das sie als Handtasche trug. Zum Glück sagte ich nichts darüber, ich bekam nämlich später heraus, daß sie es selber entworfen hatte.

Wir gingen in die Snackbar „Liliput", eine Sandwich-Kneipe in der Nähe, in die trotz ihres Namens auch Menschen von normalem Wuchs gehen können. Ich bestellte zwei Kaffee und einen Schokoladekuchen mit Vanilleeis (für sie).

„Ich heiße Jennifer Cavilleri", sagte sie, „und meine Ahnen stammen aus Italien."

Als ob ich das nicht gemerkt hätte. „Und ich studiere Musik", setzte sie hinzu.

„Ich heiße Oliver", sagte ich.

„Vorne oder hinten?" fragte sie.

„Vorne", sagte ich und gestand dann, daß mein voller Name Oliver Barrett lautete (ich meine, das war der wichtigste Teil davon).

„Oh", sagte sie, „Barrett, so wie die Dichterin?"

„Ja", sagte ich. „Aber nicht verwandt."

Während der nun folgenden Pause sprach ich innerlich ein Dankgebet, daß sie nicht die übliche peinigende Frage gestellt hatte: „Barrett? Wie das Barrett-Auditorium?" Es ist meine höchst private Crux, daß ich mit dem Kerl verwandt bin, der das Barrett-Auditorium gestiftet hat, das größte und häßlichste Gebäude der ganzen Universität, ein Kolossaldenkmal für den Reichtum, die Eitelkeit und den übertriebenen Harvard-Fimmel meiner Familie.

Danach war sie ziemlich still. War uns so schnell schon der Gesprächsstoff ausgegangen? Hatte ich sie damit vor den Kopf gestoßen, daß ich nicht mit der Dichterin verwandt bin? Was war es? Sie saß einfach da und sah mich mit halbem Lächeln an. Um etwas zu tun zu haben, besah ich mir ihr Studienbuch. Ihre Handschrift war ulkig – kleine, gestochene Buchstaben und keine großen Anfangsbuchstaben dabei. Ja, wer glaubte sie denn zu sein: stefan george? Und sie hatte einige recht anspruchsvolle Kurse belegt: Vergleichende Literaturgeschichte 105, Musik 150, Musik 201 –

„Musik 201? Ist das nicht ein Seminar für Fortgeschrittene?"

Sie nickte und schaffte es nicht ganz, ihren Stolz zu verbergen.

„Polyphonie der Renaissance."

„Und was ist Polyphonie?"

„Nichts, was mit Sex zu tun hat, Internatler."

Warum ließ ich mir das gefallen? Las sie denn nicht den *Crimson?* Wußte sie denn nicht, wer ich war?

„He, wissen Sie denn nicht, wer ich bin?"

„Aber ja doch", sagte sie ziemlich geringschätzig, „Sie sind der Knilch, dem das Barrett-Auditorium gehört."

Sie wußte also nicht, wer ich war. „Das Barrett-Auditorium *gehört* mir nicht", wortklaubte ich. „Zufällig hat es mein Urgroßvater nämlich Harvard geschenkt."

„Damit sein Urenkel bestimmt reinkommt, was?"

Das war denn doch der Gipfel.

„Jenny, wenn Sie so überzeugt sind, daß ich eine Flasche bin, warum haben Sie mich dann so getriezt, bis ich Sie zum Kaffee eingeladen habe?"

Sie sah mir freimütig ins Gesicht und lächelte. „Dein Körper gefällt mir", sagte sie.

Erich Segal

Genau wie sie es sich erträumt hatte

Der 1936 erschienene Roman „Vom Winde verweht" der Amerikanerin Margaret Mitchell ist eines der meistverkauften Bücher aller Zeiten. Im Mittelpunkt der verzweigten Handlung, die zur Zeit des Sezessionskrieges zwischen den Nord- und Südstaaten ab 1861 spielt, steht die anfangs 16jährige, verwöhnte Scarlett O'Hara.

Scarlett saß auf einem hohen Liegestuhl aus Rosenholz im Schatten einer riesigen Eiche hinter dem Hause, umwogt von Falten und Rüschen, unter denen zwei Zoll ihrer grünen Maroquinschuhe – das Äußerste, was eine Dame zeigen durfte – zum Vorschein kamen. Einen kaum berührten Teller hatte sie in der Hand und sieben Kavaliere um sich herum.
5 Das Gartenfest war auf seinem Höhepunkt angelangt. Gelächter und lustige Worte, das Geklirr von Silber und Porzellan und würzige Bratendüfte erfüllten die warme Luft. Wenn der leichte Wind sich drehte, zogen Rauchwolken von den Feuerstellen über die Gesellschaft hin und wurden von den Damen mit lustigem Schreckensgeschrei und heftigem Gewedel ihrer Palmenfächer begrüßt.
10 Die meisten jungen Damen saßen mit ihren Herren auf den Bänken an den langen Tischen. Aber Scarlett hatte erkannt, daß ein Mädchen nur zwei Seiten und auf jeder nur Platz für einen einzigen Mann hat, und deshalb hatte sie vorgezogen, sich abseits zu setzen und soviel Männer wie möglich um sich zu versammeln.
Auf dem Rasen in der Laube saßen die verheirateten Damen, ehrbar in ihren dunklen
15 Kleidern inmitten all der Lustigkeit und Buntheit ringsum. Wer verheiratet war, einerlei in welchem Alter, fand sich für immer von den hellaugigen Mädchen, den Kavalieren und all ihrer Jugendlichkeit geschieden. Verheiratete Frauen, die noch umworben wurden, gab es im Süden nicht. Von Großmama Fontaine, die von dem Vorrecht ihres Alters, aufzustoßen, unbekümmerten Gebrauch machte, bis zu der siebzehnjährigen
20 Alice Munroe, die gegen die Übelkeit einer ersten Schwangerschaft ankämpfte, hatten sie zu endlosen genealogischen[1] und gynäkologischen[2] Gesprächen ihre Köpfe zusammengesteckt, was solche Gesellschaften zu sehr willkommenen, unterhaltsamen Lehrkursen machte. Scarlett sah von oben auf sie herab und fand, sie sähen aus wie ein Schwarm fetter Krähen.
25 Verheiratete Frauen durften sich nie amüsieren. Daß sie selbst, wenn Ashley sie heiratete, auch ohne weiteres in die Lauben und in die Salons verbannt würde, zu den gesetzten Matronen in glanzloser Seide, ausgeschlossen von Spaß und Spiel – der Gedanke kam Scarlett nicht. Ihre Phantasie trug sie, wie die meisten Mädchen, nur bis an den Altar und keinen Schritt darüber hinaus. Außerdem war sie jetzt zu unglücklich, um
30 solchen Vorstellungen nachzuhängen.
Sie senkte die Augen auf den Teller und aß zierlich von einem angebrochenen Biskuit mit einer Eleganz und einem so völligen Mangel an Appetit, daß Mammy ihre Freude daran gehabt hätte. Bei allem Überfluß an Verehrern hatte sie sich noch nie im Leben so unglücklich gefühlt wie jetzt. Alle ihre Pläne von gestern abend waren gescheitert. Zu
35 Dutzenden hatten sich die Kavaliere zu ihr gesellt, nur Ashley nicht, und all die Befürchtungen von gestern kamen wieder über sie. Ihr Herz schlug bald rasch, bald träge, ihre Wangen waren einmal flammendrot, dann wieder weiß. Ashley hatte keinerlei Anstalten gemacht, in ihren Bannkreis zu treten, und seit ihrer Ankunft hatte sie keinen

---

[1] genealogisch: die Genealogie betreffend; hier die verwandtschaftlichen Beziehungen. [2] gynäkologische Gespräche: Unterhaltung über Frauenleiden.

Augenblick unter vier Augen mit ihm gehabt, ja, seit der ersten Begrüßung hatte sie
überhaupt noch nicht mit ihm sprechen können. Als sie den Hintergarten betrat, war er
auf sie zugekommen, aber mit Melanie am Arm, die ihm kaum bis zur Schulter reichte.
Melanie war ein zartgebautes, zierliches Mädchen, gleich einem Kind, das mit den viel
zu großen Reifröcken der Mutter Verkleiden spielt, eine Vorstellung, die durch den
scheuen, fast furchtsamen Blick ihrer großen Augen noch verstärkt wurde. Die Wolke
ihres dunklen lockigen Haares war unter einem Netz streng gefaßt, eine dunkle Masse,
die auf der Stirn in eine Spitze wie eine Witwenhaube auslief und das herzförmige Gesichtchen noch herzförmiger erscheinen ließ. Mit den zu breiten Backenknochen und
dem allzu spitzen Kinn war es ein süßes, schüchternes, aber keineswegs schönes Gesicht,
und Melanie verstand nicht durch weibliche Verführungskünste über seine Unscheinbarkeit hinwegzutäuschen. Sie sah aus, wie sie war, schlicht wie die Erde, gut wie das Brot,
durchsichtig wie Quellwasser. Aber trotz dieser Unansehnlichkeit und der Kleinheit
ihrer Gestalt lag in ihren Bewegungen eine gelassene Würde, die sie weit über ihre
siebzehn Jahre hob und ihr etwas seltsam Eindrucksvolles verlieh. Ihr graues Organdy*-
kleid mit der kirschroten Atlasschärpe verhüllte in Rüschen und duftigen Stoffwolken
den kindlich unentwickelten Körper. Der gelbe Hut mit den langen kirschroten Bändern
ließ ihre elfenbeinfarbene Haut erglühen. In ihren braunen Augen war etwas von dem
stillen Glanz eines winterlichen Waldsees, aus dessen Tiefe die dunklen Gewächse durch
das ruhige Wasser heraufschimmern.
Sie hatte Scarlett mit schüchterner Zuneigung angelächelt und ihr gesagt, wie hübsch ihr
grünes Kleid sei, und es war Scarlett schwergefallen, auch nur höflich zu antworten, so
heftig war ihr Verlangen, mit Ashley allein zu sein. Seitdem hatte Ashley auf einem
Hocker zu Melanies Füßen gesessen, fern von den anderen Gästen, hatte sich ruhig mit
ihr unterhalten und dabei das leichte, versonnene Lächeln gezeigt, das Scarlett so sehr
an ihm liebte. Unter seinem Lächeln war ein kleiner Funken in Melanies Augen aufgesprungen, und das machte die Sache noch schlimmer, denn nun mußte sogar Scarlett
zugeben, daß sie beinahe hübsch aussah. Als Melanie zu Ashley aufblickte, war ihr
Gesicht wie von innen erleuchtet. Hatte je ein liebendes Herz sich auf einem Antlitz
gezeigt, so jetzt bei Melanie Hamilton.
Scarlett gab sich Mühe, die Augen von den beiden abzuwenden, aber es gelang ihr nicht.
Nach jedem Blick dorthin war sie mit ihren Kavalieren doppelt lustig. Sie lachte und
sagte gewagte Dinge, neckte und warf den Kopf zurück, daß die Ohrringe klirrten. Wohl
hundertmal sagte sie „Ach Unsinn, dummes Zeug!" und schwur, sie wolle nie etwas von
alldem glauben, was Männer ihr sagten. Ashley aber bemerkte es nicht, er blickte nur zu
Melanie hinauf und sprach weiter, und Melanie sah zu ihm hinab mit einem Ausdruck,
der strahlend bewies, daß sie sein war.
So kam es, daß Scarlett sich unglücklich fühlte. Wer nur das Äußere wahrnahm, mochte
meinen, nie habe ein Mädchen weniger Grund dazu gehabt. Unbestritten war sie die
Königin des Tages. Zu jeder anderen Zeit hätte ihr das Aufsehen, das sie bei den Männern erregte, zusammen mit dem Herzweh der anderen Mädchen, ungeheures Vergnügen bereitet.
Charles Hamilton wich trotz der vereinten Bemühungen der Zwillinge Tarleton nicht
von ihrer Seite. Er hielt ihren Fächer in der einen Hand und seinen unberührten Teller in

* Organdy: durchsichtiges Baumwollgewebe.

der andern und vermied es hartnäckig, Honeys Blick zu begegnen, der die Tränen nahe waren. Cade hatte es sich zu ihrer Linken bequem gemacht und sah Stuart mit glimmenden Augen an. Schon schwelte die Glut zwischen ihm und den Zwillingen, schon waren gereizte Worte hin und her gegangen. Frank Kennedy scharwenzelte um Scarlett herum wie eine Henne um ein Küken und rannte zwischen den Eichen und den Tischen hin und her, um Scarlett mit Leckerbissen zu versorgen, als ob nicht schon ein Dutzend Diener zu diesem Zweck da wären. Suellens dumpfer Groll begann ihre vornehme Zurückhaltung zu durchbrechen, und sie schoß feindselige Blicke auf Scarlett. Die kleine Carreen hätte weinen mögen. Trotz Scarletts ermutigenden Worten von heute morgen hatte Brent nur „Hallo, Schwesterchen" zu ihr gesagt und sie am Haarband gezupft, ehe er seine volle Aufmerksamkeit Scarlett zuwandte. Gewöhnlich war er doch so nett zu ihr und behandelte sie mit einer heiteren Ehrerbietung, bei der sie sich ganz erwachsen vorkam; und Carreen träumte insgeheim von dem Tage, da sie ihr Haar aufstecken und einen langen Rock anziehen und ihn wirklich als Verehrer betrachten konnte. Aber nun sah es aus, als gehörte er Scarlett ganz und gar. Die Munroemädchen verbargen mühsam ihren Kummer über die Unaufmerksamkeit der beiden dunklen Fontaines, die mit im Kreise um Scarlett standen und sich an sie heranzuschlängeln suchten, sobald einer der andern Miene machte aufzustehen. Mit erhobenen Augenbrauen funkten sie ihre Mißbilligung über Scarletts Benehmen zu Hetty Tarleton hinüber. „Schamlos" war das einzig richtige Wort dafür. Alle drei zugleich nahmen die jungen Damen ihre Spitzenschirmchen in die Hand, sagten, sie hätten nun genug gegessen, berührten mit leichtem Finger den Arm des zunächststehenden Herrn und begehrten in holden Tönen den Rosengarten, den Brunnen und das Sommerhaus zu sehen. Dieser strategische Rückzug in guter Ordnung entging keiner der anwesenden Damen und jedem der anwesenden Männer.
Scarlett kicherte in sich hinein, als sie drei Männer ihren Zauberkreis verlassen sah, um den Damen Dinge zu zeigen, die ihnen von Kindheit auf vertraut waren, und warf einen scharfen Blick auf Ashley, um zu sehen, ob er es bemerkt habe. Der aber spielte mit den Enden von Melanies Schärpe und lächelte zu ihr hinauf. Scarletts Herz zog sich vor Weh zusammen. Sie hätte Melanies Elfenbeinhaut bis aufs Blut zerkratzen mögen.
Als ihre Blicke weiterschweiften, begegneten ihre Augen denen Rhett Butlers, der abseits mit John Wilkes sprach. Er hatte sie beobachtet, und jetzt lachte er sie an. Scarlett hatte das unbehagliche Gefühl, daß unter allen Anwesenden nur dieser Mann, mit dem man nicht verkehrte, ihre wilde Lustigkeit durchschaute und sein hämisches Vergnügen daran fand. Auch ihn hätte sie mit Wonne zerkratzen mögen. „Wenn ich nur dieses Fest bis heute mittag überstehe", dachte sie, „dann gehen alle Mädels zu einem Schläfchen hinauf, und ich bleibe hier und komme endlich dazu, mit Ashley zu reden. Er muß doch bemerkt haben, wie begehrt ich bin. Noch mit einer anderen Hoffnung suchte sie ihr Herz zu trösten: „Natürlich muß er gegen Melanie aufmerksam sein, denn schließlich ist sie seine Cousine, und so unbeliebt, wie sie ist, wäre sie ohne ihn ein Mauerblümchen."
Sie schöpfte wieder Mut und verdoppelte ihre Bemühungen um Charles, dessen glühende braune Augen nicht von ihr abließen. Es war ein wundervoller Tag, ein Traumtag für ihn. Er hatte sich in Scarlett verliebt. Vor diesem neuen Gefühl wich Honey wie in einen dichten Nebel zurück. Honey war ein laut zwitschernder Spatz, Scarlett ein schillernder Kolibri. Sie zog ihn vor, stellte Fragen an ihn und gab selbst Antworten darauf, so daß er gescheit wirkte, ohne selbst ein Sterbenswörtchen zu erfinden. Die anderen ärgerten sich und wußten nicht, was sie dazu sagen sollten. Sie mußten sich ernstlich

anstrengen, um höflich zu bleiben und die wachsende Wut hinunterzuschlucken. Überall
glomm es unter der Asche, und wäre Ashley nicht gewesen, Scarlett hätte einen richtigen Triumph gefeiert.
Als der letzte Bissen aufgegessen war, hoffte Scarlett, India werde nun aufstehen und den Damen vorschlagen, sich ins Haus zurückzuziehen. Es war zwei Uhr, und die Sonne schien warm, aber India war nach den dreitägigen Vorbereitungen so müde, daß sie froh war, sitzen zu dürfen und dabei einem tauben alten Herrn aus Fayetteville ihre Bemerkungen ins Ohr schreien zu können.
Eine träge Schläfrigkeit legte sich über die Gesellschaft. Die Neger gingen herum und deckten die langen Tische, an denen man gespeist hatte, ab. Gelächter und Gespräch wurden stiller, alle warteten darauf, daß die Gastgeberin das Zeichen zum Ende der Festlichkeit geben möge. Palmenfächer wedelten auf und ab, und einige alte Herren waren vor Hitze und Sattheit eingenickt. In dieser Pause zwischen der Geselligkeit des Morgens und dem abendlichen Ball machten sie alle den Eindruck von gemessenen, friedlichen Leuten. Nur die jungen Männer hatten immer noch etwas von der ruhelosen Kraft, die bis vor kurzem die ganze Gesellschaft belebt hatte. Unter der Schlaffheit des Mittags lauerten Leidenschaften, die jeden Augenblick tödlich aufflammen und ebenso schnell ausbrennen konnten. Die Unterhaltung wollte eben völlig einschlafen, als plötzlich alles durch Geralds zornig erhobene Stimme aus dem Halbschlummer geschreckt wurde. Er stand in einiger Entfernung von den Speisetischen und war auf dem Höhepunkt eines Streites mit John Wilkes angelangt.
„Heiliger Strohsack, Mann! Für friedliche Einigung mit den Yankees beten? Nachdem wird die Schufte aus Fort Sumter hinausgefeuert haben? Friedlich? Die Südstaaten sollten mit den Waffen in der Hand zeigen, daß sie sich nicht beleidigen lassen und daß sie sich nicht mit gütiger Erlaubnis der Union von ihr trennen, sondern aus eigener Kraft befreien!"

„Mein Gott", dachte Scarlett, „nun können wir alle bis Mitternacht hier sitzen bleiben."
Im Handumdrehen hatte sich alle Schläfrigkeit verflüchtigt. Die Männer sprangen von Bänken und Stühlen auf, die Stimmen begannen einander zu überschreien. Den ganzen Morgen hatte auf Mr. Wilkes' Bitte, die Damen nicht zu langweilen, niemand von Politik und Kriegsgefahr gesprochen. Aber nun hatte Gerald das Eis gebrochen, und alle anwesenden Männer vergaßen die Ermahnung.
„Natürlich wollen wir kämpfen ..." „Diese verfluchen Yankees, diese Spitzbuben ..." „Wir verhauen sie in einem einzigen Monat ..." „Einer von uns prügelt zwanzig von ihnen windelweich ..." „Friedlich? ... Sie lassen uns ja nicht in Frieden!" „Wie Mr. Lincoln unsere Unterhändler beleidigt hat ... Wochenlang hat er sie warten lassen und versprochen, Fort Sumter zu räumen!" „Sie wollen den Krieg, nun, er soll ihnen bald zum Halse heraushängen!" Lauter als alle anderen donnerte Gerald. Scarlett hörte ihn brüllen: „Die Rechte der Südstaaten, Teufel noch mal!" Er ereiferte sich gewaltig und kam endlich auf seine Kosten, seine Tochter aber durchaus nicht. All dies Gerede war ihr gründlich verhaßt, weil sich die Männer nun stundenlang damit beschäftigen und sie vorläufig keine Gelegenheit mehr finden würde, Ashley unter vier Augen zu sprechen. Natürlich gab es keinen Krieg, das wußten die Männer alle. Sie redeten nur gern und hörten sich so gern reden. [...]

Scarlett stand auf dem Treppenabsatz und lugte vorsichtig über das Geländer nach unten in die Halle. Sie war leer. Aus den Schlafzimmern im oberen Flur kam das endlose Summen leiser Stimmen. Es schwoll an und schwoll wieder ab, und zwischenhinein erscholl Gelächter. Auf den Betten und Diwans der sechs großen Schlafzimmer ruhten die Mädchen sich aus. Das Kleid hatten sie abgelegt, das Korsett gelockert, die Haare flossen geöffnet über den Rücken herab. Ein Nachmittagsschlummer war auf dem Lande Sitte, und selten war er so nötig wie auf solchen Gesellschaften, die den ganzen Tag dauerten, frühmorgens begannen und in einem Ball ihren Höhepunkt fanden. Eine halbe Stunde schwatzten und lachten noch die Mädchen miteinander, dann schlossen die Kammerjungfern die Fensterläden, und in dem warmen Halbdunkel verlor sich das Gespräch im Flüstern und schließlich ganz im Schweigen, das nur durch sanfte, regelmäßige Atemzüge belebt ward.

Scarlett hatte sich davon überzeugt, daß Melanie mit Honey und Hetty Tarleton auf dem Bett lag, dann schlich sie auf den Flur und ging die Treppe hinunter. Aus dem Treppenfenster konnte sie die Gruppe der Männer unter den Bäumen sitzen sehen, wie sie aus hohen Gläsern tranken. Dort blieben sie nun bis zum späten Nachmittag. Sie suchte die Schar mit den Augen ab, aber Ashley war nicht darunter. Dann horchte sie und vernahm seine Stimme, er nahm noch vorn in der Einfahrt Abschied von davonfahrenden Frauen und Kindern.

Das Herz schlug ihr bis zum Halse, geschwind lief sie die Treppe hinunter. Wenn sie nun Mr. Wilkes traf? Wie sollte sie sich dafür entschuldigen, im Hause herumzustöbern, während alle anderen Mädchen schliefen? Nun, sie mußte es darauf ankommen lassen.

Als sie die untersten Stufen erreicht hatte, hörte sie die Dienstboten im Speisezimmer hin und her gehen und nach den Anweisungen des ersten Dieners Tisch und Stühle hinaustragen und das Zimmer für den Tanz vorbereiten. Auf der andern Seite der Halle stand die Tür der Bibliothek offen, lautlos lief sie hinüber. Dort konnte sie warten, bis Ashley mit Abschiednehmen fertig war, und ihn dann anrufen, wenn er hereinkam. Die Bibliothek lag im Halbdunkel da, die Vorhänge waren zum Schutz gegen die Sonne

In Herzensdingen

geschlossen. Der dämmerige Raum mit seinen hohen Wänden, bis obenhin voller Bücher, bedrückte sie. Für eine Zusammenkunft, wie sie sie erhoffte, hätte sie sich diesen Ort sicher nicht ausgesucht. Große Büchermengen bedrückten sie immer, ebenso wie die Leute, die viele Bücher lasen ... Alle' solche Leute mit einer einzigen Ausnahme: Ashley. Schwere Möbel standen vor ihr im Halbdunkel, hochlehnige Stühle mit tiefen Sitzen und breiten Armlehnen für die großen Wilkesschen Männer, niedrige weiche Samtsessel und Schemel für die Mädchen. Ganz am anderen Ende des langen Raumes ragte vor dem Kamin das mächtige Sofa, Ashleys Lieblingsplatz, wie ein schlafendes Riesentier.

Sie schloß die Tür bis auf einen schmalen Spalt und versuchte, den raschen Schlag ihres Herzens zu beruhigen. Sie suchte sich genau auf das zu besinnen, was sie sich gestern abend vorgenommen hatte, Ashley zu sagen, aber es war ihr völlig entschwunden. Hatte sie sich überhaupt etwas ausgedacht und wieder vergessen? Oder hatte nach ihrem Plan Ashley etwas zu ihr sagen sollen? Sie konnte sich nicht erinnern, ein plötzlicher kalter Schauder überkam sie. Wenn nur ihr Herz aufhören wollte, ihr in den Ohren zu dröhnen, vielleicht fiel ihr dann etwas ein. Aber sein Pochen wurde nur noch schneller, als sie hörte, wie Ashley zur Haustür hereinkam.

Ihr fiel nichts anderes ein, als daß sie ihn liebte – alles an ihm, vom stolz emporgetragenen Haupt bis zu den schlanken dunklen Schuhen. Sie liebte sein Lachen, auch wenn sie es nicht verstand, liebte sein beunruhigendes Verstummen im Gespräch. Ach, käme er doch jetzt herein und nähme sie in die Arme, dann brauchte sie gar nichts mehr zu sagen. Er mußte sie doch lieben .... „Vielleicht, wenn ich bete?" Sie kniff die Augen fest zusammen und leierte vor sich hin: „Ave Maria, Gnadenvolle ..."

„Nun, Scarlett?" Ashleys Stimme drang durch das Dröhnen in ihren Ohren zu ihr und stürzte sie in äußerste Verwirrung. Er stand in der Halle und schaute durch den Türspalt zu ihr herein, ein belustigtes Lächeln auf den Lippen.

„Vor wem versteckst du dich? Vor Charles oder vor den Tarletons?"

Sie schluckte. Er hatte also bemerkt, wie die Männer sie umschwärmt hatten! Wie unaussprechlich lieb stand er da mit seinen lächelnden Augen; wie aufgeregt sie war! Sie konnte nicht sprechen, sie streckte nur die Hand aus und zog ihn herein. Er trat ein, erstaunt, aber voller Neugierde. In ihrer Erscheinung lag etwas Gespanntes, in ihren Augen eine Glut, wie er sie nie an ihr gesehen hatte, und sogar in dem gedämpften Licht war die Röte ihrer Wangen sichtbar. Unwillkürlich schloß er die Tür hinter sich und faßte ihre Hand.

„Was ist?" fragte er fast flüsternd.

Als seine Hand sie berührte, erbebte sie. Jetzt würde es geschehen, genau wie sie es sich erträumt hatte. Tausend zusammenhanglose Gedanken schossen ihr durch den Sinn, nicht einen davon konnte sie fassen und in Worte kleiden. Sie konnte nur bebend zu ihm aufblicken. Warum sagte er nichts?

„Was ist?" wiederholte er. „Willst du mir ein Geheimnis sagen?"

Plötzlich hatte sie ihre Sprache wiedergefunden, und ebenso plötzlich fiel Ellens jahrelange Erziehung von ihr ab, und Geralds irisches Blut brach ohne Hemmung aus ihr hervor.

„Ja ... ein Geheimnis. Ich liebe dich."

Einen Augenblick war es so überwältigend still zwischen ihnen, als hätten beide aufgehört zu atmen. Dann kam ihr zitterndes Wesen zur Ruhe, und Glück und Stolz erfüllten sie ganz. Warum hatte sie das nicht eher getan? Wieviel einfacher war dies als all die damenhaften Winkelzüge, die man sie gelehrt hatte. Und nun suchten ihre Augen die seinen.

250 Seine Augen waren bestürzt, ungläubig und ... was noch? So hatte Gerald geblickt an dem Tage, da sein Lieblingspferd sich das Bein gebrochen hatte und er es erschießen mußte. Warum kam ihr das jetzt in den Sinn? Ein dummer Gedanke! Warum sah Ashley so sonderbar aus und sagte nichts? Dann fiel etwas wie eine Maske über sein Gesicht. Er lächelte galant.

255 „Genügt es dir denn nicht, jedes andern Mannes Herz heute gewonnen zu haben?" sagte er in dem alten, zärtlichen Neckton. „Nun, mein Herz hat dir immer gehört, das weißt du. Du hast dir die Zähne daran gewetzt."
Da ging etwas verkehrt ... ganz verkehrt! So war es nicht geplant. Aus dem tollen Gedankensturm in ihrem Hirn begann eine Vorstellung Gestalt zu gewinnen. Irgend-
260 wie ... aus irgendeinem Grunde ... handelte Ashley so, als dächte er, sie wollte nur mit ihm spielen. Dabei wußte er, daß das nicht der Fall war. Darüber täuschte sie sich nicht.
„Ashley ... Ashley ... sag mir ... du mußt ... ah, neck mich jetzt nicht! Gehört mir dein Herz? Ach Liebster, ich liebe ..."
265 Rasch fuhr er ihr mit der Hand über die Lippen, die Maske war verschwunden.
„So etwas darfst du nicht sagen! Nein, das darfst du nicht, Scarlett! Du meinst es auch gar nicht so. Du wirst dir nie verzeihen, daß du es gesagt hast, und mir nicht, daß ich es gehört habe."
Heftig zuckte sie mit dem Kopf zurück. Ein heißer Strom jagte durch sie hin.
270 „Dir habe ich nie etwas zu verzeihen. Ich sage dir, ich liebe dich, und ich weiß, auch du mußt mich gern haben, weil ..." Sie hielt inne. Nie vorher hatte sie solches Elend in einem Gesicht gesehen. „Ashley, du hast mich lieb ... ja, nicht wahr?"
„Ja", sagte er dumpf, „ich habe dich lieb."
Hätte er gesagt, er hasse sie, sie hätte sich nicht mehr erschrecken können. Wortlos
275 zupfte sie ihn am Ärmel.
„Scarlett", sagte er, „laß uns hinausgehen und vergessen, daß wir je so etwas zueinander gesprochen haben."
„Nein", flüsterte sie, „ich kann nicht. Was meinst du damit? Willst du mich denn nicht ... heiraten?"
280 Er erwiderte: „Ich heirate Melanie."
Da merkte sie auf einmal, daß sie auf dem niedrigen Samtsessel saß und Ashley auf dem Schemel zu ihren Füßen. Ihre beiden Hände hielt er ganz fest in den seinen. Er sagte allerlei – sie konnte keinen Sinn darin finden. Ihr Hirn war leer, verschwunden waren alle Gedanken, die es eben noch durchzogen hatten, seine Worte machten nicht mehr
285 Eindruck als Regentropfen auf einer Fensterscheibe. Sie schlugen an taube Ohren, eindringliche, zärtliche Worte, Worte des Mitleids, wie sie ein Vater zu einem Kinde spricht, wenn es sich weh getan hat.
Der Klang von Melanies Namen rief sie ins Bewußtsein zurück. Sie blickte in seine kristallgrauen Augen. In ihnen lag wieder jene Ferne, die sie von jeher verwirrt hatte –
290 dazu ein Ausdruck, als hasse er sich selber.
„Vater will die Verlobung heute abend verkünden. Wir heiraten bald. Ich hätte es dir sagen sollen, aber ich dachte, du wüßtest es. Ich dachte, jeder wüßte es seit Jahren."

Aus einer Buchbesprechung:

Im Mittelpunkt dieses großartigen Romans steht die schöne und stolze Scarlett O'Hara, die in einer Welt der Konventionen und des gesellschaftlichen Glanzes „nur mühsam ihre wahre, unbändige Natur" verbirgt. Selbstsucht und enttäuschte Gefühle, der Wille, sich zu behaupten, und wilde Lebenslust bestimmen ihr Verhältnis zu den Männern. Vor dem Hintergrund eines mörderischen Bürgerkriegs findet schließlich ihre Liebe zu dem Draufgänger und geächteten Außenseiter Rhett Butler tragische Erfüllung.

„‚Vom Winde verweht' ist gerade der Roman, den sich im geheimen wohl jeder wünscht ... Da ist die charmante, temperamentvolle Heldin: Scarlett, die Vergnügungssüchtige, Scarlett mit den drei Männern, die sie aus Trotz, aus Habsucht, aus Machthunger geheiratet hat, Scarlett, die sich oft infam benimmt und die doch unsere Anhänglichkeit hat. Da ist der schwarzäugige Liebhaber Rhett, der Verwegenheit, korrupte Sitten, Zynismus, Edelmut und eine herrliche männliche Überlegenheit aufs schönste mischt. Da ist die Gegenheldin Melanie, die wahre Heldin des Buches, die Scarlett hilft, die der Mittelpunkt ist jener geschlagenen Aristokraten, welche in der Stadt Atlanta klein wieder anfangen."
Margret Boveri

Im Klappentext des Buches wird MM vorgestellt:

„Ich wurde in Atlanta geboren, und in Atlanta habe ich mein ganzes Leben lang gelebt. Meine Eltern wurden in Atlanta geboren. Und meine Großeltern besaßen Baumwollplantagen in der Nähe von Atlanta, ehe die Stadt gebaut wurde."
Margaret Mitchell

Margaret Mitchell wurde am 8. November 1900 geboren. Ihr Vater war Rechtsanwalt und zugleich eine anerkannte Autorität für die Geschichte des amerikanischen Südens. Margaret („Peggy" genannt) wollte Ärztin werden, brach jedoch ihr Medizinstudium ab, als ihre Mutter starb. Sie arbeitete mehrere Jahre lang als Reporterin für ein Lokalblatt in Atlanta, bis ein Autounfall sie zwang, ihren Beruf aufzugeben. 1926 begann sie an ihrem Roman zu schreiben. Im gleichen Jahr heiratete sie John R. Marsh, einen leitenden Angestellten der Elektrizitätsgesellschaft von Georgia. 1936 erschien „Vom Winde verweht", ihr erster und einziger Roman, der sofort einer der größten Bucherfolge wurde.
1937 erhielt Margaret Mitchell für „Vom Winde verweht" den Pulitzer-Preis. Im gleichen Jahr erschien erstmals die deutsche Ausgabe. 1938 begann David O. Selznick mit den Dreharbeiten zu der Verfilmung des Romans. Der Film „Vom Winde verweht", mit Vivien Leigh als Scarlett O'Hara und Clark Gable als Rhett Butler, wurde einer der größten Erfolge der Filmgeschichte.
1949 starb Margaret Mitchell an den Folgen eines Autounfalls.

Mir ist es nie im Traum eingefallen, daß du ... du hast so viele Verehrer. Ich dachte, Stuart ..."

295 Sie begann wieder zu leben, zu fühlen, zu begreifen.

„Aber du hast doch gerade gesagt, du hättest mich gern."

Seine warmen Hände taten ihr weh.

„Liebes, soll ich denn durchaus sagen, was dir weh tun muß?"

Ihr Schweigen drängte ihn weiter.

300 „Wie kann ich es dir begreiflich machen, mein Liebes? Du bist so jung und unbedacht, du weißt nicht, was Ehe heißt."

„Ich weiß, daß ich dich liebe."

„Liebe genügt für eine glückliche Ehe nicht, wenn zwei Menschen so verschieden sind wie wir beide. Du willst den Mann ganz, Scarlett, Leib und Seele, Herz und Sinn. Wenn
305 du das nicht alles bekommst, wirst du unglücklich. Ich könnte mich dir aber nicht ganz geben. Und ich brauchte auch nicht deinen Geist und deine Seele ganz. Das müßte dich verletzen, und du müßtest mich hassen – bitterlich hassen. Hassen würdest du die Bücher, die ich lese, die Musik, die ich liebe, weil sie mich dir auch nur für Augenblicke wegnähmen. Und ich ... vielleicht habe ich ..."

310 „Liebst du sie?"

„Sie ist wie ich, sie ist von meinem Blut, und wir verstehen einander. Scarlett! Scarlett! Kann ich dir nicht begreiflich machen, daß es überhaupt keinen Frieden in der Ehe geben kann, wenn zwei Menschen nicht gleicher Art sind?"

Das hatte schon einmal jemand gesagt: „Gleich muß sich mit gleich verheiraten, sonst
315 gibt es keine glückliche Ehe." Wer war das doch? Er war ihr, als seien tausend Jahre vergangen, seit sie das gehört hatte, aber noch immer fand sie keinen Sinn darin.

„Aber du hast doch gesagt, du hättest mich gern!"

„Ich hätte es nicht sagen sollen."

In einem Winkel ihres Hirns flammte ein schwelendes Feuer auf, Wut fing an, alles in ihr
320 zu übertäuben.

„Da du nun einmal so gemein warst, es zu sagen ..."

Er erbleichte. „Es war gemein von mir, es zu sagen, denn ich will Melanie heiraten. Dir habe ich Unrecht getan und ihr noch mehr. Ich hätte es nicht sagen sollen; ich wußte, du würdest mich nicht verstehen. Wie sollte ich dich nicht gern haben – dich, die du alle
325 Lebensleidenschaft hast, die mir fehlt? Dich, die du mit einer Heftigkeit, die mir versagt ist, lieben und hassen kannst? Du bist ja so elementar wie Feuer und Sturm und alles Wilde, und ich ..."

Sie dachte an Melanie und sah plötzlich ihre ruhigen braunen Augen vor sich mit dem Blick aus weiter Ferne, ihre gelassenen kleinen Hände in den schwarzen Spitzenhand-
330 schuhen, ihr sanftes Schweigen. Und dann brach ihre Wut los, die gleiche Wut, die Gerald zum Mord getrieben hatte und andere irische Vorfahren zu anderen Missetaten, die ihnen den Kopf gekostet hatten. Von den wohlerzogenen Robillards, die gefaßt und schweigend alles ertragen konnten, was die Welt ihnen auferlegte, war jetzt keine Spur mehr in ihr.

335 „Warum sagst du es nicht, du Feigling? Du hast Angst, mich zu heiraten! Du willst dein Leben lieber mit dem blöden Schäfchen verbringen, das den Mund nur auftut, um ja, und nein zu sagen, und solche Bälger aufziehen wird, die auch nicht bis drei zählen können wie sie! Warum ..."

„So etwas darfst du nicht über Melanie sagen!"
340 „Ich darf nicht? Verdammt Wer bist du, daß du mir vorschreibst, was ich darf? Du Feigling, du Lump, du ... du hast mir vorgetäuscht, daß du mich heiraten wolltest ..."
„Sei gerecht", flehte seine Stimme. „Habe ich je ..."
Sie wollte nicht gerecht sein, obwohl sie sehr gut wußte, daß er die Wahrheit sprach. Nie hatte er bei ihr die Grenzen der Freundschaft überschritten. Und als sie daran dachte,
345 stieg neuer Zorn in ihr auf, der Zorn verletzten Stolzes und gekränkter Eitelkeit. Sie war ihm nachgelaufen, und er wollte nichts von ihr wissen. Er zog ihr ein dummes kleines Milchgesicht wie Melanie vor. Ach, wäre sie doch Ellens und Mammys Vorschriften gefolgt und hätte ihn niemals auch nur fühlen lassen, daß sie ihn gern hatte ... lieber alles andere als diese brennende Schande!
350 Mit geballten Fäusten sprang sie auf die Füße, auch er stand auf und blickte auf sie herab. In seinem Gesicht lag all die stumme Trauer eines Menschen, der einer qualvollen Wirklichkeit ins Gesicht sehen muß.
„Ich hasse dich bis in den Tod, du Lump ... du niedriger ... niederträchtiger ..." Wie hieß das Wort, nach dem sie suchte? Ihr fiel nichts ein, was arg genug für ihn war.
355 „Scarlett, bitte ..."
Er streckte die Hand gegen sie aus, da schlug sie ihn mit aller Kraft ins Gesicht. Es klatschte wie ein Peitschenhieb durch den stillen Raum. Auf einmal war all ihre Wut dahin, und nur Trostlosigkeit blieb im Herzen zurück.
Die rote Spur ihrer Hand zeichnete sich deutlich auf seinem bleichen, müden Gesicht ab.
360 Er sagte nichts, hob nur ihre schlaffe Hand an seine Lippen und küßte sie. Ehe sie etwas sagen konnte, war er fort und schloß leise die Tür hinter sich.
Jäh setzte sie sich wieder nieder, unter der Nachwirkung ihrer Wut zitterten ihr die Knie. Nun war er fort, und die Erinnerung an den Schlag in sein Gesicht würde ihr nun ihr Lebtag keine Ruhe mehr lassen.
365 Sie hörte den weichen, gedämpften Laut seiner Tritte die lange Halle hinunter verklingen, und die ganze Ungeheuerlichkeit dessen, was sie getan hatte, kam über sie. Sie hatte ihn für immer verloren. Nun mußte er sie hassen und jedesmal, wenn er sie sah, sich daran erinnern, wie sie sich ihm an den Hals geworfen hatte, während er doch nicht das leiseste getan hatte, um ihr Hoffnungen zu machen.
370 „Ich bin nicht besser als Honey Wilkes", dachte sie plötzlich und besann sich, wie jeder, sie selbst mehr als die anderen, über Honeys schamloses Betragen verächtlich gelacht hatte. Sie sah Honey sich kokett winden und hörte ihr läppisches Kichern, wenn sie sich den Burschen in den Arm hängte. Diese Vorstellung stachelte die Wut aufs neue in ihr an, die Wut auf sich selbst, auf Ashley, auf die ganze Welt. Wie sie sich haßte! Sich und
375 alle, mit der Raserei ihrer sechzehnjährigen, durchkreuzten, gedemütigten Liebe. Nur sehr wenig wahre Zärtlichkeit war in dieser Liebe gewesen. Der größte Teil war Eitelkeit, selbstgefälliges Vertrauen in den eigenen Zauber. Nun hatte sie verloren. Größer aber als das Gefühl ihres Verlustes war die Angst, sich vor den andern an den Pranger gestellt zu haben. Hatte sie sich auffallend benommen wie Honey? Lachte jedermann
380 über sie? Bei dem Gedanken erbebte sie von neuem.

Margaret Mitchell

„Ich vermisse Sie schmerzlich..."

In dem 1901 erschienenen Roman „Buddenbrooks. Verfall einer Familie" schildert Thomas Mann das Leben von vier Generationen einer Lübecker Kaufmannsfamilie im 19. Jahrhundert. Die jugendliche Antonie („Tony") soll nach dem Willen ihrer Eltern den ihr völlig unsympathischen Bendix Grünlich ehelichen.

„Wie aufrichtig betrübt war ich, mein Fräulein, sie zu verfehlen!" sprach Herr Grünlich einige Tage später, als Tony, die von einem Ausgang zurückkehrte, an der Ecke der Breiten und Mengstraße mit ihm zusammentraf. „Ich erlaubte mir, Ihrer Frau Mama meine Aufwartung zu machen, und ich vermisse Sie
5 schmerzlich... Wie entzückt aber bin ich, Sie nun doch noch zu treffen!"
Fräulein Buddenbrook war stehengeblieben, da Herr Grünlich zu sprechen begann; aber ihre Augen, die sie halb geschlossen hatte und die plötzlich dunkel wurden, richteten sich nicht höher als auf Herrn Grünlichs Brust, und um ihren Mund lag das spöttische und vollkommen unbarmherzige Lächeln, mit dem ein
10 junges Mädchen einen Mann mißt und verwirft... Ihre Lippen bewegten sich – was sollte sie antworten? Ha! es mußte ein Wort sein, das diesen Bendix Grünlich ein für allemal zurückschleuderte, vernichtete... aber es mußte ein gewandtes, witziges, schlagendes Wort sein, das ihn zugleich spitzig verwundete und ihm imponierte...
15 „Das ist nicht gegenseitig!" sagte sie, immer den Blick auf Herrn Grünlichs Brust geheftet; und nachdem sie diesen fein vergifteten Pfeil abgeschossen, ließ sie ihn stehen, legte den Kopf zurück und ging rot vor Stolz über ihre sarkastische Redegewandtheit nach Hause, woselbst sie erfuhr, daß Herr Grünlich zum nächsten Sonntag auf einen Kalbsbraten gebeten sei...
20 Und er kam. Er kam in einem nicht ganz neumodischen, aber feinen, glockenförmigen und faltigen Gehrock, der ihm einen Anstrich von Ernst und Solidität verlieh, – rosig übrigens und lächelnd, das spärliche Haar sorgfältig gescheitelt und mit duftig frisierten Favoris*. Er aß Muschelragout, Juliennesuppe, gebackene Seezungen, Kalbsbraten mit Rahmkartoffeln und Blumenkohl, Maras-
25 quino-Pudding und Pumpernickel mit Roquefort und fand bei jedem Gerichte einen neuen Lobspruch, den er mit Delikatesse vorzubringen verstand. Er hob zum Beispiel seinen Dessertlöffel empor, blickte eine Statue der Tapete an und sprach laut zu sich selbst: „Gott verzeihe mir, ich kann nicht anders; ich habe ein großes Stück genossen, aber dieser Pudding ist gar zu prächtig gelungen; ich
30 *muß* die gütige Wirtin noch um ein Stückchen ersuchen!" Worauf er der Konsulin schalkhaft zublinzelte. Er sprach mit dem Konsul über Geschäfte und Politik, wobei er ernste und tüchtige Grundsätze an den Tag legte, er plauderte mit der Konsulin über Theater, Gesellschaften und Toiletten; er hatte auch für Tom, Christian und die arme Klothilde, ja selbst für die kleine Clara und Mam-
35 sell Jungmann liebenswürdige Worte... Tony verhielt sich schweigsam, und er

* Favoris (it.-frz.): schmaler, bis ans Kinn reichender Backenbart.

„Ich vermisse Sie schmerzlich..."

seinerseits unternahm es nicht, sich ihr zu nähern, sondern betrachtete sie nur dann und wann mit seitwärts geneigtem Kopfe und einem Blick, in dem sowohl Betrübnis wie Ermunterung lag.

Als Herr Grünlich sich an diesem Abend verabschiedete, hatte er den Eindruck verstärkt, den sein erster Besuch hervorgebracht. „Ein vollkommen erzogener Mann", sagte die Konsulin. „Ein christlicher und achtbarer Mensch", sagte der Konsul. Christian konnte seine Bewegungen und Sprache nun noch besser nachahmen, und Tony sagte mit finsteren Brauen gute Nacht, denn sie ahnte undeutlich, daß sie diesen Herrn, der sich mit so ungewöhnlicher Schnelligkeit die Herzen ihrer Eltern erobert hatte, nicht zum letztenmal gesehen habe.

In der Tat, sie fand Herrn Grünlich, wenn sie nachmittags von einem Besuche, einer Mädchengesellschaft, zurückkehrte, eingenistet im Landschaftszimmer, woselbst er der Konsulin aus Walter Scotts ‚Waverley' vorlas – und zwar mit mustergültiger Aussprache, denn die Reisen im Dienste seines regen Geschäfts hatten ihn, wie er berichtete, auch nach England geführt. Tony setzte sich seitab mit einem anderen Buche, und Herr Grünlich fragte mit weicher Stimme: „Es entspricht wohl nicht Ihrem Geschmacke, mein Fräulein, was ich lese?" Worauf sie mit zurückgeworfenem Kopf etwas recht spitzig Sarkastisches erwiderte, wie zum Beispiel: „Nicht im geringsten!"

Aber er ließ sich nicht stören, er begann von seinen zu früh verstorbenen Eltern zu erzählen und berichtete von seinem Vater, der ein Prediger, ein Pastor, ein höchst christlicher und dabei in ebenso hohem Grade weltläufiger Mann gewesen war ... Dann jedoch, ohne daß Tony seiner Abschiedsvisite beigewohnt hätte, war Herr Grünlich nach Hamburg abgereist. „Ida!" sagte sie zu Mamsell Jungmann, an der sie eine vertraute Freundin besaß. „Der Mensch ist fort!" Ida Jungmann aber antwortete: „Kindchen, wirst sehen ..."

Acht Tage später ereignete sich jene Szene im Frühstückszimmer ... Tony kam um neun Uhr herunter und war erstaunt, ihren Vater noch neben der Konsulin am Kaffeetisch zu finden. Nachdem sie sich die Stirn hatte küssen lassen, setzte sie sich frisch, hungrig und mit schlafroten Augen an ihren Platz, nahm Zucker und Butter und bediente sich mit grünem Kräuterkäse.

„Wie hübsch, Papa, daß ich dich einmal noch vorfinde!" sagte sie, während sie mit der Serviette ihr heißes Ei erfaßte und es mit dem Teelöffel öffnete.

„Ich habe heute auf unsere Langschläferin gewartet", sagte der Konsul, der eine Zigarre rauchte und beharrlich mit dem zusammengefalteten Zeitungsblatt leicht auf den Tisch schlug. Die Konsulin ihrerseits beendete langsam und mit graziösen Bewegungen ihr Frühstück und lehnte sich dann ins Sofa zurück.

„Thilda ist schon in der Küche tätig", fuhr der Konsul bedeutsam fort,„und ich wäre ebenfalls bei meiner Arbeit, wenn deine Mutter und ich nicht in einer ernsthaften Angelegenheit mit unserem Töchterchen zu sprechen hätten."

Tony, den Mund voll Butterbrot, blickte ihrem Vater und dann ihrer Mutter mit einem Gemisch von Neugier und Erschrockenheit ins Gesicht.

„Iß nur zuvor, mein Kind", sagte die Konsulin, und als Tony trotzdem ihr Messer niederlegte und rief: „Nur gleich heraus damit, bitte, Papa!" wiederholte der Konsul, der durchaus nicht aufhörte, mit der Zeitung zu spielen: „Iß nur."

Während Tony unter Stillschweigen und appetitlos ihren Kaffee trank, ihr Ei und ihren grünen Käse zum Brot verzehrte, fing sie zu ahnen an, um was es sich handelte. Die Morgenfrische verschwand von ihrem Gesicht, sie ward ein wenig bleich, sie dankte für Honig und erklärte bald mit leiser Stimme, daß sie fertig sei ...

„Mein liebes Kind", sagte der Konsul, nachdem er noch einen Augenblick geschwiegen hatte, „die Frage, über die wir mit dir zu reden haben, ist in diesem Briefe enthalten." Und er pochte nun, statt mit der Zeitung, mit einem großen, bläulichen Kuvert auf den Tisch. „Um kurz zu sein: Herr Bendix Grünlich, den wir alle als einen braven und liebenswürdigen Mann kennengelernt haben, schreibt mir, daß er während seines hiesigen Aufenthaltes eine tiefe Neigung zu unserer Tochter gefaßt habe, und bittet in aller Form um ihre Hand. Was denkt unser gutes Kind darüber?"

Tony saß mit gesenktem Kopfe zurückgelehnt, und ihre rechte Hand drehte den silbernen Serviettenring langsam um sich selbst. Plötzlich aber schlug sie die Augen auf, Augen, die ganz dunkel geworden waren und voll von Tränen standen. Und mit bedrängter Stimme stieß sie hervor:

„Was will dieser Mensch von mir –! Was habe ich ihm getan –?!" Worauf sie in Weinen ausbrach. –

Der Konsul warf seiner Gattin einen Blick zu und betrachtete ein wenig verlegen seine leere Tasse.

„Liebe Tony", sagte die Konsulin sanft, „wozu dies Echauffement!* Du kannst sicher sein, nicht wahr, daß deine Eltern nur dein Bestes im Auge haben, und daß sie dir nicht raten können, die Lebensstellung auszuschlagen, die man dir anbietet. Siehst du, ich nehme an, daß du noch keine entscheidenden Empfindungen für Herrn Grünlich hegst, aber das kommt, ich versichere dich, das kommt mit der Zeit ... Einem so jungen Dinge, wie du, ist es niemals klar, was es eigentlich will ... Im Kopfe sieht es so wirr aus wie im Herzen ... Man muß dem Herzen Zeit lassen und den Kopf offenhalten für die Zusprüche erfahrener Leute, die planvoll für unser Glück sorgen ..."

„Ich weiß gar nichts von ihm –", brachte Tony trostlos hervor und drückte mit der kleinen weißen Batistserviette, in der sich Eiflecke befanden, ihre Augen. „Ich weiß nur, daß er einen goldgelben Backenbart hat und ein reges Geschäft ..." Ihre Oberlippe, die beim Weinen zitterte, machte einen unaussprechlich rührenden Eindruck.

---

* Echauffement (frz.): sich echauffieren; Aufregung.

Der Konsul rückte mit einer Bewegung plötzlicher Zärtlichkeit seinen Stuhl an sie heran und strich lächelnd über ihr Haar.

„Meine kleine Tony", sagte er, „was solltest du auch von ihm wissen? Du bist ein Kind, siehst du, du würdest nicht mehr von ihm wissen, wenn er nicht vier Wochen, sondern deren zweiundfünfzig hier verlebt hätte ... Du bist ein kleines Mädchen, das noch keine Augen hat für die Welt und das sich auf die Augen anderer Leute verlassen muß, die Gutes mit dir im Sinne haben ..."

„Ich verstehe es nicht ... ich verstehe es nicht ...", schluchzte Tony fassungslos und schmiegte ihren Kopf wie ein Kätzchen unter die streichelnde Hand. „Er kommt hierher ... sagt allen etwas Angenehmes ... reist wieder ab ... und schreibt, daß er mich ... ich verstehe es nicht ... wie kommt er dazu ... was habe ich ihm getan?! ..."

Der Konsul lächelte wieder. „Das hast du schon einmal gesagt, Tony, und es zeigt so recht deine kindliche Ratlosigkeit. Mein Töchterchen muß durchaus nicht glauben, daß ich es drängen und quälen will ... Das alles kann mit Ruhe erwogen werden, *muß* mit Ruhe erwogen werden, denn es ist eine ernste Sache. Das werde ich auch Herrn Grünlich vorläufig antworten und sein Gesuch weder abschlagen noch bewilligen ... Es gibt da viele Dinge zu überlegen ... So ... sehen wir wohl? abgemacht! Nun geht Papa an seine Arbeit ... Adieu, Bethsy ..."

„Auf Wiedersehen, mein lieber Jean."

–„Du solltest immerhin noch ein wenig Honig nehmen, Tony", sagte die Konsulin, als sie mit ihrer Tochter allein geblieben war, die unbeweglich und mit gesenktem Kopfe an ihrem Platze blieb. „Essen muß man hinlänglich ..."

Tonys Tränen versiegten allmählich. Ihr Kopf war heiß und voll von Gedanken ... Gott! was für eine Angelegenheit! Sie hatte es ja gewußt, daß sie eines Tages die Frau eines Kaufmannes werden, eine gute und vorteilhafte Ehe eingehen werde, wie es der Würde der Familie und der Firma entsprach ... Aber nun geschah es ihr plötzlich zum ersten Male, daß jemand sie wirklich und allen Ernstes heiraten wollte! Wie sollte man sich dabei benehmen? Für sie, Tony Buddenbrook, handelte es sich plötzlich um alle diese furchtbar gewichtigen Ausdrücke, die sie bislang nur gelesen hatte: um ihr ‚Jawort', um ihre ‚Hand' ... ‚fürs Leben' ... Gott! Was für eine gänzlich neue Lage auf einmal!

„Und du, Mama?" sagte sie. „Du rätst mir also auch, mein ... Jawort zu geben?" Sie zögerte einen Augenblick vor dem „Jawort", weil es ihr allzu hochtrabend und genant* erschien; dann aber sprach sie es zum ersten Male in ihrem Leben mit Würde aus. Sie begann, sich ihrer anfänglichen Fassungslosigkeit ein wenig zu schämen. Es erschien ihr nicht weniger unsinnig als zehn Minuten früher, Herrn Grünlich zu heiraten, aber die Wichtigkeit ihrer Stellung fing an, sie mit Wohlgefallen zu erfüllen.

---

* genant (frz.): peinlich; von genieren.

Die Konsulin sagte:
„Zuraten, mein Kind? Hat Papa dir zugeraten? Er hat dir nicht abgeraten, das ist alles. Und es wäre unverantwortlich, von ihm wie von mir, wenn wir das tun wollten. Die Verbindung, die sich darbietet, ist vollkommen das, was man eine gute Partie nennt, meine liebe Tony ... Du kämest nach Hamburg in ausgezeichnete Verhältnisse und würdest auf großem Fuße leben ..."
Tony saß bewegungslos. Etwas wie seidene Portieren tauchte plötzlich vor ihr auf, wie es deren im Salon der Großeltern gab ... Ob sie als Madame Grünlich morgens Schokolade trinken würde? Es schickte sich nicht, danach zu fragen.
„Wie dein Vater dir sagte: du hast Zeit zur Überlegung", fuhr die Konsulin fort. „Aber wir müssen dir zu bedenken geben, daß sich eine solche Gelegenheit, dein Glück zu machen, nicht alle Tage bietet, und daß diese Heirat genau das ist, was Pflicht und Bestimmung dir vorschreiben. Ja, mein Kind, auch das muß ich dir vorhalten. Der Weg, der sich dir heute eröffnet hat, ist der dir vorgeschriebene, das weißt du selbst recht wohl ..."
„Ja", sagte Tony gedankenvoll. „Gewiß." Sie war sich ihrer Verpflichtungen gegen die Familie und die Firma wohl bewußt, und sie war stolz auf diese Verpflichtungen. Sie, Antonie Buddenbrook, vor der der Träger Matthiesen tief seinen rauhen Zylinder abnahm und die als Tochter des Konsuls Buddenbrook in der Stadt wie eine kleine Herrscherin umherging, war von der Geschichte ihrer Familie durchdrungen. Schon der Gewandschneider zu Rostock hatte sich *sehr* gut gestanden, und seit seiner Zeit war es immer glänzender bergauf gegangen. Sie hatte den Beruf, auf ihre Art den Glanz der Familie und der Firma ‚Johann Buddenbrook' zu fördern, indem sie eine reiche und vornehme Heirat einging ... Tom arbeitete dafür im Kontor ... Ja, die Art dieser Partie war sicherlich die richtige; aber ausgemacht Herr Grünlich ... Sie sah ihn vor sich, seine goldgelben Favoris, sein rosiges, lächelndes Gesicht mit der Warze am Nasenflügel, seine kurzen Schritte, sie glaubte seinen wolligen Anzug zu fühlen und seine weiche Stimme zu hören ...
„Ich wußte wohl", sagte die Konsulin, „daß wir ruhigen Vorstellungen zugänglich sind ... haben wir vielleicht schon einen Entschluß gefaßt?"
„O bewahre!" rief Tony, und sie betonte das „O" mit plötzlicher Entrüstung. „Was für ein Unsinn, Grünlich zu heiraten! Ich habe ihn beständig mit spitzen Redensarten verhöhnt ... Ich begreife überhaupt nicht, daß er mich noch leiden mag! Er müßte doch ein bißchen Stolz im Leibe haben ..."
Und damit fing sie an, sich Honig auf eine Scheibe Landbrot zu träufeln.

Thomas Mann

„Ich erzähle euch von Crisanta"

Anna Seghers, 1900 in Mainz geboren, emigriert 1933, zuerst nach Frankreich, dann nach Mexiko. 1947 kehrt sie nach Deutschland zurück und lebt fortan in Ost-Berlin. „Crisanta", im Rückblick auf die Zeit in Mexiko geschrieben und 1951 erschienen, erzählt die ergreifende Liebesgeschichte eines Waisenmädchens.

Ihr fragt, wie die Menschen in Mexiko leben? – Von wem soll man erzählen? Von Hidalgo? – Er ließ die Glocke der Dorfkirche von Dolores läuten, und damit gab er als erster das Zeichen zum Aufstand gegen die Spanier. Dieselbe Glocke läutete nach der Befreiung jedes Jahr zum Nationalfeiertag auf dem Präsidentenpalais von Mexiko.
5 Soll man von Morelos sprechen? – Seine Herkunft war unklar. Neger- und Indioblut waren in ihm gemischt. Seine Jugend war elend. Seine Schulbildung dürftig. Er war ein erbärmlicher Dorfpfarrer. Da überwältigte ihn die Idee, die Hidalgo mit Leben und Tod bezeugte. Er wurde gewaltig im Aufstand. Eine Handvoll Bauern wurde, von ihm geführt, zu einer Armee. Er übertraf an Einsicht und Voraussicht die Größten seiner
10 Epoche. Soll man von Juarez sprechen? – Er vertrieb zur Zeit Napoleons III. die neue, die französische Fremdherrschaft, die man seinem Volk aufgepfropft hatte. Er ließ den Kaiser Maximilian erschießen. Er verstand, die nationale Befreiung allein nützte den armen Bauern noch wenig. Er trat unerbittlich und unbestechlich gegen die eigenen Großgrundbesitzer auf. Die armen Bauern bekamen durch seine Gesetze Land.
15 Ich will nichts von diesen Männern erzählen und auch nichts von anderen großen Männern, die später in Mexiko lebten. Obwohl sie fast unbekannt in Europa, nicht nur dort zu den Größten der Großen gehören. Ich erzähle nichts von Juarez und nichts von Hidalgo und nichts von Morelos. Ich erzähle euch von *Crisanta*. Sie war vielleicht sechzehn Jahre alt, als sie von Pachuca nach Mexiko-Stadt auf Arbeit fuhr. Sie kannte ihr
20 Geburtsjahr nicht genau. Sie kannte nur ihren Geburtstag. Sie war nach Allerheiligen, ihrem Geburtstag, Santa getauft, weil niemand da war, der einen anderen Namen vorschlug. Crisanta gefiel ihr besser. Sie hatte keine Eltern. Sie wußte nur, daß die Mutter bei ihrer Geburt gestorben war. Vom Vater wußte sie gar nichts.
Crisanta war aber besser dran als viele andere Mädchen ohne Vater und Mutter. Sie
25 hatte, wie einen starken Ast, einen Menschen, an den sie sich halten konnte. Das war eine Frau namens Lupe González. Ihr Mann war Bergarbeiter in Pachuca, zwei Stunden von Mexiko-Stadt. Die González hatte selbst ein paar eigene Kinder. Die ältesten Söhne gingen auch schon ins Bergwerk. Sie war Crisantas Patin. Crisanta sprach oft von der González. Sie machte sich und anderen dabei klar, daß sie nicht allein stand im Leben.
30 Die González hatte sie mit ihren Kindern aufgezogen. Sie war eine ruhige, schweigsame Frau. Warum Crisanta gerade in Pachuca geboren war, wußte die González selbst nicht genau, sonst hätte sie einmal etwas davon erzählt. Sie wußte auch nicht genau, warum sie das Kind in ihre Wohnung getragen hatte und in der Familie aufgezogen. Wahrscheinlich waren schon oft alle möglichen Kinder durch Zufall in ihrer Nähe hängen-
35 geblieben, die keinen Vater gehabt hatten, weil er tot war oder sich aus dem Staub gemacht hatte, und auch keine Mutter, durch den Tod oder durch sonst ein Unglück. Vielleicht war ihr dieses Kinde besonders hungrig erschienen. Weil sie sich Tag und Nacht selbst um fünf Kinder zu plagen hatte, kam ihr die fremde Mutter besonders tot vor und das fremde Kind besonders lebendig. [...]

Dann gibt es eine Wende in Crisantas Leben. Sie wird zur Arbeit nach Mexico-Stadt geschickt. Eine Nachbarin, Frau Mendoza, begleitet sie ...

40 Crisanta fuhr im Autobus mit der Nachbarin. Sie vergaß auf der Fahrt ihre Bangigkeit. Sie freute sich über all die Sachen, die die Braut ihr überlassen hatte, anstatt der jüngeren Schwester. Sandalen, ein buntgemustertes Kleid aus Kattun, ein Umschlagtuch: den Rebozo. Sie kannte viele Mitfahrende. Sie wußte, warum sie ein- und warum sie ausstiegen. Was für ein Markt, was für eine Krankheit, was für ein Familienfest. Es ging
45 bergauf. Die Nachbarin zeigt ihr die Schneeberge. Die Gipfel sahen hier näher, dadurch erst recht unerreichbar aus. Sie fuhren durch ein Stück Wald. Es wurde ein wenig dunkler. Es roch gut. Crisanta kannte nicht soviel Wald. Sonst war beinahe alles wie daheim. Da und dort stand ein Pfefferbaum rot auf den kahlen Hügeln. Ein paar Streifen bebauten Landes. Kakteen, unbewegt, in einer Brandung von Staub. Auch einzelne Landhäu-
50 ser wie daheim, die Amerikanern und reichen Mexikanern gehörten. Mit Palmen und glühenden Gärten und sogar mit Tennisplätzen und Schwimmbassins. Crisanta freute sich, wenn sie viele leuchtende Blumen sah. Die Leute pflanzten in den Dörfern, wie die González daheim, sogar in Konservenbüchsen Blumen.
An einer Station stieg ein Junge mit einer Traglast zu. Er schleppte Tongeschirr, das
55 seine Familie daheim gebrannt hatte, auf den Markt nach Mexiko. Er selbst, wie er sagte, wollte jetzt nicht mehr auf den Markt gehen, sondern in eine Fabrik. – „Warum?" – „Es ist besser für mich." – „Warum? Familie ist immer besser. Ihr arbeitet zusammen, ihr verkauft zusammen." – „Mein Onkel hat immer die Einnahmen unter uns aufgeteilt. Das gibt immer Ärger. Die Rechnung ist glatter nur zwischen mir und den Fremden." –
60 Die Leute im Autobus gaben auf sein Geschirr acht, damit ihm nichts zerbrach. Der Kontrolleur schimpfte: „Das ist hier nicht erlaubt. Halt einen Lastwagen an, der dich mitnimmt. Du bist jung genug. Wenn du keinen findest, und auch kein Maultier hast, geh zu Fuß." Der Junge erklärte ihm höflich, warum sie erst in der Nacht eingepackt hätten, warum er vor Mittag auf dem Mercedes-Markt sein müsse. Er schenkte dem
65 Kontrolleur einen blauen Vogel aus Ton, der als Pfeife diente, für sein Kind. Crisanta sah sich den Jungen an. Er gefiel ihr. Sie fuhr mit einemmal gern in die Stadt, weil der Junge auch hinfuhr.
Sie fuhren unter einem großen Schild weg. Auf dem stand geschrieben: „Willkommen im Distrito Federal."
70 Das war eine schöne Begrüßung, Crisanta konnte sie nicht lesen. Sie war in keine Schule gegangen.
Wie konnte sie nur dem Jungen erklären, wo sie in der Stadt zu finden war? Der Junge sah sie manchmal rasch an. Sie senkte dann rasch ihre Augen. Er sah, wie dicht ihre Wimpern waren. Er war nicht viel älter als sie. Er hatte aber schon manches hinter sich.
75 Er war ruhig, höflich, stolz. Sie fühlten sich noch nicht zusammengehörig, doch füreinander bestimmt, wer weiß. Frau Mendoza fragte den Kontrolleur, wo sie aussteigen müßten, um zu dem Platz Alvaro Oregon zu gelangen. Sie fügte hinzu, vielleicht um den beiden Kindern zu helfen, sie müßte dort dieses Mädchen bei ihrer Tante Dolores in der Tortillería abgeben.
80 Das neue Leben sah besser aus, als Crisanta geglaubt hatte. Wie lustig war die Tortillería! Fünf Mädchen, deren Mäuler wie ihre Hände nie stillstanden. Das war etwas anderes, hier Tortillas zu klatschen als im Hof in Pachuca. In einem fort kamen Leute von der

Straße herein. Der eine forderte ein halbes Dutzend Tortillas, der andere ein Dutzend, der nächste gleich drei Dutzend. Crisanta horchte hin, was sie schwatzten, schimpften, lachten. Hier wurde gleich jede Tortilla mit dem Geist der Familie gewürzt, für die sie geklopft worden war, wie mit rotem und grünem Paprika. Crisanta war hungrig auf viel Leben, hier war viel. Sie ärgerte sich, weil die Frau Mendoza zu lange mit ihrer Tante Dolores stritt, sie hätte zehn Peso mehr als Gehalt versprochen. Das Kind bekäme zehnmal soviel in einer Fabrik und zweimal soviel sogar als Packerin in der Glasbläserei, wo der Bläser ihr Schwager sei. Tante Dolores war schließlich bereit, dem Mädchen umsonst einen Schlafplatz zu geben und das Essen abends in ihrer Familie. Frau Mendoza trat aus Treue zu der González für dieses törichte Mädchen ein.

Crisanta hatte schon einen Teigklumpen zwischen den Handflächen. Die Käufer standen schon Schlange, denn es war Mittag. Crisanta wollte nicht mehr von hier weg. Ihr Gehalt kam ihr hoch vor. Die Autobusfahrt nach Pachuca hin und zurück kostete nur einen Bruchteil. Wenn sie nicht einmal Geld zum Wohnen und Essen brauchte, dann konnte sie sich eine Schürze kaufen, wie sie die Mädchen trugen. Und Ohrringe, wie sie die Tante Dolores trug. Das waren die Ohrringe, die sie brauchte, wenn sie der Junge besuchte, der im Autobus mit ihr gefahren war. Sie zweifelte nicht daran, daß er sie über kurz oder lang hier besuchen würde.

Crisanta gefiel es abends ausnehmend gut in der Familie der Tante Dolores. Daheim war ihr Schlafplatz durch die Heirat der ältesten Tochter besetzt worden. Hier war einer für sie frei geworden, durch die Heirat der zweitältesten Tochter. Crisanta glaubte, auf solche Art verliefe das Leben immer. Hier war etwas voll, dort leer. Kein Mensch war allein in der Stadt. Er stand wie ein Baum im Wald, er stand nicht einzeln da wie ein Kaktus in einer Steppe. [...]

Crisanta hatte an allem ihren Spaß. Ihr Leben war in Pachuca fast düster gewesen. Sie schrie und lachte an einem Abend hier mehr als bisher ihr ganzes Leben zusammen. Die Tante Dolores erzählte auch viele Geschichten. Sie erzählte, als Crisanta vergessen hatte, die Stube zu fegen: „Es war einmal ein Mädchen, das heiratete einen sehr schönen Mann. Der Mann tat ihr jeden Gefallen. Er verbot ihr nur, die Stube zu fegen. Er sagte: ‚Wenn du immer gut mit mir leben willst, dann laß den Dreck auf dem Boden liegen. Ich kann die Besen nicht leiden, ich kann das Fegen nicht ausstehen.' Kam einmal die Mutter zu Besuch. Die schlug die Hände über dem Kopf zusammen, als sie all den Dreck auf dem Boden sah. Die Tochter entschuldigte sich, ihr Mann könnte keinen Besen vertragen. Als sie auf den Markt gegangen war, nahm die Mutter den Besen und fegte mal gründlich aus. Die Tochter kam heim und fing an zu jammern: ‚Jetzt wird mein Mann bös auf mich sein.' Die Mutter aber fegte ruhig weiter. Da fing die Stube zu beben an, es knurrte und rumpelte, es wurde finster, es donnerte. Als es wieder still war und die Sonne schien in die saubere Stube, da sagte die Mutter zu der Tochter: ‚Nun siehst du's. Es gibt nur einen Mann, der nicht will, daß man den Dreck wegfegt. Du warst mit dem Teufel verheiratet, und es war ein Glück, daß ich kam, und du bist ihn rechtzeitig losgeworden.' "

Die Tante Dolores hatte sich früher ganz gut mit ihrem Mann gestanden. Sie hatten bestimmt beide Spaß an vielen Geschichten gehabt, an saftigem Tratsch, an Witzen. Er machte sich einmal nachts vom Sonntag auf Montag, als die Tante Dolores fest schlief, an das Bett der Crisanta. Sie wachte rechtzeitig auf. Sie biß und kratzte. Die Tochter, die an der Wand schlief, fuhr hoch, die Tante fuhr auch hoch. Crisanta sagte: „Nichts,

nichts, die Katze." Die Tante Dolores aber hatte gemerkt, daß neben ihr etwas fehlte. Sie hätte wahrscheinlich Crisanta bald ausquartiert. Nicht nur ihres Mannes halber. Sie wäre auch nicht erfreut gewesen, wenn einer der Söhne etwas mit ihr begonnen hätte. Sie waren zwar nur geringe Leute, doch so gering wie Crisanta nicht, die weder Vater noch Mutter hatte und keine Familie, um eine Hochzeit auszurichten, und nichts besaß als ihr Kleid und ihren Rebozo. Sie brauchte aber ihre Familie gar nicht vor Crisanta zu behüten, denn etwas geschah, worauf Crisanta heimlich gewartet hatte. Der Junge, mit dem sie im Autobus gefahren war, stand eines Morgens vor der Tortillería. Crisanta erblickte ihn sofort. Seitdem es den Jugen zu dem fremden Mädchen hinzog, zuerst ganz flüchtig, dann stärker und seit dem Aussteigen unaufhaltsam, war ihm, was sie zueinander zog, soviel wie ein unerfülltes Versprechen. Er kam sich unzuverlässig und schwächlich vor, bis er es eingelöst hatte. Er hatte auch recht, wenn er annahm, das Mädchen, nach dem er sich sehnte, erwarte ihn unaufhörlich. Er stand vor Spannung gerade und steif da, in einem beträchtlichen Abstand, die goldgrünen Augen gerade auf sie gerichtet. Er hatte zuletzt befürchtet, sie könnte schon ihre Stellung gewechselt haben. Jetzt stand sie da, wie er sie in Erinnerung hatte. Sehr klein zwischen den Tortillas klatschenden Mädchen, nicht besonders lieblich, nicht besonders zart, ein wenig verwildert, ein wenig rauh. Sie fing bei seinem Anblick vor Freude zu zittern an. Er war zuerst etwas enttäuscht gewesen, obwohl er sie auch nicht in seiner Erinnerung mit Schönheit geschmückt hatte. Doch wie sie vor Freude zitterte, war er stolz. Ihr freches Gesichtlein wurde weich unter dem Schatten der dichten Wimpern. Die Stunde erschien ihm unerträglich, die sie jetzt noch voneinander trennte. Er kaufte sich drei Tortillas, aber keine, die schon bereitlagen. Er wartete ab, bis Crisanta ein paar geklopft und von der heißen Platte genommen hatte. Er wartete kauend vor der Tür.

Crisanta gab auf die lustigen Fragen ihrer Gefährtinnen keine Antwort. Sie war auch den Rest der Arbeitszeit still.

Jetzt war dieser Mensch sogar gekommen, bevor sie sich von ihrem ersten Gehalt dieselben Ohrringe wie die Tante Dolores kaufen konnte. Der Abend war kalt. Sie trug keine Jacke, keine Strümpfe. Nur ihr Kattunkleid und ihren Rebozo, den sie sich um Kopf und Schultern wickelte. Der Junge packte sie mit zwei Händen und schob sie vor sich hinauf auf den Autobus. Der war von Arbeitern vollgepfropft, der Junge hing an der Außenwand. Crisanta hatte nicht geahnt, wie groß die Stadt war. Sie hätte sich allein ohne Schutz gefürchtet. Der Junge stellte sie wieder auf den Boden. Sie gingen ein langes Stück, er fragte: „Wie heißt du?" – „Crisanta", und sie erzählte, warum sie so hieße. „Und du?" – „Miguel." – Sie liefen durch ein paar lange Straßen. Der Staub war im Mondlicht wie Reif. Sie liefen durch eine Toreinfahrt in einen schmalen und tiefen Hof, der eine abgesonderte Gasse war mit Wohnungen rechts und links. Mit Holzkohleöfen. Mit Pflanzen in Kübeln und Konservenbüchsen. Mit einer Pumpe. Mit Metaten, gerieften Brettern um Mais zu zerreiben. Mit einem Truthahn, der sich im Dunkeln als Herr aufspielte.

Crisanta hatte längst aufgehört, sich umzusehen. Es gab nichts mehr, was sie anging zwischen dem Hof und den Sternen. Der Junge schob sie in eine der Türen. Er bewohnte das Zimmer mit ein paar Freunden. Jetzt war nur einer daheim, der stand wortlos bei ihrem Eintritt auf. Er sah sich Crisanta noch einmal schnell im Hinausgehen an.

Sie hatten seit ihrer Trennung – das war die Zeit seit der Autobusfahrt – so heiß aneinander gedacht, daß sie jetzt keine Zeit mehr brauchten. Was vorher ihr Leben gewesen

war, schimmerte nur noch manchmal ein wenig in das Zimmer, wie der Hof hinter der Tür. Wenn später noch etwas geschah . . . sie dachte aber nicht weiter. Das Glück hatte mit Zeit nichts zu tun. Warum sollte es aufhören, wenn es mit Zeit nichts zu tun hat? Miguel sagte, er müsse sie jetzt an den Autobus bringen, er habe Nachtschicht. Crisanta sah erst im Weggehen, daß noch jemand im Zimmer schlief, auf einer Matte zwischen den eisernen Bettgestellen. Miguel gab ihm einen derben Schubs. „Auf, Pablo, es ist Zeit!"
Crisanta klatschte von jetzt an ihre Tortillas geschwind wie nie. So gut wie nie war der Boden gefegt. Sie riß sogar anderen den Besen weg. Sie hatte immer Lust zu lachen. Die Tante Dolores war froh, daß Crisanta mit einem Fremden lief und nicht für ihren Mann in Betracht kam.
Miguel sagte nach einer Woche, Crisanta müsse von nun an allein zu ihm im Autobus fahren, er habe keine Zeit, sie an der Tortillería abzuholen, er müsse jetzt abends in die Schule. Ob sie nicht auch schon für eine Schule bestimmt sei?
Denn um diese Zeit begann die Regierung eine große Kampagne, um möglichst viel Menschen, die noch nicht lesen und schreiben konnten, in Abendschulen zu schicken. In jedem Stadtviertel war eine Schule eröffnet. Beamte gingen von Haus zu Haus und schrieben den auf, der noch in keiner gewesen war. Sie kamen auch in die Wohnung der Tante Dolores. Sie schrieben Crisanta auf. Dieselbe Woche kam auch eine Nonne mit einer Liste. Es war durch Gesetz untersagt, in geistlicher Tracht außerhalb der Kirche umherzugehen. Man sah aber gleich am Gesicht und am langen Rock: eine Nonne. Sie redete Tante Dolores zu, die Kinder in ihre Schule zu schicken. „Denn wenn sie mal lesen können", sagte die Nonne, „verlieren sie leichter ihr Seelenheil; sie können dann leichter etwas Verbotenes lesen."
Die Jungen lachten abends in Miguels Zimmer, als Crisanta von dem Besuch erzählte. Sie blieben jetzt manchmal, wenn sie kam, und schwatzten und tranken und sangen. „Die Nonne hat recht", sagte Pablo, „nur umgekehrt. Zum Beispiel ich, ich kann lesen, ich lese die Zeitung. Ich denke immer, wenn jemand den Schwindel liest und durchschaut ihn nicht, verliert er wirklich sein Seelenheil."
Miguel sah seinen Freund Pablo, den er sehr liebte, nachdenklich an. Crisanta fühlte einen Stich Eifersucht. Es war ihr eine Sekunde lang, als sei es kälter geworden. Doch Miguel hatte kein Mädchen angestarrt, nur seinen Freund Pablo.
Er ging in die Abendschule seines Bezirks, und Crisanta ging in die ihre. Zuerst kam ihr alles lustig vor. Es gab auch dort wieder eine Menge neuer Gesichter. Das regte sie auf und machte sie scheu. Zu jedem Gesicht gehörte sein Anteil Leben. All diese Arbeiter, Schuhputzer, Marktfrauen, Straßenhändler, Hausmädchen gehörten, um lesen und schreiben zu lernen, gerade in diese Abendschule. Sie waren auch alle neugierig zu erfahren, warum Crisanta in ihrem Bezirk war. Das machte das Leben dicht. Sie rückten eng in den Bänken zusammen. Der Lehrer war jung und sanft. Man schämte sich vor ihm. Er machte Mut und war streng. Er war wie ein Pater. Er schimpfte, wenn man schon wieder dasselbe falsch gemacht hatte. Es war auch lustig, wie er die einzelnen A und O aus den Worten herausschüttelte und auf die Tafel schrieb. Die Buchstaben, wenn sie sich einzeln wichtig machten, sahen so rund oder spitzig aus, wie sie von vornherein klangen. Dann kamen aber auch andere Buchstaben, die anders hießen, als sie aussahen. Es war auch schwer, sie wieder zu ganzen Worten zusammenzuziehen. Dabei kamen Worte heraus, die man tausendmal täglich blindlings rief. Crisanta staunte den

dicken alten Maurer an, der neben ihr saß. Er kannte bald alle Buchstaben. Er konnte sie schnell zu Worten zusammenziehen. Miguel fand einen besseren Arbeitsplatz. Er wechselte auch seine Abendschule. Er ging dorthin zur gleichen Stunde, zu der Crisanta zum Unterricht hätte gehen sollen. Sie hatten zuerst zusammen über den Heften gelacht, wenn ihre O hüpften statt rollten. Pablo hatte ihnen geholfen. Er hatte nur Miguel gelobt. Er hatte sie böse angefahren. Sie wollte nicht dicht neben Miguel sitzen, nur um immerzu auf Hefte zu starren. Sie schämte sich auch vor Lehrer und Klasse, weil sie noch nicht gelernt hatte, die einzelnen Buchstaben zu Worten zusammenzuziehen. Sie schämte sich auch vor Miguel. Sie war von vornherein sicher gewesen, daß er genausogut wie der Maurer in ihrer Bank lernte. Miguel konnte bereits lesen, was auf der letzten Seite im Schulbuch stand, von einem Mann, der Juarez hieß. Sie ärgerte sich, weil die Töchter der Tante Dolores von ihrer Nonne zum Lobe bunte und goldende Bildchen geschenkt bekamen, die Jungfrau von Guadalupe. Obwohl Crisanta der Meinung war, sie stellten sich nur so, als ob sie die ganze Geschichte schon lesen könnten. Wie die Maria von Guadalupe einem armen Indio erschienen war. Zum erstenmal einem Mann, der nicht weiße Haut hatte. Und ihm Rosen geschenkt auf einem kahlen Berg, wo sonst nur Kakteen wuchsen. Das hatten die Töchter sicher so lange erzählt bekommen, bis sie es auswendig wußten. Sie rannte von jetzt an abends nicht mehr in die Schule, sondern zum Autobus, um zu Miguel zu fahren. Die Zeit zwischen zwei Zusammensein war wie Luft. Crisanta zählte die Minuten erst, wenn der Tag fiel. Wenn Miguel Crisantas Schritte hörte, zog er manchmal die Brauen zusammen, weil Pablo neben ihm saß und ihm aus der Zeitung vorlas. Seine goldgrünen Augen glimmten, sobald Crisanta an ihrem Tisch saß. Crisanta glaubte, alles sei noch genauso wie beim erstenmal in der Tortillería.

Es war auch noch kaum Zeit vergangen. Sie hatte erst ein Monatsgehalt bekommen. Auf einmal erschien Frau Mendoza, die Hochzeit fände am nächsten Sonntag statt. Crisanta hatte inzwischen beinahe die Familie González vergessen. Sie war jetzt erregt, sie hatte jetzt Reue. Ein Hochzeitsfest kam ihr nicht mehr so gewaltig vor. Der Truthahn, den sie jetzt schlachteten –, es war ihr auf einmal klar, daß sie in der Stadt oft gute Speisen gegessen hatte. Sie dachte auf einmal Tag und Nacht an ihre Pflegemutter. Sie redete unaufhörlich von der Familie González. Sie kaufte Geschenke für ihr volles Monatsgehalt. Sie wählte die Farbe, die sie am liebsten hatte, unter den Kleidern aus, die morgens der Straßenhändler von seiner Stange verkaufte. Den gleichen Rebozo, den die Tochter der Frau González für sie abgelegt hatte, geblümte Taschentücher, Ohrringe, allerart Schmuck. Sie wollte die ganze Familie überschütten. Dann fiel ihr ein, daß sie schon ihr Fahrgeld verbraucht hatte. Die Mädchen in der Tortillería erklärten ihr, sie könnte ruhig von Tante Dolores einen Vorschuß verlangen. Die Tante Dolores stellte sich großmütig. Sie war aber froh, Crisanta so lange wie möglich an sich zu knüpfen. Die Liebe hatte Crisanta flink und gehorsam gemacht. Ihr Freund konnte sie zu einem anderen Platz überreden.

Miguel hatte längst einmal seine eigene Familie besuchen wollen. Sie fuhren wieder zusammen im Autobus. Miguel versprach, sie am folgenden Tag bei den González abzuholen.

Der Willkomm war, wie ihn Crisanta erhofft hatte. Die Freude über ihre Geschenke wollte kein Ende nehmen. Crisanta selbst glänzte vor Freude. Alles war zur Hochzeit gedeckt. Es roch nach gebratenem Truthahn. Frau González hatte mehr Öl verbraucht als sonst in einem Jahr. Und wie sie schon alle beim Festmahl saßen, die Tür stand offen und immer mehr Gäste strömten herein, da schickte die Frau González, die sonst auf jedes Gramm achtgab, nach immer mehr scharfen und süßen Speisen und Schnaps. Sie ließ heute alles anschreiben. Sie redete auch den Männer nicht drein, die tranken. Heut war ein Tag, um aller Sorgen ledig zu werden. Da sollte es ihnen wie den Seelen zumute sein, die Christus aus der Hölle geführt hatte. Nachts mußten schon manche weg; sie tappten recht und schlecht auf die Straße, zum Lastwagen, der zum Bergwerk fuhr. Die meisten schliefen auf den Matten. Frau González kochte für alle Kaffee. Da hatten sie noch mehr Lust als gestern zum Singen und Gitarrespielen. Sie waren jetzt richtig auf den Geschmack des Festes gekommen. Crisanta war ganz in das Hochzeitsfest eingetaucht. Ihr Herz fing denn doch um die gleiche Zeit wie sonst an zu klopfen, als der Tag abkühlte und stillstand. Sie zupfte ihr Haar und ihr Kleid zurecht – da war auch schon Miguel.

Er stand sich sofort mit allen gut. Crisanta sah ihn unverwandt an. Er sah Crisanta nicht an. Er sprach mit den Männern. Er sagte: „Ich ging aus meiner ersten Fabrik in die Fabrik Reyes, Leder. Das tat ich, weil sie dort mehr zahlen. Sie zahlen mehr, sie verlangen mehr. Sie sagen dir nicht sofort: Wir verlangen mehr. Du merkst es. Du meinst zuerst, du schwitzt da wie dort deine acht Stunden ab. Nun, du kannst Wasser schwitzen, du kannst auch Blut schwitzen. Sie sagten mir dort, kurz vor mir sei eine neue Maschine angekommen, mit Zahnrädern, komisches Ding. Ein fremder Mensch sei mit der Maschine angekommen, der hat den Aufseher und die Maschine eingeschult, einen Morgen lang. Mit gelben Zähnen, ein fremder Mensch, mit blauen Augen, mit roten Haaren. Ein Gringo, der aber so wie wir sprach. Sie zahlen uns mehr, wie soll ich sagen, aber es kostet uns mehr. Und wenn du mal auf die Straße rennst und ißt ein Eis, oder du kommst mal später, es wird dir gleich abgezogen. Oder du hast ein Stück verpatzt oder bist nicht fertig, wenn der Aufseher nachzählt – gleich abgezogen."

Frau González sagte: „Warum gehst du dann nicht wieder in deine Familie zurück, in eure Töpferei?"

Miguel sagte entschieden: „Nein." – „Warum nicht?" Miguel dachte einen Augenblick nach. „Sie zahlen uns etwas, was ausgemacht worden ist. Sie ziehen uns ab, was ausgemacht worden ist. Wir haben nur nicht daran gedacht. Sie haben es aber schwarz auf weiß und lesen es vor, es war ausgemacht. Sie sind eine Räuberbande, kein Zweifel, nur man ist nicht allein. Wissen Sie, Frau González, daheim, in der Familie, da ist man immer beisammen, da ist aber trotzdem jeder, zum Beispiel ich – allein. Ich muß mich daheim durchschwindeln – allein. Ich mache etwas kaputt – allein. Ich mache etwas sehr gut – allein. Ich brauche mal etwas ganz Besonderes – allein."

Die Männer hörten aufmerksam zu. Sie verstanden nicht ganz, was er sagte. Vielleicht, weil es anders bei ihnen zuging. Es war zwar fast dasselbe im Bergwerk, es war aber in der Familie anders. Miguel fuhr fort: „Wenn nicht viel verdient wird, ist es daheim ein Elend. Wie neulich der Reis plötzlich teurer wurde, haben wir in der Fabrik alle zusammen mehr Lohn verlangt. Wir haben alle zusammen die Arbeit weggeschmissen. Was hätten wir schon daheim tun können, als der Reis teurer wurde? Noch ein paar Töpfe mehr drehen, damit wir den Reis verdienen. Was? Sie haben uns dann in der Fabrik mehr Lohn gegeben, wahrhaftig. Sie haben auch keinen rausgeschmissen, sie haben auch keinem etwas abgezogen. Nicht, weil sie uns liebhaben, sondern weil sie selbst abliefern mußten, weil sie unsere Arbeit brauchten. Sie schmeißen sonst raus, sie ziehen sonst ab für jeden Dreck. Da nicht." – „Nein?" – „Nein. Das war ein Streik. Wir gewannen."

„Das wollten wir bei uns auch", sagte der Schwiegersohn, „das hätte ich mitgemacht. Die meisten bekamen plötzlich Angst, sie würden dann doch noch rausgeschmissen."

Miguel fuhr fort: „Sobald ich lesen und schreiben kann, will ich weiter fort. Ich will nach Campeche, zu meinem Onkel. Er sagt, wenn ich wirklich lesen und schreiben kann, will er mir dort eine Stelle verschaffen. Ich will hier nicht immer bleiben. Das Land ist groß, es gibt bei uns viele Städte. Ich will welche sehen." Da sagte der alte González: „Es war hier in meiner Jugend noch viel schlechter. Es gab für uns kein Licht. Wir kamen nur über Tag, um zu schlafen. Wir haben uns auch zusammengetan. Wir sind auf die Stadt zu marschiert. Ich war so klein wie mein Kleiner. Sie haben uns auch nichts abgezogen, mein Freund, sie haben auf uns geschossen. Der alte Hund in seinem Präsidentenpalais hat vor uns Angst bekommen. Er hat so lange und so weich darin gesessen, er hat weggemußt." Bei dieser Erinnerung glitzerten seine Augen wie die von Miguel bei der Erinnerung an den Streik.

Crisanta sah immerfort Miguel an. Er wußte mehr als die anderen. Er hatte viel vor. Dann brachen die Männer González zum Bergwerk auf. Der Vater ging allein mit dem neuen Schwiegersohn. Sie waren schon lange gut Freund. Der Junge war jetzt schon finster und schweigsam. Wenn nicht plötzlich etwas über ihn kam, die Liebe oder ein großer Zorn. Sie hatten beide jetzt keine Lust, ihre paar Worte auf Gedanken an ihre Gäste zu verschwenden. Sie grübelten über alles nach, was Miguel erzählt hatte. Der alte González sagte seufzend: „Er ist noch jung." – „Ja", sagte der andere, „und ganz allein. Da geht er, wohin er will." Sie sprachen nicht von Crisanta. Sie bedachten nur beide flüchtig, was dabei für sie herauskam.

Crisanta dachte sich nichts. Sie hatte die Zeit nie gezählt. Sie zählte auch jetzt nicht. Das Leben breitete sich von selbst nach allen Richtungen aus. Sie ging mit Miguel an alle Enden der Stadt. Es war ihr, er schenke ihr Stücke Stadt. Sie ging mit ihm auf den Mercedes-Markt. Es war ihr, als hätte sich, was ein Volk sein Lebtag braucht an Kleidern und Schuhzeug, an Essen und Trinken, an Sätteln und Messern, an Strohhüten und Rebozos, an Töpfen und Krügen, an Schmuck und an Heiligenbildern, hier zusammengefunden. Sandalen und Reitstiefel wuchsen in Markthöhlen, auf Stangen gereiht, wie Bananen an Stauden. So viele buntgemusterte Stoffe, als hätten die Händlerinnen alle Gärten entrollt. In einer anderen Höhle wuchs Bast. Da gab es bastgeflochtene Reiter und Riesen bis zur Decke und aufeinandergeschichtete Körbe, turmhoch. Wie einer allein nicht beachtet wird und viele zusammen mächtig erscheinen, so hatte Crisanta nie auf den Marktkorb der Tante Dolores achtgegeben, doch hier in der dämmerigen Höhle war sie bestürzt von dem rot und blau gescheckten Gebirge aus Marktkörben. So war es mit allen Dingen auf dem Mercedes-Markt. Mit allen Früchten. So war es auch mit den Töpfen, die Miguels Familie verkaufte. Es war eine ganze Schlucht voll Töpfe, und Miguels Familie, obwohl sie alle zusammen, Kinder und Enkel, Tag und Nacht kneteten, drehten, bemalten, glasierten, hatte hier nur eine Bude belegt. Crisanta erkannte die Töpfe wieder wie eine bestimmte Pflanze. An ihren Henkeln und ihrer Glasur. Sie lachten alle im Rücken der fremden Frau, die das Rezept wissen wollte, nach dem sie den Ton mischten; denn diese Töpfe zersprangen auch auf dem Feuer nie, als ob sie aus Eisen wären. Es war eine weiße spitzige Frau mit fahlen Haaren und Augen. „Da will sie noch für einen Peso unser Rezept zum Topf", sagte Miguel; „soll sie sich im Warenhaus Aluminium kaufen." Er sagte „unser Rezept", obwohl er in die Fabrik ging.

Sie gingen zusammen ins Kino. Das Stück gefiel beiden so gut, daß sie einander vergaßen. Ein Mädchen, schön wie ein Engel, rutschte immer tiefer ins Unglück. Sie wird verführt und verlassen. Sie kommt von einer Hand in die andere. Sie hatte Pech mit den Männern. Sie hat ein Kind, das kommt in ein Waisenhaus. Die Mutter wird elend und alt. Sie kommt ins Gefängnis. Als sie ihren Sohn in der Schule besucht, erkennt er die eigene Mutter nicht. Er hat inzwischen lesen und schreiben gelernt. Er hat studiert. Er wird Jurist. Er verteidigt vor Gericht eine unbekannte zerlumpte Frau. – Crisanta kam ganz betäubt auf die Straße. Sie dachte sonst nie an etwas, was schon vorbei war. Jetzt dachte sie immerfort an das Mädchen in seiner Jugend und Schönheit und in seinem Elend und Alter. Das war alles gleichzeitig, schon vergangen und immer da.

Miguel dachte immerfort an den Sohn. Es war gut, daß er nicht bei der Mutter geblieben war. Es war gut, daß er viel gelernt hatte.

Sie fuhren zum „Fest der Jungfrau" hinaus vor die Stadt nach Guadalupe. Ob sie an das Wunder glaubten, ob sie nicht daran glaubten, die ganze Stadt zog nach Guadalupe. Es war ein Wunder des Landes gewesen. Die Jungfrau war braun gewesen. Sie war einem Indio erschienen. Im Morgengrauen traten als Krieger verkleidete Tänzer als Spanier, als Mexikaner, mit Helmen, mit Federschmuck, zum Spiel vor der Kirche auf. In Wirklichkeit war dabei so viel Blut geflossen, daß es erstaunlich war, wie viele heute noch lebten. In den Augen der kleinen Kinder und Frauen war immer noch eine Spur Schwermut, ein Rest Trauer. Das war wie der Bodensatz aus den Zeiten der Leibeigenschaft und darüber ein neuer Bodensatz aus neuen Leiden. – Miguel war freigebig. Crisanta hatte kein Geld, weil sie alles für Geschenke ausgegeben hatte. Er führte sie in alle Jahrmarktsbuden, er kaufte ihr viele Süßigkeiten. Das Fest war noch nicht auf der Höhe, und es waren noch immer Sterne am Himmel. – Sie feierten auch im September zusammen den Nationalfeiertag, den „Ruf von Dolores". Crisanta hielt sich an Miguels Gürtel, um ihn im Gedränge nicht zu verlieren. Die Menge schäumte vor dem Präsidentenpalais, und auch die Raufbolde, die Betrunkenen gaben ein wenig acht, um die kleinen Kinder nicht zu zerstampfen, die nicht mehr in den Rebozo der Mutter zu noch kleineren schlüpften. Dann horchten sie alle schweigend auf die Glockenschläge der kleinen Glocke von Dolores, die jetzt in der Hauptstadt das Fest ankündigen durfte, weil sie einst zur Befreiung geläutet hatte. Nach ihrem letzten Schlag tobte das Volk, es knallte Raketen ab, jubelte, schrie. Als müßte man in dieser Nacht auch mit Schnaps und mit Messern feiern, mit Feuerwerk und Pistolen, was an Enttäuschung und Wirrwarr auf die Befreiung gefolgt war. Als müßte man all das teure Blut zusammen mit dem feiern, was durch Verrat, Verleumdung, Ehrgeiz und Habgier vergossen wurde.

Crisanta freute sich über alle Wege, die sie mit Miguel zusammen ging. Sie wäre mit ihm in die Fabrik gegangen, auf Feldarbeit, in die Töpferei, auch auf Hochzeiten und auf Feste. Sie wäre mit ihm in den Krieg marschiert, in Demonstrationen, in Prozessionen. Die Hauptsache, er ging vor ihr her. Er schob sie nicht mehr vor sich her. Er ging jetzt hochmütig, geradezu sicher, daß sie ihm folgte.

Er schickte sie einmal wieder heim, der Lehrer hätte versprochen, ihm etwas vorzulesen. Crisanta wartete vor dem Haus. Er schalt sie bei seiner Rückkehr. Crisanta erschrak, als Pablo sie fragte, ob sie ihr Examen in der Abendschule bestanden hätte. Sie war nie mehr hingegangen. Pablo durchschaute sie, lachte.

Miguel sagte einmal, er müsse jetzt bald aus Mexiko weg. Ein Fuhrmann hätte versprochen, sie auf seinem Lastwagen bis in die Stadt Oaxaca mitzunehmen. „Wie weit ist das?" – „Eine Nacht. Er kann uns plötzlich holen. Wir müssen dann von einer Minute zur anderen fort."

Er hatte viel mehr Fragen erwartet, Pablo hatte ihm sogar geraten, Crisanta von ihrem Plan nichts zu verraten. Sie würde weinen. Sie würde ihn stören. Er könnte ihr doch nicht helfen. Miguel hatte zuerst erwidert: „Hör mal, wie dieser Alfonso nach Kalifornien auf Arbeit fuhr und seine Familie hörte nie mehr von ihm, da hast du selbst gesagt, das ist schlecht." Pablo hatte gesagt: „Das ist etwas anderes. So einer wie du kann sich nicht gleich für ewig beladen. Du mußt von hier fort." Pablo hatte wahrscheinlich recht. Er wollte fort, und er wollte in ein anderes Leben. Er wollte nicht seine Tage verbringen wie der Mann der Tante Dolores, wie der Vater González. Er wollte viel lernen. Er wollte viel sehen. Er brauchte eine ganz andere Art Mädchen. Nur, warum war Crisanta nicht erschrocken? Auf einmal kam ihm der Gedanke, Crisanta hätte sich bei seinem Satz „Wir fahren" gar nicht Pablo und Miguel vorgestellt, sondern Miguel und Crisanta. Das bedrückte ihn, aber Pablo sagte: „Was glaubst du, meinst du, der Abschied würde ihr leichter, wenn er länger dauert?" Er dauerte auch nicht länger. Denn in der folgenden Nacht kam der Fuhrmann: „Los Jungens, wenn ihr noch Lust habt."

Als Crisanta am folgenden Abend um dieselbe Stunde in den Hof kam, sagte eine Frau, die auf dem Boden hockte und Mais zerrieb: „Zu wem willst du denn heute?" Crisanta erfuhr, Miguel und Pablo seien schon abgefahren. Die Jungens im Zimmer betrachteten sie teils spöttisch, teil mitleidig. Es gab zwei, die sie finster betrachteten. Crisanta verstand alles, sagte nichts. Sie stand steif auf den Füßen. Das Zimmer drehte sich um sie herum. Sie wartete, bis es wieder ruhig stand. Dann sagte sie ganz lustig, sie hätte das schon gewußt, sie hätte Miguel selbst zur Reise geraten. Sie sei nur gekommen, um etwas Vergessenes zu holen. Ein Junge rief: „Falls du was auf meiner Matte vergessen hast . . ." und ähnliche Sachen, die Jungens bei solcher Gelegenheit sagen. Crisanta blieb keine Antwort schuldig. Die Frau, die im Hof Mais zerrieb, horchte kopfschüttelnd auf ihr Gelächter. Crisanta verbeugte sich plötzlich und ging.

Es war Nacht. Es war kalt. Crisanta wollte nicht zu der Tante Dolores zurückgehen. Sie wollte nie mehr zur Tante Dolores. Sie wollte nicht in ihre Wohnung und nicht in die Tortillería. Sie wollte auch nicht nach Pachuca. Sie wollte auch nie mehr zu den González. Sie wollte nichts gefragt werden. Sie wollte nirgends mehr hin. Sie lief in den Straßen umher. Sie setzte sich vor eine Tür, bis sie weggejagt wurde. Sie lief eine Weile umher. Sie setzte sich auf die Treppe einer Villa. Eine Gruppe von Musikanten kam durch die nächtliche Straße. Vor der Villa hielten sie, vielleicht weil der Liebhaber einer der Töchter sie herbestellt hatte. Sie packten ihre Gitarren aus, spielten und sangen. Es wurde in einem der Fenster hell, aus einem anderen beugte sich jemand heraus und schimpfte. Crisanta stand auf, als hätte die zornige Stimme ihr gegolten statt den Musikanten, die sich nicht stören ließen und hinter ihr weiterspielten. Crisanta ging die lange Straße hinunter. Sie setzte sich auf die Treppe vor ein großes öffentliches Gebäude. Sie fror. Es war windig. Sie kaute Sand. Sie schloß die Augen. Sie suchte in ihren Gedanken, krank vor Heimweh, den Ort, an dem sie sich einmal als Kind behütet und warm gefühlt hatte wie nie mehr später. Sie wußte noch, es war blau gewesen. Die Welt war dahinter vorbeigeströmt und nicht eingedrungen. Sie konnte sich aber nicht einmal mehr auf das Blau besinnen. Es war ihr ebenso hohl wie außen, ob sie die Augen schloß oder offenhielt. Die Sterne waren ebenso einsam am Himmel wie die einzelnen Menschen vor ihr auf dem öden Platz. Sie trottete ein Stück weiter. Sie setzte sich wieder vor eine Tür. Sie wurde wieder verjagt. Es wurde Morgen. Sie war hungrig. Sie hatte nicht Kraft, nicht Lust zum Reden. Und Betteln hätte Reden erfordert. Sie stahl sich etwas auf einem Straßenmarkt. Auf diese Weise vergingen zwei, drei Tage. Sie bekam Lust auf Licht und auf Wärme. Sie hörte Musik aus einer Kneipe. Ein fremder Mann trat heraus und faßte sie an. Er war nicht blöde, der fremde Mann. Er sagte: „Wie siehst du denn überhaupt aus! Bevor du mit mir reingehst, Kleine, mach dich mal ein bißchen zurecht. Du hast ja ein ganzes Kornfeld auf deinem Rebozo." Sie schüttelte sich, sie flocht ihre Zöpfe. So fing es an, so ging es weiter. Sie saß mal in schlechten Kneipen herum, mal in den Cafés in besseren Straßen. Mal nahm sie ein Reisender in ein Hotelzimmer mit, mal ein Straßenhändler in seine Bude. Sie half mal jemandem einen Obsttransport auf Maultieren über Land zu bringen. Sie schlief mal auf einem Lastauto mit einem ausländischen Chauffeur. Dann war es so sichtbar, sie war schwanger, daß sie eine feste Bleibe suchte. Sie stieß auf ein Mädchen, das mit ihr in der Tortillería gearbeitet hatte. Das Mädchen sagte: „Du kannst bei mir niederkommen. Sie schreiben dich sonst auf ihre Liste, und wenn du mal aufgeschrieben bist, dann lassen sie dich nie locker." Das Mädchen sagte auch: „Meinst du, die ausländischen Frauen wären so dumm wir wir? Sieh mal, ich habe acht Geschwister. Ausländische Frauen warten nicht ab, bis es soweit ist, und man kann bestraft werden. Sie warten erst gar nicht ab, bis das Kind für alle zu sehen ist und auf eine Liste geschrieben wird. Sie machen schon Schluß, schlau wie sie sind, bevor es den Kopf ans Licht gestreckt hat. Es kommt erst gar nicht zur Welt." Crisanta war diesem Mädchen dankbar. Es kam ihr gerissen vor. Es war auch ordentlich. Es nahm sie auf. Das Mädchen sagte später: „Siehst du, wie gut, daß du mich getroffen hast. In einem Krankenhaus wäre das Kind sofort auf eine Liste geschrieben worden. Jetzt war das Kind nie da. Jetzt ist alles vorbei." Darauf sagte Crisanta nichts. Sie war manchmal lustig. Sie stellte sich manchmal wie eine Verrückte an; sie schimpfte und weinte und schrie. Sie brachte dem Mädchen, wie sie es ausgemacht hatten, das erste verdiente Geld. Sie war aber ihrer neuen Arbeit bald leid. Immer Kreuzstiche sticken, immer dieselben Vögel. An ihrem letzten Arbeitstag stickte sie, um die Aufseherin zu ärgern, einen anderen Vogel, als ihr befohlen war, in Rot statt in Blau, auf den weißen Stoff, nach ihrem Einfall statt nach dem Muster. Dieser Vogel fand dann zwar großen Anklang: er brachte ein paar Dutzend Nachbestellungen. Aber Crisanta erfuhr davon nichts, denn sie hatte sich an das andere Ende der Stadt verzogen.

Sie sah jetzt wieder wie früher aus. Sie hatte wie früher Lust zum Lachen und Schwatzen. Sie war jetzt klüger im Umgang mit Männern. Sie ging zum Friseur. Sie kaufte sich einen Mantel im Warenhaus. Sie wußte auch, Ausländer haben manchmal gern Mädchen, die aussehen, wie sie sich Eingeborene vorstellen: scheu, fröstelnd, mit einem Rebozo, mit Zöpfen. Sie wußte, daß ihre Wimpern in ihrem Gesicht das Schönste waren, und schlug, wenn sie etwas verlangte, die Augen nieder. Sie hatte manchmal einen Anfall von Haß, sie schloß sich dann ein und vergrub sich. Dann ließ die Verzweiflung von ihr ab. Sie bekam wieder Lust auf Licht und auf Wärme.

Sie traf den Maurer, der mit ihr in die Abendschule gegangen war. Er hatte ihr immer einen zähen, bedächtigen Eindruck gemacht. Den machte er immer noch. Er trug noch dieselben Kleider, viel abgewetzter. Crisanta fand, das Leben laufe immer weiter, ob man lesen und schreiben kann oder nicht. Was nütze es in dieser Welt einem Maurer, wenn er auch gelernt hatte, Buchstaben schnell zu Worten zusammenzuziehen? Der alte Maurer brachte sie in eine Gesellschaft von jüngeren Maurern. Sie blieb an einem von ihnen hängen. Sie bauten gerade am Stadtrand ein großes Haus. Die Baugesellschaft schickte ihre Arbeiter zu diesem und jenem Neubau, samt ihren Familien. Und wie die Zigeuner schlugen die Maurer jeweils auf einem neuen Gelände ihre Behausungen auf und siedelten um, wenn woanders ein Fundament gesetzt wurde. Der junge Maurer, der noch keine Familie hatte, nahm Crisanta in seine Hütte.

Die Familie González hatte sich längst gewundert, daß Crisanta nie mehr gekommen war. Frau Mendoza wußte von ihrer Tante Dolores, daß Crisanta auch dort verschwunden war, mit Hinterlassung von Schulden. Eine Töpferfamilie wußte von Töpfern im Nachbarort, daß Miguel aus Mexiko fort war, ohne Crisanta. Da dachten sich die González den Rest dazu.

Frau Mendoza war bedrückt. Zwar, niemand kam auf den Gedanken, gerade ihr einen Vorwurf zu machen. Sie hatte aber ein Schuldgefühl. Weil sie es gewesen war, die das Mädchen zuerst auf seine Arbeitsstelle gebracht hatte. Das Mädchen hatte durchaus kein Glück auf dem Weg gehabt, den es auf den Rat der Frau Mendoza einschlug. Es war nirgendwo angelangt. Da dachte die Frau Mendoza, es sei an ihr, das Mädchen zu suchen. Crisanta hatte keinen guten Stand mehr bei ihrem Maurer. Die Maurersfrauen fingen schon an zu schimpfen. Das Lager wurde ohnedies abgebrochen. Sie trieb sich tagsüber auf dem Gelände herum. Sie sah aus der Ferne den Bauern zu, die, mit Maultieren oder zu Fuß, mit Obst und Gemüse oder mit anderen Waren beladen, von den Bergen herunter zum Markt in das Tal von Mexiko stiegen. Bevor sie den Stadtrand erreichten, machten sie Rast. Sie zogen ihre Sandalen an, die sie unterwegs geschont hatten. Crisanta erblickte eine Töpferfamilie, die Frauen mit kleinen Kindern beladen, die Männer mit dem Geschirr. Es war ein Geschirr mit starker Glasur, denn es glänzte im Sonnenschein. Bei diesem Anblick fühlte Crisanta keine Erinnerung mehr, keine Trauer. Sie hatte nur ein vages Gefühl von Bekanntschaft mit dem Handwerk der Töpfer.

Doch einer der jüngeren Töpfer, der etwas tiefer herabstieg, um Wasser zu trinken, hatte Crisanta erkannt. So kam es, daß Frau Mendoza schon am folgenden Nachmittag durch eine der schönen Straßen am Stadtrand zwischen den weißen, neuen, bereits in bläulichen Blumen erstickten Häusern auf das Baugelände zu trottete. Sie fragte die Frauen nach Crisanta. Sie bekam so genau und zornig Bescheid, wie sie es erwartet hatte. Crisanta erschrak bei dem Anblick ihrer Besucherin. Sie war aber höflich und munter. Als ihr die Mendoza bedeutete, sie müsse sofort mit ihr auf den Autobus nach Pachuca, war sie genauso bestürzt wie glücklich. Es war ihr im letzten Jahr gelungen, jeden Gedanken an die González abzuschütteln, so daß man sagen konnte, sie hätte diese Familie vergessen. Sie hatte sich aber mit aller Kraft nicht mehr an sie erinnern wollen, um nicht dort nach Obdach fragen zu müssen und dabei Rede und Antwort zu stehen. Als sie nun laut befohlen bekam, etwas zu tun, woran sie nicht einmal zu denken gewagt hatte, gebrauchte sie keine Ausflucht, sondern tat, was sie gewohnt war. Sie gehorchte dem Menschen, der stärker war als sie selbst. Denn sie, Crisanta, war schwach, klein, unwissend.

Die Frau González machte von ihrem Erscheinen kein Aufhebens. Die Männer waren im Bergwerk. Crisanta schlief auf ihrem alten Platz auf der Matte neben der ältesten Tochter. Sie hatte noch weniger Raum als früher, denn die älteste Tochter war schwanger. Sie hatte inzwischen schon einmal geboren. Das Kind schlief in einer ausgestopften Kiste, die, mit Schnüren befestigt, von der Decke herabhing. Das war die einzige Veränderung im Zimmer und in der Familie. Crisanta merkte gleich, daß es hier viel zu eng war, als daß sie hätte bleiben können. „Ach, arme Kleine", sagte die Frau González, „was wirst du jetzt tun? Und du bist wieder verfallen." Crisanta hatte noch gar nicht daran gedacht. Die Pflegemutter sah ihr sofort an, daß sie wieder ein Kind erwartete. Da war es ein Glück für alle, daß Frau Mendoza bereits einen Rat wußte. Die Schwester der Schwägerin ihres Mannes war mit einem Mann verheiratet, der in der Stadt Mexiko Glück gehabt hatte. Sie hatten am Stadtrand eine Bude gepachtet, um an einer Haltestelle Limonade zu verkaufen. Sie suchten jemand, um die Frau abzulösen.

Zu dieser Arbeit brauchte Crisanta nichts anderes zu verstehen, als Orangen zu pressen und Gläser zu reinigen. Bevor Crisanta am nächsten Abend zurückfuhr, begleitete sie den alten González, der inzwischen daheim geschlafen hatte, ein Stück durch den Hof auf die Straße. Ein Truthahn protzte einsam mit seinem glühendroten Schmuck. Vater Ganzález sagte, der sei für die Hochzeit der zweiten Tochter bestimmt. Er fügte hinzu: „Da erwarten wir dich", er fügte auch noch hinzu: „Dein Kind wirst du mitbringen, ich will es sehen." Er sah sie einen Augenblick scharf an. Crisanta fühlte sich tief im Innern durch diesen Blick getroffen, der sie an Miguel erinnerte. Denn seine Augen waren genauso unerbittlich, genauso goldgrün.

Sie hatte jetzt keine Angst mehr, an Vergangenes zu denken. Sie dachte wieder an Miguel. Sie grämte sich, daß sie nicht früher nach Pachuca gefahren war. Dann hätte sie vielleicht früher auch schon in dieser Bude Orangen auspressen können. Das Kind, das sie jetzt erwartete, wäre das Kind von Miguel gewesen. Jetzt wußte sie nicht, wer sein Vater war.

Sie blieb einmal vor einem Kino stehen, um die Bilder zu betrachten. Sie erkannte die Menschen wieder, die sie im Film mit Miguel gesehen hatte. Sie dachte, ihr Sohn könnte auch ohne Eltern so klug werden wie der Sohn im Film. Er könnte lesen und schreiben lernen. Er könnte studieren. Er könnte sogar ein Doktor werden. Er könnte schlechterdings alles werden, wenn er zur Welt kommen könnte, wie es der Vater González wollte.

Ihr neuer Arbeitsplatz war nicht gut und nicht schlecht. Die Leute, bei denen sie angestellt war, benahmen sich weder grob noch freundlich. Sie waren ein wenig trocken, ein wenig genau. Sie hatten durch diese Gemütsart auch etwas gespart und das Pachtgeld zurückgelegt. Es war halb Gunst, halb Befehl, daß Crisanta, wenn die Frau verkaufte, in Blickweite, nahe der Haltestelle selbst Äpfel und Zitronen verkaufte. Das tat sie auch noch, als ihr Kind geboren war. Sie wählte sorgfältig bei dem Großhändler für ihren geringen Überschuß ein paar Dutzend kleine, doch blanke gelbe Äpfel, Zitronen, Tomaten, Knoblauch und manchmal Kräuter. Sie ordnete alles auf dem Boden neben den Schienen auf einem Zeitungspapier in regelmäßige, einladende Pyramiden. Sie hockte sich davor auf den Boden, das Kind in ihrem Rebozo.

Einmal kam ein Windstoß, der Straße und Menschen mit Staub bedeckte. Crisanta steckte ihren Kopf schnell unter das Tuch zu dem Kind. Die Menschen drängten undeutlich im Staub vorbei. Auf einmal fiel ihr der Ort wieder ein, an dem sie als Kind gewesen war. Das unvergleichliche, unbegreifliche tiefe und dunkle Blau. Das war der Rebozo, das Umschlagtuch der Frau González gewesen, und was dahinter strömte, ihr Volk.

Anna Seghers

Kapitel 10 Vom Buch zum Film:
Die wunderbaren Jahre

„... eines jener Elemente ..."

So beginnt einer der Prosatexte aus dem Buch „Die wunderbaren Jahre", das Reiner Kunze 1976 in der Bundesrepublik Deutschland veröffentlichte.
Das Erscheinen des Buches führte zum Ausschluß Kunzes aus dem Schriftstellerverband der DDR und zu seiner Übersiedlung in den Westen.

1
Auf sein Bücherbrett im Lehrlingswohnheim stellte Michael die Bibel. Nicht, weil er gläubig ist, sondern weil er sie endlich einmal lesen wollte. Der Erzieher machte ihn jedoch darauf aufmerksam, daß auf dem Bücherbrett eines sozialistischen Wohnheims die Bibel nichts zu suchen habe. Michael weigerte sich,
5 die Bibel vom Regal zu nehmen. Welches Lehrlingswohnheim nicht sozialistisch sei, fragte er, und da in einem sozialistischen Staat jedes Lehrlingswohnheim sozialistisch ist und es nicht zu den Obliegenheiten der Kirche gehört, Chemiefacharbeiter mit Abitur auszubilden, folgerte er, daß, wenn der Erzieher recht behalte, in einem sozialistischen Staat niemand Chemiefacharbeiter mit
10 Abitur werden könne, der darauf besteht, im Wohnheim auf sein Bücherbrett die Bibel stellen zu dürfen. Diese Logik, vorgetragen hinter dem Schild der Lessing-Medaille, die Michael am Ende der zehnten Klasse verliehen bekommen hatte (Durchschnittsnote Einskommanull), führte ihn steil unter die Augen des Direktors: Die Bibel verschwand, und Michael dachte weiterhin logisch. Die
15 Lehrerin für Staatsbürgerkunde aber begann, ihn als eines jener Elemente zu klassifizieren, die in Mendelejews Periodischem System nicht vorgesehen sind und durch das Adjektiv „unsicher" näher bestimmt werden.

Reiner Kunze, 1933 im Erzgebirge geboren, hatte Literatur, Musik, Kunstgeschichte und Journalistik studiert. Kurz vor Fertigstellung seiner Doktorarbeit mußte er die Universität verlassen. Von 1959 an arbeitete er als freier Schriftsteller und Übersetzer tschechischer Literatur.
Im Jahre 1962 heiratete Reiner Kunze eine Zahnärztin aus der ČSSR. Er gewann in der Tschechoslowakei zahlreiche literarische Freunde, die die Reformbestrebungen des ‚Prager Frühlings' unterstützten. Als mit dem Einmarsch von Truppen des Warschauer Pakts im August 1968 der Reformkurs in der ČSSR aber jäh beendet wurde, trat Reiner Kunze aus der SED aus, der er seit seinem sechzehnten Lebensjahr angehört hatte. Wegen seiner kritischen Haltung gegenüber der Partei und dem politischen Kurs der DDR hatte er fortan große Schwierigkeiten, seine Arbeiten zu veröffentlichen.

„Die wunderbaren Jahre" haben ein zentrales Thema: Im Vordergrund der meist sehr kurzen Prosatexte steht der Alltag von Jugendlichen in der DDR der 70er Jahre. Es wird aber keine chronologische Handlung entwickelt und auch nicht von einer festgelegten Personengruppe erzählt.
Die knappen Alltagsepisoden werden zumeist aus der Perspektive eines Berichtenden vermittelt.

Und so geht die Geschichte „Element" weiter:

2
Eines Abends wurde Michael zur Betriebswache gerufen. Ein Herr in Zivil legte ihm einen Text vor, in dem sich ein Ich verpflichtete, während der Weltfestspiele der Jugend und Studenten die Hauptstadt nicht zu betreten, und forderte ihn auf zu unterschreiben. – Warum? fragte Michael. Der Herr blickte ihn an, als habe er die Frage nicht gehört. – Er werde während der Weltfestspiele im Urlaub sein, sagte Michael, und unter seinem Bett stünden nagelneue Bergsteigerschuhe, die er sich bestimmt nicht zu dem Zweck angeschafft habe, den Fernsehturm am Alex zu besteigen. Er werde während der Weltfestspiele nicht einmal im Lande sein. – Dann könne er also unterschreiben, sagte der Herr, langte über den Tisch und legte den Kugelschreiber, der neben dem Blatt lag, mitten aufs Papier. – Aber warum? fragte Michael. Der Text klinge wie das Eingeständnis einer Schuld. Er sei sich keiner Schuld bewußt. Höchstens, daß er einmal beinahe in einem VW-Käfer mit Westberliner Kennzeichen getrampt wäre. Damals hätten sich die Sicherheitsorgane an der Schule über ihn erkundigt. Das sei für ihn aber kein Grund zu unterschreiben, daß er während der Weltfestspiele nicht nach Berlin fahren werde. – Was für ihn ein Grund sei oder nicht, das stehe hier nicht zur Debatte, sagte der Herr. Zur Debatte stehe seine Unterschrift. – Aber das müsse man ihm doch begründen, sagte Michael. – Wer hier was müsse, sagte der Herr, ergäbe sich einzig aus der Tatsache, daß in diesem Staat die Arbeiter und Bauern die Macht ausübten. Es empfehle sich also, keine Sperenzien zu machen. – Michael begann zu befürchten, man könnte ihn nicht in die Hohe Tatra trampen lassen, verbiß sich die Bemerkung, daß er die letzten Worte als Drohung empfinde, und unterschrieb.
Zwei Tage vor Beginn seines Urlaubs wurde ihm der Personalausweis entzogen und eine provisorische Legitimation ausgehändigt, die nicht zum Verlassen der DDR berechtigte und auf der unsichtbar geschrieben stand: Unsicheres Element.

3
Mit der topografischen Vorstellung von der Hohen Tatra im Kopf und Bergsteigerschuhen an den Füßen, brach Michael auf zur Ostsee. Da es für ihn nicht günstig gewesen wäre, von Z. aus zu trampen, nahm er bis K. den Zug. Auf dem Bahnsteig von K., den er mit geschulterter Gitarre betrat, forderte eine Streife ihn auf, sich auszuweisen. „Aha", sagte der Transportpolizist, als er des Ausweispapiers ansichtig wurde, und hieß ihn mitkommen. Er wurde zwei Schutzpolizisten übergeben, die ihn zum Volkspolizeikreisamt brachten. „Alles auspacken!" Er packte aus. „Einpacken!" Er packte ein. „Unterschreiben!" Zum zweitenmal unterschrieb er den Text, in dem sich ein Ich verpflichtete, während der Weltfestspiele die Hauptstadt nicht zu betreten. Gegen vierund-

zwanzig Uhr entließ man ihn. Am nächsten Morgen – Michael hatte sich eben am Straßenrand aufgestellt, um ein Auto zu stoppen – hielt unaufgefordert ein Streifenwagen bei ihm an. „Ihren Ausweis, bitte!" Kurze Zeit später befand sich Michael wieder auf dem Volkspolizeikreisamt. „Alles auspacken!" er packte aus. „Einpacken!" Diesmal wurde er in eine Gemeinschaftszelle überführt. Kleiner Treff von Gitarren, die Festival-Verbot hatten: Sie waren mit einem Biermann-Song oder mit der Aufschrift ertappt worden: WARTE NICHT AUF BESSRE ZEITEN. Sein Name wurde aufgerufen. „Wohin?" – „Eine Schweizer Kapelle braucht einen Gitarristen", sagte der Wachtmeister ironisch. Er brachte ihn nach Z. zurück. Das Konzert fand auf dem Volkspolizeikreisamt statt. „Sie wollten also nach Berlin." – „Ich wollte zur Ostsee." – Der Polizist entblößte ihm die Ohren. „Wenn Sie noch einmal lügen, vermittle ich Ihnen einen handfesten Eindruck davon, was die Arbeiter-und-Bauern-Macht ist!" Michael wurde fotografiert (mit Stirnband, ohne Stirnband) und entlassen. Um nicht weiterhin verdächtigt zu werden, er wolle nach Berlin, entschloß er sich, zuerst nach Osten und dann oderabwärts zur Küste zu trampen. In F. erbot sich ein Kraftfahrer, ihn am folgenden Tag unmißverständlich weit über den Breitengrad von Berlin hinaus mitzunehmen. „Halb acht vor dem Bahnhof." Halb acht war der Bahnhofsvorplatz blau von Hemden und Fahnen: Man sammelte sich, um zu den Weltfestspielen nach Berlin zu fahren. Ein Ordner mit Armbinde fragte Michael, ob er zu einer Fünfzigergruppe gehöre. – „Sehe ich so aus?" – Der Ordner kam mit zwei Bahnpolizisten zurück. „Ihren Ausweis!" Michael weigerte sich mitzugehen. Er erklärte. Er bat. Sie packten ihn an den Armen. Bahnhofszelle. Verhör. Die Polizisten rieten ihm, eine Schnellzugfahrkarte zu lösen und zurückzufahren. Er protestierte. Er habe das Recht, seinen Urlaub überall dort zu verbringen, wo er sich mit seinem Ausweis aufhalten dürfe. – Er müsse nicht bis Z. zurückfahren, sagten die Polizisten, sondern nur bis D. Falls er jedoch Schwierigkeiten machen sollte, zwinge er sie, das Volkspolizeikreisamt zu verständigen, und dann käme er nicht zu glimpflich davon. Ein Doppelposten mit Hund begleitete ihn an den Fahrkartenschalter und zum Zug. „Wenn Sie eher aussteigen als in D., gehen Sie in U-Haft!" Auf allen Zwischenstationen standen Posten mit Hund. In D. erwarteten ihn zwei Polizisten und forderten ihn auf, unverzüglich eine Fahrkarte nach Z. zu lösen und sich zum Anschlußzug zu begeben. Er gab auf. Auf dem Bahnsteig in Z. wartete er, bis die Polizisten auf ihn zukamen. Nachdem sie Paßbild und Gesicht miteinander verglichen hatten, gaben sie ihm den Ausweis zurück. „Sie können gehen." – „Wohin?" fragte Michael.

Reiner Kunze

1. Wie läßt sich Michael charakterisieren und wodurch macht er sich verdächtig?
2. Wie verlaufen die Gespräche Michaels mit den Personen, die sich „von Amts wegen" mit ihm befassen?
   Versucht, ein solches Gespräch aus dem Stegreif zu spielen.

Vom Buch zum Drehbuch

Im Jahre 1979 hat Reiner Kunze in Anlehnung an den Prosaband „Die wunderbaren Jahre" ein Drehbuch für einen gleichnamigen Film geschrieben. Darin wird der Alltag eines kleinen Personenkreises in einer thüringischen Kleinstadt geschildert.

Und so sieht das Drehbuch aus:

Innen. Tag. Wohn- und Schlafraum eines Lehrlingswohnheims. Zwischen zwei Doppelstockbetten an der Wand U-Regale mit DDR-Fach- und Lehrbüchern, die in der ersten Hälfte des Jahres 1973 für die Ausbildung zum Chemiefacharbeiter mit Abitur benötigt wurden. Zwischen den Lehrbüchern eine Bibel. Außerdem hängt ein großformatiger Bildkalender des Jahres 1973 mit einem Gebirgsmotiv an der Wand. Er zeigt den Monat Juli. Zwischen den Betten steht der Erzieher. Er ist Mitte Dreißig, trägt einen Anzug mit Fischgrätenmuster und Krawatte. Am Revers das Parteiabzeichen. Er winkt jemanden zu sich. Michael kommt ins Bild. Er ist siebzehn Jahre alt. Frisches Gesicht, langes blondes Haar. Er trägt ein einfarbiges T-Shirt und Jeans.

ERZIEHER: *auf die Bibel zeigend* Das verschwindet.
   Groß: Zeigefinger und Bibelrücken.
MICHAEL: *kaugummikauend* Wieso?
ERZIEHER: Wieso? *Pause* Weil das verschwindet.
MICHAEL: Ist doch nationales Kulturerbe.
ERZIEHER: Auf dem Bücherbrett eines sozialistischen Wohnheims hat die Bibel nichts zu suchen.
MICHAEL: Muß sich die Kirche also ein kleines Chemiewerk zulegen.
Der Erzieher blickt ihn unwirsch-fragend an.
MICHAEL: *cool* In einem sozialistischen Staat ist doch jedes Wohnheim sozialistisch, oder? *Pause* Kann also keiner, der in seiner Freizeit die Bibel lesen will, Chemiefacharbeiter mit Abitur werden.
ERZIEHER: Und Sie wollen Träger der Lessing-Medaille sein?!
   Er nimmt die Bibel vom Regal und hält sie Michael hin. Michael nimmt sie und stellt sie zurück ins Regal. Dann setzt er sich an einen Tisch, auf dem aufgeschlagene Hefte liegen. – Groß: Das Gesicht des Erziehers. Ihm schwillt die Stirnvene an.

1. Vergleicht die Fassung des Drehbuchs mit dem Erzähltext.
2. Beachtet die Anweisung zur Kameraführung und zur Gestaltung des Raumes und prüft, welche Wirkungen damit angestrebt werden.

Innen. Tag. Separater Raum in einer Werkhalle, durch den Rohre hindurchführen. An einem Schreibtisch mit Laborutensilien sitzen der Direktor der Betriebsfachschule, ein untersetzter Mittfünfziger, und Michael. Der Direktor trägt einen grauen Berufsmantel, Michael eine dunkelblaue gesteppte Wattejacke. Beide tragen Arbeitsschutzhelme. – Nah: Der Direktor blickt Michael ein wenig ratlos an. Sie schweigen. Von draußen dringt Geräusch von Aggregaten herein.

DIREKTOR: *kollegial, etwas müde* Sie haben einen Durchschnitt von Einskommanull. Sie könnten senkrecht starten.
MICHAEL: *mit gesenktem Kopf* Ich bin doch kein Hubschrauber.
DIREKTOR: *nicht im Bild* Wenn Sie gläubig sind, ist das Ihre Privatsache.
MICHAEL: *aufblickend und auf den kollegialen Ton eingehend* Ich bin aber nicht gläubig. Ich will einfach mal die Bibel lesen, mal wissen, was da drinsteht.
DIREKTOR: Dann verstauen Sie sie in Ihrem Schubfach, unter den Socken. Dort sieht sie keiner. *Pause* Das sage ich Ihnen nicht als Direktor, sondern ... einfach so.
Michael blickt wieder zu Boden.
DIREKTOR: *nicht im Bild* Wissen Sie, als was Sie gelten?
Michael blickt ihn an.
DIREKTOR: Als *zitierend* unsicheres Element.

Außen. Abend. Chemiewerk. Michael fährt mit dem Fahrrad durch das ausgedehnte Gelände. Er fährt mit Licht. Am Haupttor lehnt er das Rad an eine Hauswand.

Innen. Abend. Geräumige Pförtnerloge, in der sich ein Pförtner im Rentenalter und zwei jüngere Polizisten mit Schäferhund befinden. Michael tritt ein.

MICHAEL: *zum Pförtner* Was ist'n?
Die Polizisten beobachten ihn aufmerksam, der Pförtner blickt kaum auf.
PFÖRTNER: Wirst erwartet.
Er zeigt mit dem Daumen auf eine nur angelehnte Tür. Michael geht auf die Tür zu und betritt ein schmales kahles Gelaß mit Tisch und zwei Stühlen. An einem Draht hängt eine Glühbirne von der Decke. In der oberen Hälfte der gegenüberliegenden Wand befindet sich ein kleines vergittertes Fenster. Ein etwa dreißigjähriger Herr erhebt sich. Er ist von hünenhafter Gestalt und zeigt an Wangen und Hals Fettansatz. Der Herr ist solide gekleidet und trägt kein Parteiabzeichen. Er schließt die Tür, sperrt ab und steckt den Schlüssel in die Jackentasche. Michael beobachtet ihn und runzelt die Stirn.
[...]

3. Verfaßt in Anlehnung an den zweiten Teil der Episode den Dialog zwischen dem „Herrn" und Michael und versieht ihn mit Anweisungen für die Kamera.

Innen. Tag. Raum der Abteilung für Paß- und Meldewesen eines Volkspolizeikreisamtes, in dem Polizistinnen und Polizisten an Schreibmaschinen und Karteischränken arbeiten. An der Wand das Bild Erich Honeckers. Der Raum ist mit Topfpflanzen dekoriert. Ein Oberwachtmeister, der hinter einem langen massiven Abfertigungstisch steht, händigt Michael einen „Vorläufigen Personalausweis" der Deutschen Demokratischen Republik aus.

MICHAEL: *ungläubig* Das ist doch ein provisorischer Ausweis, ein PM zwölf. Damit kann man doch nicht ins Ausland.
Michael blickt den Oberwachtmeister fragend an.
OBERWACHTMEISTER: Sie werden Ihren Personalausweis zu gegebener Zeit zurückerhalten.
MICHAEL: Aber übermorgen beginnt mein Urlaub. Ich will in die Hohe Tatra ...
OBERWACHTMEISTER: *ihm freundlich zuredend* Dann verbringen Sie Ihren Urlaub eben mal in der DDR.
MICHAEL: *aufgebracht, das letzte Wort laut* Aber – das ist doch irr!
Ein Offizier tritt an den Abfertigungstisch.
OFFIZIER: Irr ist hier gar nichts. Hier hat alles seine Ordnung. Ihr Personalausweis ist vorübergehend eingezogen worden, damit Sie nicht aus Versehen mit dem Gesetz in Konflikt geraten.
MICHAEL: *verwirrt* Warum soll ich denn mit dem Gesetz in Konflikt geraten?
Der Offizier blickt Michael vielsagend an.
OFFIZIER: Sie haben doch etwas unterschrieben, nicht?

Reiner Kunze im Gespräch mit dem Darsteller des Michael

Szenenfotos

Erzieher: Das verschwindet.

Michael: Ist doch nationales Kulturerbe.

1. Vergleicht die Anweisungen des Drehbuchs zur Szenengestaltung mit Bild 2.
2. Der Regisseur stellt in dieser Szene die beiden Personen im Gegenlicht vor das Fenster – welche Wirkung geht von dieser Anordnung aus?
   Beachte: Die Kameraperspektive bleibt fast während der ganzen Szene in Augenhöhe in der Einstellung ‚Halbnah'.

Vom Buch zum Film: Die wunderbaren Jahre

1

3. Welche Teile des Dialogs zwischen Michael und dem „Herrn" aus eurer szenischen Fassung lassen sich den Fotos 1–4 (S. 227/228) zuordnen?

2

Szenenfotos

3

4

Der Film in der Kritik

Reiner Kunzes Buch war von den Literaturkritikern sehr gelobt worden und wurde ein Bestseller. Die Erwartungen an den Film waren entsprechend groß.

Sebastian Feldmann in „Rheinische Post" vom 12. 2. 80

Reiner Kunzes Buch „Die wunderbaren Jahre" wurde bei Erscheinen 1976 mit lautem Applaus aus allen kulturpolitisch ernstzunehmenden Richtungen in der BRD gefeiert. [...]
Inzwischen ist Kunze übersiedelt worden in die BRD, hochberühmt, und jetzt soll er plötzlich auch noch Filmemacher sein? [...] Zweifellos wird es der Film bei der Kritik wesentlich schwerer haben, als seinerzeit das Buch. Dem Film wird vorgeworfen: Schwarz-Weiß-Malerei, Polemik, vergröbernde Einengung des Buches auf Einzelaspekte, unhistorische Darstellung, und überhaupt sei es in der DDR ja schließlich gar nicht so (schlimm), wie hier auf der Leinwand dargestellt, da fehlen doch die Zwischentöne; in der Mitte von „Gut" und „Böse" gäbe es da gar nicht jene geschickt opportunistischen Mittler-Figuren, die im realen Sozialismus so manche Widersprüche und Schwierigkeiten durch Gefälligkeit und Kameraderie einzuebnen pflegen. Tatsächlich, die mögen immerhin fehlen, und wer ein dokumentarisches Bild der DDR von heute erwartet, wird sich getäuscht fühlen. [...]

Peter Dittmar in „Die Welt" vom 31. 1. 80

Denn darum geht es in diesem Film: um die ständige Einschüchterung der Jugendlichen in der „DDR" durch Schule, Arbeitsstelle, Jugendverband und Volkspolizei, um die Mobilisierung des Kollektivs gegen den einzelnen, der nicht gedankenlos die Formeln der Macht nachbetet, sondern sich seine eigenen Gedanken macht.
Die Methoden der Menschenverachtung und Unterdrückung, auf denen jede kommunistische Herrschaft basiert, schildert Reiner Kunze an einfachen, ganz alltäglichen Beispielen. Es ist vor allem die Geschichte von drei jungen Menschen, die auf ihre Art versuchen, dem Druck zu widerstehen. [...]
Die Überzeugungskraft der Akteure ist um so bemerkenswerter, als Reiner Kunze sich nur bei den wenigen Erwachsenenrollen auf Schauspieler stützte, während die Jugendlichen durchweg von Laien gespielt wurden. Auch die Regie war Kunze, der ursprünglich nur das Drehbuch hatte schreiben wollen, unerwartet zugefallen, nachdem Rudolf Noelte wenige Tage nach Drehbeginn wieder aus dem Unternehmen ausstieg. Und gerade weil Kunze keine cineastischen Ambitionen hat, gelang das Wagnis. Der Film verzichtet auf alle dramaturgischen Mätzchen. Da gibt es keine „schönen Bilder", keine Toneffekte, keine Regiegags. Hier wird ganz einfach eine Geschichte in Bildern erzählt. Eine sehr leise Geschichte.
Die Gesten der Zurückhaltung, der Verhaltenheit, die die Kurzprosa der literarischen Vorlage kennzeichnen, kommen auch dem Film zugute. Er klagt nicht an, er agitiert nicht, er stellt Menschen vor, die mühsam ihren Weg suchen. Daß die Biographien dieser Menschen sehr viel mehr über die Wirklichkeit in der „DDR" sagen als die meisten Fernsehdokumentationen, liegt an ihrer inneren Wahrheit und in der Genauigkeit, mit der die Verhaltenszwänge, denen jeder unterworfen ist, dargestellt werden. [...]

1. Untersucht den Aufbau der beiden Filmbesprechungen.
2. Vergleicht die unterschiedlichen Standpunkte, die die Rezensenten dem Film gegenüber einnehmen.
3. Einigt euch auf einen gemeinsam zu sehenden Kino- oder Fernsehfilm und fertigt eine Rezension an.

Lexikon der Dichterinnen und Dichter

Rose Ausländer wurde am 11. 5. 1901 als Tochter jüdischer Kaufleute in der Bukowina (Tschernowitz), im heutigen Rumänien geboren. Mit vollem Namen hieß sie Rosalie Beatrice Scherzer-Ausländer. Nach eigenen Angaben verbrachte sie eine sehr glückliche Kindheit. Während des Ersten Weltkrieges suchte sie Zuflucht in Wien und begann hier mit dem Schreiben. Unterstützt von ihrem Elternhaus hatte sich Rose Ausländer schon früh für Philosophie und Literatur interessiert. Als sie nach Kriegsende in ihre Heimat zurückkehrte, studierte sie Literaturwissenschaften und Philosophie. 1919 stirbt ihr Vater, an dem sie sehr hing; ein Jahr später wandert sie mit ihrem zukünftigen Mann in die Vereinigten Staaten aus. Dort arbeitet sie zunächst als Sekretärin, veröffentlicht aber schon bald erste Gedichte, die allerdings ohne nennenswerte Resonanz bleiben. Im Jahr 1930 kehrt sie erneut nach Rumänien zurück – die heraufziehende Gefahr des Nationalsozialismus war für sie damals noch nicht absehbar. So teilt sie mit ihren jüdischen Landsleuten das Schicksal der Verfolgung durch die Nazis und entgeht der Deportation durch die SS nur dadurch, daß sie sich mit ihrer Mutter zusammen versteckt hält.

Die Einsamkeit, die Isolation im Exil sowie die Sehnsucht nach der Heimat und der Kindheit bestimmen ihre Lyrik. Auch spiegeln sich Traditionen des jüdischen Glaubens in vielen ihrer Verse. 1946 emigriert die Dichterin ein weiteres Mal nach New York. Ein Jahr später stirbt die Mutter, und ihr Tod führt bei Rose Ausländer zu einem seelischen Zusammenbruch, von dem sie sich nur sehr langsam erholt. 1965 verläßt sie die USA und siedelt sich in der Bundesrepublik Deutschland an. Hier erhält sie von Paul Celan, einem Dichterkollegen, der wie sie aus der Bukowina stammt, viele stilistische Anregungen, die eine neue Schaffensphase einleiten. So entsteht zum Beispiel 1967 die Gedichtsammlung „36 Gerechte".

Rose Ausländers Sprache wird in ihrer späten Lyrik immer knapper und dichter, die Sätze werden nicht mehr vollendet, einzelne Teile nur noch assoziativ verbunden. Viele Gedichte drükken die Hinwendung zum anderen aus, sind Suche nach Kommunikation. So heißt es in einem Gedicht „wir wohnen / Wort an Wort / sag mir / dein liebstes / Freund / meines heißt / Du". Andere Gedichte reflektieren über das Schreiben und die Sprache.

Rose Ausländer, die auch Gedichte in englischer Sprache verfaßte und als Übersetzerin tätig war, starb 1988 in Düsseldorf.

Bertolt Brecht wurde am 20. 2. 1898 in Augsburg als Sohn eines Fabrikdirektors geboren. „Ich bin aufgewachsen als Sohn wohlhabender Leute", schreibt Bert Brecht später selbst in einem Gedicht. Der Vater schickte den Sohn aufs Realgymnasium. Doch schon früh begann sich der junge Brecht dem Einfluß des bürgerlichen Elternhauses und der Schule zu entziehen. „Es gelang mir nicht, meine Lehrer wesentlich zu fördern", erinnert er sich später spöttisch – und einmal wäre er beinahe von der Schule geflogen, weil er sich im Kriegsjahr 1915 scharf gegen alle Kriegsbegeisterung ausgesprochen hatte. Nach dem Abitur lebte er zeitweise in München und arbeitete für das Theater. Damals entstand sein erstes Bühnenstück, „Baal", ein wilder Protest gegen die bürgerliche Welt. Berühmt wurde er mit dem Stück „Trommeln in der Nacht", für das er 1922 den Kleist-Literaturpreis erhielt. 1924 ging Brecht nach Berlin, wo er als Autor und Dramaturg eine große Zeit des deutschen Theaters mitprägte. Daneben erschienen Balladen, Moritaten und lyrische Gedichte. Zu den großen Erfolgen der Berliner Zeit gehört die „Dreigroschenoper", deren freche Songs weithin berühmt wurden. Seit seiner Berliner Zeit bekannte Brecht sich zum Kommunismus und bekämpfte den Faschismus scharf. Deshalb floh er nach Hitlers Machtergreifung 1933 aus Deutschland und suchte, „öfter als die Schuhe die Länder wechselnd", eine sichere Bleibe. Er fand sie erst 1941 in den USA. In den Jahren des Exils erschienen seine bedeutendsten Bühnenstücke, mit denen er zum bewunderten Klassiker des modernen Theaters wurde, zum Beispiel „Leben des Galilei", „Der gute Mensch von Sezuan", „Mutter Courage und ihre Kinder". Nach dem Zweiten Weltkrieg kehrte Brecht nach Deutschland zurück und ließ sich in Ost-Berlin nieder, wo man ihm alle Möglichkeiten einräumte, seine Theaterarbeit fortzusetzen und seine Ideen zu verwirklichen. Dort starb er auch 1956.

Hilde Domin wurde am 27. 7. 1912 in Köln als Tochter jüdischer Eltern geboren. Sie studierte zunächst Jura, dann politische Wissenschaften, Soziologie und Philosophie, 1932 verließ sie mit ihrem spätern Mann, dem Kunsthistoriker Erwin Walter Palm, Deutschland und war in Florenz als Universitätslehrerin, Übersetzerin, Fotografin und Mitarbeiterin ihres Mannes tätig. Über England emigrierten die Palms 1939 nach Südamerika, wo sie zwölf Jahre in der Dominikanischen Republik lebten. Ihren Künstlernamen „Domin" wählte die Lyrikerin nach ihrem Exil. 1954 kehrte

Hilde Domin nach Deutschland zurück. Sie lebt als freie Schriftstellerin in Heidelberg.
In ihren Gedichten wirken die Erfahrungen des Exils fort, und bereits die Titel ihrer Gedichtsammlungen „Nur eine Rose als Stütze", „Rückkehr der Schiffe" und „Hier" machen deutlich, wie sehr Hilde Domin das Leben in der Fremde als Extremsituation empfunden hat. Neben ihrem lyrischen Werk hat Hilde Domin auch vielbeachtete theoretische Schriften verfaßt, zum Beispiel „Doppelinterpretationen. Das zeitgenössische deutsche Gedicht zwischen Autor und Leser" (1966), „Wozu Lyrik heute? Dichtung und Leser in der gesteuerten Gesellschaft" (1968). Hilde Domin wurde mit vielen literarischen Preisen geehrt, unter anderem war sie Trägerin der Heinrich-Heine-Plakette der Düsseldorfer Heinrich-Heine-Gesellschaft (1972). 1976 erhielt sie den Rainer-Maria-Rilke-Preis für Lyrik sowie den Nelly-Sachs-Preis 1983.

Marie von Ebner-Eschenbach wurde am 13. 9. 1830 auf Schloß Zdislavic/Mähren geboren. Sie gehört zu den wenigen bedeutenden Schriftstellerinnen des vorigen Jahrhunderts. Ihre Romane und Erzählungen wurden einmal viel und gerne gelesen. Heute dagegen kennt man kaum noch ihren Namen. Das ist um so bedauerlicher, als ihre Werke immer noch lesenswert sind.
Marie von Ebner-Eschenbach kam als Tochter eines tschechischen Grafen zur Welt. Die Mutter war eine sächsische Baronin; sie starb schon bald nach der Geburt des Kindes. Von tschechischen Kindermädchen und französischen Erzieherinnen betreut, wuchs Marie auf und sprach in ihrer Kindheit besser Tschechisch als Deutsch. Erst ihre zweite Stiefmutter weckte in ihr die Liebe zur deutschen Literatur, und schon als junges Mädchen unternahm sie erste schriftstellerische Versuche, die immerhin von dem berühmten österreichischen Dichter Franz Grillparzer gelobt wurden. Mit 18 Jahren heiratete sie ihren Vetter, Freiherr von Ebner-Eschenbach, mit dem sie eine fünfzigjährige harmonische, aber kinderlose Ehe führte.
Ihr Leben verlief ungemein gleichmäßig, ja fast gleichförmig: erst in einer mährischen Kleinstadt, dann von 1863 an in Wien, der Hauptstadt der österreichischen Monarchie. Hier fand sie die Ruhe für ihre schriftstellerischen Arbeiten. Von 1875 an veröffentlichte sie alljährlich Romane und Erzählungen wie etwa „Das Gemeindekind", „Krambambuli" (die Geschichte eines Hundes), „Zwei Komtessen", „Neue Dorf- und Schloßgeschichten". Solche Titel zeigen deutlich die Lebensbereiche, aus denen die Dichterin ihre Stoffe wählte. Es war die Welt des alten österreichischen Kaiserstaates, der Kleinbauern auf den Dörfern, des Adels auf den Schlössern und in den Palais der Hauptstadt. Alle ihre Werke spiegeln Menschenkenntnis, sichere Beobachtungsgabe, Humor, aber auch Verständnis für die Notleidenden und Schwachen wieder. Doch erst im Alter fand die Dichterin die berechtigte öffentliche Anerkennung. Sie starb, hochbetagt, 1916 in Wien.

Max Frisch wurde am 15. 5. 1911 in Zürich geboren. Da er es einmal besser haben sollte als sein ewig verschuldeter Vater, durfte er lernen, was er wollte. Er entschied sich zunächst dafür, Germanistik zu studieren, wurde schließlich aber Architekt. Zehn Jahre nach dem Ende des Zweiten Weltkriegs konnte er sich leisten, Architekturbüro und bürgerlichen Beruf aufzugeben. Max Frisch war inzwischen ein bekannter Autor geworden. Zahlreiche Reisen durch Europa und Amerika belegen, wie er immer wieder aus seiner geographischen und menschlichen Enge ausbrechen wollte. Seinen Wohnsitz wechselte er mehrmals: Zürich, Rom, Berzona im Tessin, Berlin und New York. Auch in seinen literarischen Werken zeigt sich dieser Zug, viele Erfahrungen zu sammeln, zu verarbeiten und sein Ich dagegen abzugrenzen. Wer Max Frisch „hautnah" kennenlernen will, müßte seine „Tagebücher" zur Hand nehmen, von denen er mehrere im Laufe seines Lebens veröffentlicht hat. Man findet zu Frisch am ehesten Zugang über seine Theaterstücke; die beiden bekanntesten sind wohl „Biedermann und die Brandstifter" (1958) und „Andorra" (1961). Im „Biedermann"-Stück (1956 bereits als Hörspiel) führte er vor, wie ein Durchschnittsbürger aus Feigheit zwei Brandstiftern in seinem Haus Unterschlupf gewährt und ihr Treiben so lange duldet, bis sie ihm sein Haus in Schutt und Asche legen. In „Andorra" lassen Feigheit und Egoismus die Ermordung eines Unschuldigen zu, den man irrtümlich für einen „Jud" hält.
Neben Theaterstücken schrieb Frisch auch Romane. Besonders bekannt wurde „Homo faber", die Geschichte eines Menschen, der alles für planbar hält, aber schließlich erkennen muß, daß es noch mehr im Leben gibt als das „Kalkül". Frisch ist heute ein weltweit hochgeehrter Schriftsteller, fast schon ein moderner „Klassiker".

Franz Kafka stammt aus einer jüdischen Kaufmannsfamilie und wurde am 3. 7. 1883 in Prag geboren. Deutschsprachig wuchs er in einem religiös-liberalen Elternhaus auf, litt aber sehr unter der väterlichen Autorität. Auf den drängenden Wunsch seines Vaters hin brach er das Studium der Germanistik ab und immatrikulierte sich an der Deutschen Universität zu Prag im Fach Rechtswissenschaften. 1900 promovierte er zum Dr. jur. und arbeitete nach der einjährigen Referendarzeit bis zu seiner frühzeitigen Pensionierung (1922) bei der „Arbeiter- und Unfallversicherungsanstalt" in Prag.

Kafka litt zeit seines Lebens darunter, die ungeliebte, zum Broterwerb erforderliche Arbeit und sein existenzielles Bedürfnis zu schreiben, nicht in Einklang bringen zu können. Ständig zweifelte er an seinen Fähigkeiten und stellte höchste Ansprüche an die literarische Qualität seiner Arbeiten. Deshalb schreckte er auch vor der Veröffentlichung seiner Hauptwerke zurück. Zu seinen Lebzeiten wurden nur kleinere Arbeiten, wie die Erzählungen „Das Urteil" (1913), „Die Verwandlung" (1916), „Die Strafkolonie" (1919) sowie „Der Heizer" (1913), das spätere erste Kapitel des Romans „Amerika" veröffentlicht. Erst nach seinem Tod gab sein langjähriger Freund Max Brod seine Romane „Der Prozeß", „Das Schloß" und „Amerika" heraus – entgegen dem Letzten Willen Kafkas.

Kafka war zweimal mit der Berlinerin Felice Bauer (Briefe an Felice 1912–1917) verlobt und einmal mit der Tochter eines Prager Synagogendieners. Die „Heiratsversuche" stehen für seinen sehnlichsten Wunsch nach Einordnung in die Gesellschaft, gleichzeitig wird damit aber auch seine Furcht deutlich, das Schreiben für immer aufgeben zu müssen. Dieser innere Kampf begünstigt bei Kafka den Ausbruch einer Lungentuberkulose, der er schließlich im Alter von 41 Jahren erliegt.

Für Kafka stellt sich die Welt als ein Nebeneinander unversöhnlicher Gegensätze dar. Seine Tagebuchaufzeichnungen, die er seit 1910 kontinuierlich schreibt, vermitteln dem Leser eine fast asketische, ganz auf die schriftstellerische Arbeit abgestellte Lebensweise. Sein Denken kreist immer wieder um den unüberbrückbaren Widerspruch zwischen der geistigen und physischen Welt, und er stellt alle Versuche, die menschliche Existenz rational zu erfassen, in Frage. Wie sehr auch Kafkas Dichtungen durch seine persönliche Situation bestimmt gewesen sein mögen, sie spiegeln doch in vielem die Problematik seiner Zeit wider.

Mascha Kaléko wurde am 7. 6. 1912 in Schildow (Polen) geboren und entstammt einer russisch-österreichisch-jüdischen Familie. Ihre Kindheit verbrachte sie in Marburg/Lahn und in Berlin. Nach Abschluß einer Sekretärinnenausbildung und einer kurzen Bürotätigkeit für die jüdische Gemeinde in Berlin schrieb sie ab 1930 für mehrere Berliner Tageszeitungen. Ihre Gedichte veröffentlichte sie hauptsächlich in der „Vossischen Zeitung" und im „Berliner Tageblatt", und schon bald erlangte sie literarischen Ruhm.

Viele Schriftstellerkollegen rühmten die Verse der Großstadtlyrikerin, deren bissig-spöttischer Ton als „Mischung von Sentiment und Zynismus" empfunden wurde. Kurz nach der Machtübernahme Hitlers erhielt Mascha Kaléko Schreibverbot. Nach Angriffen durch die Nazi-Presse emigrierte sie 1938 mit ihrem Mann, dem Dirigenten und Komponisten Chemjo Vinaver, und ihrem Sohn Steven nach New York, wo sie die amerikanische Staatsbürgerschaft annahm. Der Zyklus „Die Tausend Jahre", veröffentlicht in „Verse für Zeitgenossen", geben ihre Exilerfahrungen in kritisch-satirischer Form wieder. Nach Kriegsende versuchte Mascha Kaléko in Deutschland wieder Fuß zu fassen, doch die Zeit schien über sie hinweggegangen. Auch in Jerusalem, wo sie sich 1960 niederließ, fand sie keine Beachtung mehr. Vereinsamt starb sie 1975 in Zürich.

Sarah Kirsch ist am 16. 4. 1935 in Limlingerode (Harz) geboren. Nach Abschluß eines Biologiestudiums fühlte sie sich mehr zur Schriftstellerei hingezogen und studierte am Johannes-R.-Becher-Literaturinstitut in Leipzig Germanistik. Neben ihren Kinderbüchern und Gedichten wurde Sarah Kirsch auch durch Reportagen bekannt, die sie zusammen mit ihrem damaligen Mann, Rainer Kirsch, schrieb. Durch ihre Nachdichtungen der Lyrik Anna Achmatovs und Aleksander Bloks machte sie sich auch als Übersetzerin aus dem Russischen einen Namen. Im Herbst 1976 unterzeichnete sie mit anderen DDR-Autoren die Bittschrift gegen die Ausbürgerung Wolf Biermanns aus der Deutschen Demokratischen Republik. In der darauffolgenden Zeit geriet sie selbst zunehmend in Konflikt mit der von den Kulturpolitikern der DDR geforderten „volksverbundenen", „realistischen" und „aktiv parteilichen" Geisteshaltung und Schreibweise. Im Sommer 1977 stellte sie den Ausreiseantrag. Heute lebt Sarah Kirsch mit ihrem Sohn in Westberlin.

In ihrer Natur- und Liebeslyrik beschreibt sie die Gefährdung des Gleichgewichts zwischen Natur und Mensch. Verlassenheit und Melancholie vermischen sich in ihren Gedichten mit Bildern scheinbarer Harmonie. Neben anderen literarischen Auszeichnungen erhielt sie 1973 den Heinrich-Heine-Preis der DDR.

Thomas Mann wurde am 6. 6. 1875 in Lübeck geboren. Im Jahr 1901 erschien sein erster Roman – „Buddenbrooks. Verfall einer Familie". Thomas Mann, kaum 26 Jahre alt, war mit einem Schlag berühmt. Er erzählt in diesem Roman vom Aufstieg und vor allem vom Niedergang einer Lübecker Kaufmanns- und Patrizierfamilie. Daß er dabei seine Vaterstadt und die Geschichte seiner eigenen Familie zum Modell nahm, war offenkundig. Einige Jahre vorher war der Vater, Großkaufmann und Senator wie der letzte Buddenbrook, verstorben. Nach seinem Tod zog die Familie 1893 nach München. Dem Erfolg seiner literarischen Arbeit und der Heirat mit Katja aus der hochgebildeten, reichen Familie Pringsheim verdankte er die äußere Sicherheit, die ihm einen großzügigen Lebensstil erlaubte. Seine ursprünglich unpolitische Haltung gab Thomas Mann nach dem Ersten Weltkrieg auf. Fortan trat er entschieden für den demokratischen Staat ein und wandte sich gegen den aufkommenden Nationalsozialismus. 1924 erschien sein Roman „Der Zauberberg", 1929 erhielt er den Nobelpreis für Literatur. Er war auf einer Vortragsreise in der Schweiz, als 1933 in Deutschland Hitler an die Macht kam. Thomas Mann blieb gleich in der Schweiz und ging dann 1938 nach Amerika. Dort wurde er zum allgemein anerkannten kämpferischen Vertreter eines anderen, humanen Deutschland in der Tradition Goethes. Man sah in ihm den berühmtesten deutschen Autor unter den Lebenden. In Amerika schrieb er den Goethe-Roman „Lotte in Weimar" und den Roman „Doktor Faustus". Und er vollendete das Riesenwerk „Joseph und seine Brüder". Nach dem Zweiten Weltkrieg kehrte er nicht nach Deutschland zurück. Er lebte bis zu seinem Tod in der Schweiz. Dennoch mied er Deutschland nicht. So hielt er im Goethe-Jahr 1949 – politisch neutral zwischen West und Ost – die Festansprache in der Goethe-Stadt Frankfurt und in der Goethe-Stadt Weimar: ein Weltbürger im Goetheschen Sinne. Thomas Mann starb 1955 in Kilchberg bei Zürich.

Anna Seghers wurde am 19. 11. 1900 als Netty Reiling in Mainz geboren, als Schriftstellerin nahm sie später das Pseudonym Anna Seghers an. Sie stammte aus einem behüteten bürgerlichen Haus, fand aber während des Studiums Zugang zu revolutionären Kreisen und schloß sich 1928 der Kommunistischen Partei an. Im gleichen Jahr erhielt sie für ihre erste Erzählung „Der Aufstand der Fischer von St. Barbara" den Kleist-Literaturpreis und war mit einem Schlag berühmt. Als Kommunistin und antifaschistische Schriftstellerin mußte sie wie viele andere deutsche Dichter nach Hitlers Machtübernahme 1933 aus Deutschland fliehen. Ihre Bücher wurden verboten und verbrannt. Zunächst fand Anna Seghers eine Zuflucht in Paris. Dort entstand ihr berühmtester Roman „Das Siebte Kreuz" (1942), die Geschichte einer Flucht aus einem deutschen Konzentrationslager. Als der Roman später in englischer Sprache in den USA erschien, verstanden viele Menschen zum erstenmal, „daß Hitler, bevor er sich auf fremde Völker gestürzt hat, den besten Teil seines eigenen Volkes kaputtgemacht hat". Beim Einmarsch der Deutschen in Frankreich 1940 mußte Anna Seghers wieder fliehen, zunächst nach Marseille, dann nach Mexiko. Der Roman „Transit" entstand aus den Erfahrungen dieser Flucht. 1947 kehrte sie nach Deutschland zurück und ließ sich in Ost-Berlin nieder, da sie hoffte, am Aufbau des Sozialismus mitwirken zu können. Hohe Ehrungen wurden der international berühmten Autorin zuteil. Sie war Vorsitzende des Deutschen Schriftstellerverbandes der DDR und erhielt zahlreiche Literaturpreise, darunter 1951 den Stalinpreis. Aus dieser Zeit sei noch der Roman „Die Entscheidung" genannt. In der Erzählung „Steinzeit" nahm sie kritisch zum Vietnam-Krieg Stellung. Anna Seghers starb 1983 in Ost-Berlin.

Verzeichnis der Texte nach Formen

Die mit * gekennzeichneten Überschriften sind keine Originalüberschriften

Autobiographische Texte:
Heinrich Böll: „Geboren in Köln" * 137
Heinrich Böll: Raderberg * 137
Heinrich Böll: Krisenjahre * 138
Heinrich Böll: Vor Hitler gefeit * 139
Heinrich Böll: „Sieben Jahre Zwangsgemeinschaft" * 141
Heinrich Böll: Das „zweite Köln" * 142

Bericht / Reportage:
Bagger reißen die Mauer ein* 44
Ocke H. H. Peters: „Einmal Schwerin – Hamburg und zurück"* 44

Dialoge und Schauspielauszüge:
„Wir werden erwachsen" . . . . , 13
Bertolt Brecht: Zwei Bäcker 74
Bertolt Brecht: Die Stunde des Arbeiters 168
Bertolt Brecht: Das Mahnwort 171
Bertolt Brecht: Die Bergpredigt 173
„Untertexte" zu Brechts „Bergpredigt" 175
Bertolt Brecht: Die jüdische Frau 178

Erzählungen:
Erich Kästner: Das Märchen vom Glück 20
Dieter Wellershoff: Der Sieger nimmt alles 24
Wolf Wondratschek: Mittagspause 26
Günter Bruno Fuchs: Ein schönes Leben 28
Annelies Schwarz: Die Grenze – ich habe sie gespürt 33
Christoph Hein: Unsere letzte Gemeinsamkeit* 52
Herbert W. Franke: Der Traum vom Meer 78
Marie von Ebner-Eschenbach: Die Nachbarin 113
Max Frisch: Der Andorranische Jude 116
H. C. Artmann: Abenteuer eines Weichenstellers . . . 121

Essays und Reden:
Stefan Heym: „Nach den Jahren von Dumpfheit . . ."* 40
Christa Wolf: Befreite Sprache* 40
Christa Wolf: „Bleiben Sie bei uns!"* 43
Heinrich Böll: Verwandelte Wirklichkeit * 156
Heinrich Böll: „Versteck für den Widerhaken" * 156
Heinrich Böll: Veränderungen * 157
Heinrich Böll: „Worte können töten" * 161
Heinrich Böll: „Die geborenen Einmischer" * 162
Heinrich Böll: „Gewissen der Nation" * 163

Gedichte und Lieder:
Manfred Eichhorn: Zukunft 8
Günter Kunert: Straßen 19
Werner Finck: Surrealistischer Vierzeiler 23
Wolfgang Bächler: Ausbrechen 29
Ursula Krechel: Umsturz 30
Günter Kunert: „Wo Deutschland lag . . ." 32
Christian Morgenstern: Die Behörde 71
Günter Kunert: Neues vom Amt I 82
Jürgen Becker: Wiedersehen nach längerer Zeit 84
Hans Magnus Enzensberger: Restlicht 85
Ingeborg Bachmann: Freies Geleit 86
Sarah Kirsch: Ende des Jahres 87
Andreas Gryphius: Tränen des Vaterlandes, anno 1636 88
Matthias Claudius: Kriegslied 89
Heinrich Heine: Die schlesischen Weber 91
Bertolt Brecht: Über die Bezeichnung Emigranten . . 92
Heinrich Heine: Nachtgedanken 93
Heinrich Hoffmann von Fallersleben: Lied eines Verbannten 94
Rose Ausländer: Ein Tag im Exil 95
Mascha Kaléko: Im Exil 95
Reiner Kunze: Der Vogel Schmerz 96
Wolf Biermann: Es senkt das deutsche Dunkel 96
Yaak Karsunke: genauigkeitsübung 96
Gottlieb Konrad Pfeffel: Die Reichsgeschichte der Tiere 97
„Die Gedanken sind frei" 98
Adolf Glasbrenner: Die Sklaven-Emanzipation 99
Friedrich Schiller: Die Worte des Glaubens 100
Hilde Domin: Ich will dich 101
Bertolt Brecht: Schlechte Zeit für Lyrik 102
Christian Fürchtegott Gellert: Der Tanzbär 104
Gotthold Ephraim Lessing: Der Tanzbär 105
Gottlieb Konrad Pfeffel: Rezept wider den Krieg . . . 106
Bertolt Brecht: Der Nachbar 118
Bertolt Brecht: „Unruhig sitzen wir so . . ." 166

Kommentar:
Klaus Hartung: Der Fall der Mauer 41

Kurzgeschichten:
Willi Fährmann: Irgendwie hat sich der Junge verändert 8
Günter Kunert: Mann über Bord 122

Lehrgeschichten (Parabeln):
Peter Hacks: Der Bär auf dem Försterball 107
Bertolt Brecht: Freundschaftsdienste 109
Bertolt Brecht: Zwei Fahrer 109
Bertolt Brecht: Herr K. fährt Auto 110
Bertolt Brecht: Wenn Herr K. einen Menschen liebte 110
Bertolt Brecht: Liebe zu wem? 110
Bertolt Brecht: Wer kennt wen? 111
Bertolt Brecht: Maßnahmen gegen die Gewalt 112
Franz Kafka: Der Nachbar 114
Franz Kafka: Gibs auf! 125
Franz Kafka: Der Aufbruch 127
Franz Kafka: Heimkehr 127
Das Gleichnis vom verlorenen Sohn 128

Prosaische Skizzen (Kurzprosa):
Wolf Wondratschek: Mittagspause 26
Thomas Bernhard: Der junge Mann 28
Reiner Kunze: Nachhall 72
Reiner Kunze: „. . . eines jener Elemente" 220

Romanauszüge:
Uwe Johnson: Reifeprüfung 1953 46
Jurek Becker: Der Lehrer Simrock wird Brotausfahrer* 48
Robert Walser: Schüler in einer Dienerschule * 63
Heinrich Böll: „Marie hat mich verlassen" * 144
Heinrich Böll: „Ich kam mir fast verheiratet vor" * . . 145
Heinrich Böll: „Ich fühlte mich als ‚Künstler' " * . . . 147
Heinrich Böll: „Das tust du jetzt nur aus Faulheit" * . 148
Heinrich Böll: Hans Schnier denkt an Züpfners Frau * 149
Heinrich Böll: Hans Schnier wird verhaftet * 150
Heinrich Böll: „Der geborene Spurer" * 152
Heinrich Böll: „Auf der Bahnhofstreppe" * 153
Heinrich Böll: Aus Beobachtungen werden Pantomimen * 154
Hedwig Courths-Mahler: „Zu spät!" * 184
Erich Segal: Erste Begegnung * 186
Margaret Mitchell: Genau wie sie es sich erträumt hatte * 188
Thomas Mann: „Ich vermisse Sie schmerzlich . . ." * . 199
Anna Seghers: „Ich erzähle euch von Crisanta" * . . . 205

Sachtexte:
Maxi Wander: Protokoll Gabi A., 16, Schülerin 16
„1378 km lang waren die Gitterzäune..." 32
„Im Herbst 1989..." 42
Ralf Dahrendorf: Herr Schmidt und seine Rollen* .. 61
Vagelis Tsakiridis: Protokoll 41 132
Margret Boveri: zu „Vom Winde verweht" 196

Satire:
Kurt Tucholsky: Die Anstalt 66
Ephraim Kishon: Strafmandat bleibt Strafmandat ... 68
Manfred Bieler: Rede des Aufsehers über das Wesen des Strafvollzugs 75
Kurt Tucholsky: Neudeutsch 77
Wolfgang Hildesheimer: Eine größere Anschaffung.. 120
Helmut Heißenbüttel: Der Wassermaler 123
Jürgen Becker: Früher war alles ganz anders 130
Helmut Heißenbüttel: Kalkulation über was alle gewußt haben 131
Hans Joachim Schädlich: Luft 133

Sonstige Texte:
Franz Hohler: Was ich alles bin 60
Hans Joachim Schädlich: Männer, berechtigte 73
Neuestes Deutsch 77
Günter Kunert: Zu einem Holzschnitt von Edvard Munch 129
Reiner Kunze: Vom Buch zum Drehbuch 223

Tagebuch, Briefe und Interviews:
„Deutschland braucht keine Präzeptoren...". Brief von Heinrich Böll an Hilde Domin 135
„Lauterkeit"*. Brief von Christa Wolf an Heinrich Böll zu seinem 65. Geburtstag 136
„Ich bin nicht der Clown"...................... 155

Zeitungsartikel:
Bagger reißen die Mauer ein* 44
Ocke H. H. Peters: „Einmal Schwerin−Hamburg und zurück"* 44
Klaus Hartung: Der Fall der Mauer: 45
Sebastian Feldmann: „Reiner Kunzes Buch..." 229
Peter Dittmar: Denn darum geht es..." 229

Autoren- und Quellenverzeichnis

Die mit * gekennzeichneten Überschriften sind keine Originalüberschriften

a) Autorenverzeichnis:

Artmann, Hans Carl (geb. 1921)
Abenteuer eines Weichenstellers (S. 121).
Aus: Fleiß und Industrie. Ein Buch der Stände. Frankfurt/M. (Suhrkamp) 1967.

Ausländer, Rose (1901–1988)
Ein Tag im Exil (S. 95). Aus: Ich sah das Dunkel schon von ferne kommen. Erniedrigung und Vertreibung in politischen Zeugnissen. Hrsg. von Bernd Jentzsch. München (Kindler) 1979. Gesammelte Gedichte. Köln (Literarischer Verlag Helmut Braun) 1977.

Bachmann, Ingeborg (1926–1973)
Freies Geleit (S. 86). Aus: Gedichte, Erzählungen, Hörspiele, Essays. Mainz (Schott's Söhne) 1958.

Bächler, Wolfgang
Ausbrechen (S. 29). Aus: Gedichte aus 20 Jahren. Frankfurt/M. (S. Fischer) 1981.

Becker, Jürgen (geb. 1932)
Wiedersehen nach längerer Zeit (S. 84). Aus: Erzähl mir nichts vom Krieg. Frankfurt/M. (Suhrkamp) 1977.
Früher war das alles ganz anders (S. 130). Aus: Ränder. Frankfurt/M. (Suhrkamp) 1969.

Becker, Jurek (geb. 1937)
Der Lehrer Simrock wird Brotausfahrer * (S. 48). Aus: Schlaflose Tage. Frankfurt/M. (Suhrkamp) 1978.

Bernhard, Thomas (1931–1989)
Der junge Mann (S. 28). Aus: Neue deutsche Kurzprosa. Hrsg. von Fritz Pratz. Frankfurt/M. (Moritz Diesterweg Verlag) 1976.

Bieler, Manfred (geb. 1934)
Rede des Aufsehers über das Wesen des Strafvollzugs (S. 75). Aus: Der junge Roth. Erzählungen. München (Biederstein Verlag) 1968.

Biermann, Wolf (geb. 1936)
Und als wir ans Ufer kamen (S. 58). Aus: Preußischer Ikarus. Köln (Kiepenheuer & Witsch) 1978.
Es senkt das deutsche Dunkel (S. 96). Aus: Mit Marx- und Engelszungen. Gedichte, Balladen, Lieder. Berlin (Wagenbach) 1968.

Böll, Heinrich (1917–1985)
"Deutschland braucht keine Präzeptoren..." (S. 135). (Brief an Hilde Domin) erstmals veröffentlicht in der Frankfurter Rundschau vom 20. 8.1971. Aus: Werke. Hrsg. von Bernd Balzer. Köln (Gertraud Middelhauve Verlag/Kiepenheuer & Witsch) 1977. Essayistische Schriften und Reden 2 E 2.
"Geboren in Köln" * (S. 137). Aus: Über mich selbst. (1959) E 1.
Raderberg * (S. 137). Aus: Raderberg, Raderthal (1965) E 2.
Krisenjahre * (S. 138). Aus: Über mich selbst. (1959) E 1.
Vor Hitler gefeit * (S. 139). Aus: Selbstdarstellung eines jungen Autors (1953) E 1.

"Sieben Jahre Zwangsgemeinschaft" * (S. 141). Aus: Selbstdarstellung eines jungen Autors (1953) E 1.
Das „zweite Köln" * (S. 142). Aus: Heinrich Böll. Gebunden an Zeit und Zeitgenossenschaft. Zum 70. Geburtstag am 21. Dezember 1987. Hrsg. von der Stadt Köln.
„Marie hat mich verlassen" * (S. 144). Aus: Ansichten eines Clowns. Werke. R E 4.
„Ich kam mir fast verheiratet vor" * (S. 145). Aus: Ansichten....
„Ich fühlte mich als ‚Künstler'" * (S. 147). Aus: Ansichten....
„Das tust du jetzt nur aus Faulheit" * (S. 148). Aus: Ansichten....
Hans Schnier denkt an Züpfners Frau * (S. 149). Aus: Ansichten....
Hans Schnier wird verhaftet * (S. 150). Aus: Ansichten....
„Der geborene Spurer" * (S. 152). Aus: Ansichten....
„Auf der Bahnhofstreppe" * (S. 153). Aus: Ansichten....
Aus Beobachtungen werden Pantomimen * (S. 153). Aus: Ansichten....
„Ich bin nicht der Clown" * (S. 155). Aus: Werke, Interviews (1976) I 1.
Verwandelte Wirklichkeit * (S. 156). Aus: Gesinnungen gibt es immer gratis (1964). Werke, E 2.
„Versteck für den Widerhaken" * (S. 156). Aus: Versuch über die Vernunft der Poesie (1973). Werke, E 3.
Veränderungen * (S. 158). Aus: Deutsche Meisterschaft (1969). Werke, E 2.
„Worte können töten" * (S. 161). Aus: Die Sprache als Hort der Freiheit (1959). Werke, E 1.
„Die geborenen Einmischer" * (S. 163). Aus: Einmischung unerwünscht (1973). Werke, E 3.
„Gewissen der Nation" * (S. 163). Aus: Versuch über die Vernunft der Poesie. Essayistische Schriften und Reden 3. 1973–1978. Köln (Kiepenheuer & Witsch) 1980.

Boveri, Margret (1900–1975)
Aus einer Buchbesprechung zu „Vom Winde verweht" von Margaret Mitchell. Düsseldorf (Claassen).

Brecht, Bertolt (1898–1956)
Zwei Bäcker (S. 74). Aus: Gesammelte Werke in 8 Bden. Hrsg. in Zusammenarbeit mit Elisabeth Hauptmann. Bd. 2 Stücke 2. Frankfurt/M. (Suhrkamp) 1967.
Über die Bezeichnung Emigranten (S. 92). Aus: Werke, Bd. 4 Gedichte 1913–1956.
Schlechte Zeit für Lyrik (S. 102). Aus: Werke, Bd. 4 Gedichte.
Freundschaftsdienste (S. 109);
Zwei Fahrer (S. 109);
Herr K. fährt Auto (S. 110);
Wenn Herr K. einen Menschen liebte (S. 110);
Liebe zu wem? (S. 110);
Wer braucht wen? (S. 111);
Maßnahmen gegen die Gewalt (S. 112). Aus: Werke, Bd. 5 Prosa 1.
Der Nachbar (S. 113). Aus: Werke, Bd. 4 Gedichte 1913–1956.

„Unruhig sitzen wir so..." (S. 166). Aus: Über die Bezeichnung Emigranten. Werke, Bd. 8.
Die Stunde des Arbeiters (S. 168);
Das Mahnwort (S. 171);
Die Bergpredigt (S. 173);
Die jüdische Frau (S. 178). Aus: Werke, Bd. 3.

Bürger, Gottfried August (1747–1794)
Der Bauer: An seinen Durchlauchtigen Tyrannen (S. 90). Aus: CVK – Gedichtbuch, Berlin 1986; Quelle: Bürgers Gedichte. Carlsruhe (Christian Gottlieb Schneider Verlag) 1799.

Claudius, Matthias (1740–1815)
Kriegslied (S. 89). Aus: CVK – Gedichtbuch, Berlin 1986; Quelle: Werke, Stuttgart (Cotta Verlag) 1954.

Courths-Mahler, Hedwig (1867–1950)
Zu spät *. Aus: Ich darf Dich nicht lieben (S. 184). Leipzig – Bern o. J.; zitiert nach Walter Killy: Deutscher Kitsch. Göttingen 1962.

Dahrendorf, Ralf (geb. 1929)
Herr Schmidt und seine Rollen (S. 61). Aus: Pfade aus Utopia. München (Piper) 1968.

Domin, Hilde (geb. 1912)
Ich will dich (S. 101). Aus: Ich will dich. Gesammelte Gedichte. Frankfurt/M. (S. Fischer) 1984.

Ebner-Eschenbach, Marie Freifrau von (1830–1916)
Die Nachbarn (S. 113). Aus: Das Gemeindekind. Novellen, Aphorismen. München (Winkler) o. J.

Eichhorn, Manfred
Zukunft (S. 8). Aus: Leseladen, Orte innen und außen. Hrsg. von Irmela Benda / Hans-Jürgen Gelberg. Weinheim/Basel (Beltz Verlag) 1977.

Enzensberger, Hans Magnus (geb. 1929)
Restlicht (S. 85). Aus: Punktzeit. Deutschsprachige Lyrik der 80er Jahre. Hrsg. von Michael Braun / Hans Thill. Heidelberg (Verlag Das Wunderhorn) 1987. Erstveröffentlichung: Die Zeit Nr. 14, 1983.

Fährmann, Willi
Irgendwie hat sich der Junge verändert (S. 8). Aus: Die Stunden mit dir. Hrsg. von Jo Pestum. Würzburg (Arena-Verlag) 1976.

Finck, Werner (1902–1978)
Surrealistischer Vierzeiler (S. 23). Aus: Finckenschläge. Gesammeltes aus fünfundzwanzig Lenzen. München (Herbig) 3. Aufl. 1967.

Franke, Herbert W.
Der Traum vom Meer (S. 78). Aus: Zarathustra kehrt zurück. Science-fiction-Erzählungen. Frankfurt/M. (Suhrkamp) 1977.

Frisch, Max (1911–1991)
Der andorranische Jude (S. 116). Aus: Tagebuch 1946–49. Frankfurt/M. (Suhrkamp) 1958.

237

Fuchs, Günter Bruno (1928–1977)
Ein schönes Leben (S. 28). Aus: Wanderbühne. Geschichten und Bilder. Weinheim/Basel (Beltz-Verlag) 1976.

Gellert, Christian Fürchtegott (1715–1769)
Der Tanzbär (S. 104). Aus: Wem ich zu gefallen suche. Fabeln und Lieder der Aufklärung. Hrsg. von Ingrid Sommer. Frankfurt/M. (Insel) 1976. Lizenzausgabe des Verlages Der Morgen Berlin/DDR.

Glasbrenner, Adolf (1810–1876)
Die Sklaven-Emanzipation (S. 99). Aus: Amerika im deutschen Gedicht. Hrsg. u. eingeleitet von Max Rohrer. Stuttgart (Philipp Otto Röhn Verlag) 1948.

Gryphius, Andreas (1616–1664)
Tränen des Vaterlandes, anno 1636 (S. 88). Aus: CVK – Gedichtbuch, Berlin 1986; Quelle: Deutsche Dichtung des Barock. Hrsg. von Karl Pörnbacher. München (Hanser) 6. Aufl. 1979.

Hacks, Peter (geb. 1928)
Der Bär auf dem Försterball (S. 107). Aus: Das Einhorn sagt zum Zweihorn. 42 Schriftsteller schreiben für Kinder. Hrsg. von Gert Loschütz. Köln (Middelhauve) 1974.

Hein, Christoph (geb. 1944)
Unsere letzte Gemeinsamkeit * (S. 52). Aus: Drachenblut. Sammlung Luchterhand. Darmstadt/Neuwied (Luchterhand) 1985.

Heine, Heinrich (1797–1856)
Die schlesischen Weber (S. 91). Aus: CVK – Gedichtbuch; Quelle: Sämtliche Schriften. Hrsg. von Klaus Briegleb. München (Hanser) 1968/71.
Nachtgedanken (S. 93). Aus: Heines Werke. Hrsg. von Ernst Elster. 2. Aufl. Leipzig 1924.

Heißenbüttel, Helmut (geb. 1921)
Der Wassermaler (S. 123). Aus: Textbuch. Olten/Freiburg i. Br. (Walter) 1961.
Kalkulation über was alle gewußt haben (S. 131). Aus: Textbuch 5. Olten/Freiburg i. Br. (Walter) 1965.

Heym, Stefan (geb. 1913)
„Nach den Jahren von Dumpfheit..." * (S. 40). Aus: taz vom 9. . 11. 1989.
Mein Richard (S. 35). Aus: Die richtige Einstellung und andere Erzählungen. Frankfurt/Main (Fischer TB) 1979.

Hildesheimer, Wolfgang (geb. 1916)
Eine größere Anschaffung (S. 120). Aus: Lieblose Legenden. Frankfurt/M. (Suhrkamp) 1962.

Hoffmann von Fallersleben, August Heinrich (1798–1874)
Lied eines Verbannten (S. 94). Aus: Deutsche Gassenlieder von Hoffmann von Fallersleben. Zürich und Winterthur 1843.

Hohler, Franz (geb. 1943)
Was ich alles bin (S. 60). Aus: Bundesdeutsch – Lyrik zur Sache Grammatik. Hrsg. von R. O. Wiemer. Wuppertal (Peter Hammer Verlag) 1974.

Johnson, Uwe (1934–1984)
Reifeprüfung 1953 (S. 46). Aus: Ingrid Babendererde. Reifeprüfung 1953. Frankfurt/M. (Suhrkamp) 1987.

Kästner, Erich (1899–1974)
Das Märchen vom Glück (S. 20). Aus: Der tägliche Kram. Zürich (Atrium) 1948.

Kafka, Franz (1883–1924)
Gibs auf! (S. 125). Aus: Die Erzählungen. Hrsg. von Paul Raabe mit einem Nachwort von Klaus Wagenbach. Frankfurt/M. (S. Fischer) 1961.
Der Aufbruch (S. 127). Aus: Die Erzählungen.
Heimkehr (S. 127). Aus: Die Erzählungen.
Der Nachbar (S. 114). Aus: Sämtliche Erzählungen. Hrsg. von Paul Raabe. Frankfurt/M. (S. Fischer) 1970.

Kaléko, Mascha (1912–1975)
Im Exil (S. 95). Aus: Ich sah das Dunkel schon von ferne kommen. Erniedrigung und Vertreibung in politischen Zeugnissen. Hrsg. von Bernd Jentsch. München (Kindler) 1979. Quelle: Das himmelgraue Poesie-Album der Mascha Kaléko. Berlin, (Lothar Blanvalet, Arni-Verlag).

Kant, Hermann (geb. 1926)
Das Augenlicht * (S. 36). Aus: Die Aula. Berlin DDR (Rütten & Loening) 1965.

Karsunke, Yaak (geb. 1934)
genauigkeitsübung (S. 96). Aus: Kilroy & andere. Gedichte. Berlin (Wagenbach) 1967.

Kishon, Ephraim (geb. 1924)
Strafmandat bleibt Strafmandat (S. 68). Aus: Das große Kishon Buch. München / Wien (Langen Müller Verlag) 1974.

Kirsch, Sarah (geb. 1935)
Ende des Jahres (S. 87). Aus: Erdreich. Stuttgart (Deutsche Verlagsanstalt) 1982.

Krechel, Ursula (geb. 1942)
Umsturz (S. 30). Aus: Nach Mainz! Gedichte. Darmstadt (Luchterhand) 1971.

Kunert, Günter (geb. 1929)
Straßen (S. 19). Aus: Warnung vor Spiegeln. Gedichte. München (Hanser) 1970.
„Wo Deutschland lag..." (S. 32). Aus: Die deutsche Teilung im Spiegel der Literatur. Beiträge zur Literatur und Grammatik der DDR. Hrsg. von Karl Lamers / Alois Rummel. Stuttgart 1978.
Neues vom Amt I (S. 82). Aus: Unterwegs nach Utopia. München (Hanser) 1977.
Mann über Bord (S. 122). Aus: Tagträume in Berlin und andernorts. München (Hanser) 1972.
Zu einem Holzschnitt von Edvard Munch (S. 129). Aus: Tagträume in Berlin und andernorts. München (Hanser) 1972.

Kunze, Reiner (geb. 1933)
Nachhall (S. 72); „... eines jener Elemente ..." (S. 220). Aus: Die wunderbaren Jahre. Frankfurt/M. (S. Fischer) 1976.
Der Vogel Schmerz (S. 96). Aus: gespräch mit der amsel (frühe gedichte, sensible wege zimmerlautstärke). Frankfurt/M. (S. Fischer 1984.
Vom Buch zum Drehbuch (S. 223). Aus Der Film Die wunderbaren Jahre. Frankfurt (S. Fischer) 1979.

Lessing, Gotthold Ephraim (1729–1781)
Der Tanzbär (S. 105). Aus: Wem ich zu gefallen suche. Fabeln und Lieder der Aufklärung. Hrsg. von Ingrid Sommer. Frankfurt/M. (Insel) 1976.

Mann, Thomas (1875–1955)
„Ich vermisse Sie schmerzlich ..." * (S. 199). Aus: Buddenbrooks. Verfall einer Familie. Zitiert nach Fischer-Tb. Nr. 661. Frankfurt/M.

Mitchell, Margaret (1900–1949)
„Genau wie sie es sich erträumt hatte" * (S. 188). Aus: Vom Winde verweht. Originaltitel „Gone with the wind". Aus dem Amerikanischen von Martin Beheim-Schwarzbach Düsseldorf (Claassen). Copyright 1936 by the Macmillen Company.

Morgenstern, Christian (1871–1914)
Die Behörde (S. 71). Aus: Sämtliche Dichtungen. Bd. 8 „Palmström. Korf und Palmakunkel". Basel (Zbinden Verlag) 1973.

Pfeffel, Gottlieb Konrad (1736–1809)
Die Reichsgeschichte der Tiere (S. 97). Aus Conrady II, Quelle: Poetische Versuche 3. Teil 4. Aufl. 1803 o. O.
Rezept wider den Krieg (S. 106). Aus: Wem ich zu gefallen suche. Fabeln und Lieder der Aufklärung. Hrsg. von Ingrid Sommer. Frankfurt/M. (S. Fischer) 1976.

Schädlich, Hans Joachim (geb. 1935)
Männer, berechtigte (S. 73). Aus: Ostwestberlin. Prosa Reinbek (Rowohlt) 1984.
Luft (S. 133). Aus: Ostwestberlin.

Schiller, Friedrich von (1759–1805)
Die Worte des Glaubens (S. 100). Aus: Conrady. Das Buch der deutschen Lyrik von den Anfängen bis zur Gegenwart. Frankfurt/M. (Hirschgraben) 1987.

Schwarz, Annelies
Die Grenze – ich habe sie gespürt (S. 33). Aus: Die Grenze – ich habe sie gespürt! Eine Kindheit in Deutschland-Ost und Deutschland-West 1945–50. München (dtv) 1984.

Segal, Erich (geb. 1937)
„Erste Begegnung" * (S. 186). Aus: Love Story. Reinbeck bei Hamburg (Rowohlt) 1973.

Seghers, Anna (1900–1983)
Ich erzähle euch von Crisanta" * (S. 205). Aus: Crisanta. Das wirkliche Blau. 2 Geschichten aus Mexiko. Darmstadt/Neuwied (Luchterhand) 1982.

sakiridis, Vagelis
Protokoll 41 (S. 132). Aus: Halleluja. Neuwied / Berlin (Luchterhand) 1968.

Tucholsky, Kurt (1890–1935)
Die Anstalt (S. 66). Aus: Gesammelte Werke, Bd. 3. Hrsg. von M. Gerold-Tucholsky / F. J. Raddatz, Hamburg (Rowohlt) 1961.
Neudeutsch (gekürzt) (S. 77). Aus: Gesammelte Werke, Bd. 1. Hrgs. von M. Gerold – Tucholsky/F. J. Raddatz, Hamburg (Rowohlt) 1960.

Walser, Robert (1878–1956)
Schüler in einer Dienerschule (S. 63). Aus: Jakob von Gunten. Frankfurt/M. (Suhrkamp) 1976.

Wander, Maxi (1933–1977)
Protokoll Gabi A., 16, Schülerin (S. 16). Aus: Guten Morgen, du Schöne. Frauen in der DDR. Darmstadt (Luchterhand) 1978.

Wellershoff, Dieter (geb. 1925)
Der Sieger nimmt alles (S. 24). Aus: Der Sieger nimmt alles. o. O. (Goldmann) 1986.

Wolf, Christa (geb. 1929)
Befreite Sprache * (gekürzt) (S. 40). Aus: taz vom 9. 11. 1989.
„Bleiben Sie bei uns!" * (S. 43) Erklärung im DDR-Fernsehen. (dpa). Aus: Schwäbische Zeitung Nr. 260, 10. . 11. 1989.
„Lauterkeit" *. Auszug aus einem Brief von Christa Wolf. (S. 136). Aus: Ein Autor schafft Wirklichkeit. heinrich Böll zum 65. Geburtstag. Verlegt bei Kiepenheuer & Witsch und Lamuv 1982.

Wondratschek, Wolf (geb. 1943)
Mittagspause (S. 26). Aus: Früher begann der Tag mit einer Schußwunde. München (Hanser) 1969.

b) Unbekannte/ungenannte Verfasser und andere Texte:

Wir werden erwachsen (S. 13). Aus: Heidi Wyss / Isolde Schaad: Rotstrumpf. Das Buch für Mädchen. Zürich / Köln (Benzinger) 1977.

„1378 km lang waren die Gitterzäune..." * (unverändert, S. 32). Aus: Hrsg. von der Arbeitsgemeinschaft Jugend und Bildung; mit Unterstützung des Bundesministeriums für innerdeutsche Beziehungen. Wiesbaden (Universum) o. J.

Bagger reißen die Mauer ein * (gekürzt) (S. 44). Aus: Schwäbische Zeitung v. 11. 11. 1989.

„Einmal Schwerin–Hamburg und zurück" (gekürzt) (S. 44). Von Ocke H. H. Peters. Aus: Schwäbische Zeitung vom 11. 11. 1989.

Der Fall der Mauer (gekürzt) (S. 45). Von Klaus Hartung. Aus: taz vom 6. 11. 1989.

Der Leipziger Herbst war „draußen" (gekürzt, S. 56) von Katrin Hattenhauer/Grit Hartmann. Aus: Neues Forum Leipzig. Jetzt oder nie – Demokratie. Leipziger Herbst '89. Hrsg. R. Bohse u. a. München (Bertelsmann) 1990.

Neuestes Deutsch (S. 77). Hohlspiegel. Aus: Der Spiegel, Heft Nr. 26/88, 26/89, 32/89.

Die Gedanken sind frei (S. 98). Aus: Unser Liederbuch 2. Ausgabe Nord von Hans Peter Banholzer. Stuttgart (Klett) 1987.

Lk 15,11-32. Gleichnis vom verlorenen Sohn (S. 128). Stuttgart Privileg. Württembergische Bibelanstalt o. J. nach der Übersetzung Dr. Martin Luthers. Neu durchgesehen nach dem vom Deutschen Evangelischen Bibelausschuß genehmigten Text.

„Beurteilung des Oberprimaners Heinrich Böll." (S. 140). Aus: Böll ... gebunden an Zeit und Zeitgenossenschaft. Zum 70. Geburtstag am 21. Dezember 1987. Hrsg. von der Stadt Köln.

Klappentext zum Roman: „Vom Winde verweht" von M. Mitchell. (S. 196). Düsseldorf (Claassen).

Bildquellenverzeichnis

Foto: action press: S. 42, 43 – Foto: Asasno. Aus Klappentext zu Margaret Mitchell „Vom Winde verweht", Claassen Verlag: S. 196 – Stephan Beck, Augsburg: S. 130 – Kurt Bethke, Kelkheim: S. 200 – Käthe Kollwitz: WEBERZUG. Bildarchiv Preußischer Kulturbesitz, Kupferstichkabinett, Berlin: S. 91 – M. C. Escher: RELATIVITY © 1989 M. C. Escher – Deutsches Institut für Filmkunde, Frankfurt/M.: S. 193 – Reinhold Göhringer, Baden-Baden: S. 172 – Kurt Halbritter: Adolf Hitlers „Mein Kampf". Gezeichnete Erinnerungen an eine große Zeit. © 1978 Carl Hanser Verlag, München Wien: S. 169 – Keith Haring bemalt die Berliner Mauer © ZENIT, Berlin: S. 31 – Aus: Eine Bildmappe von Werner Hecht und Karl-Heinz Drescher: Bertolt Brecht, 1898–1956. Zeit – Leben – Werk. Tafel 25. Henschelverlag, Kunst und Gesellschaft. Berlin DDR, 1978: S. 165 – Historia-Photo, Hamburg: S. 99, 105 – Interfoto, München: S. 191 – INTI GmbH, Bornheim: S. 138, 158, 160 oben – Jürgens Photo, Köln: S. 32 – Kunstkartenverlag Gebrüder Pixis, München: S. 166 – Munch-Museet, Oslo: S. 129 – Rheinisches Bildarchiv, Köln: S. 143 – Bärbel Sinsbeck, Mülheim a.d.R.: S. 167 – Süddeutscher Verlag, Bilderdienst, München: S. 135, 160 oben – Theatermuseum, München: S. 182 – Max Beckmann: SCHLAFENDE © VG Bild-Kunst, Bonn, 1989: S. 18 – Max Ernst: UNE SEMAINE DE BONTÉ [Tab. 109] © WERK, VG Bild-Kunst, Bonn, 1980: S. 103 – Pablo Picasso: DAS LEBEN © VG Bild-Kunst, Bonn, 1980: S. 183 – Franz Seitz Filmproduktion, München: S. 219, 225, 226, 227, 228.